中国文化性格

秦 榆\编著

中国长安出版社

图书在版编目（CIP）数据

中国文化性格 / 秦榆编著. —北京：中国长安出版社，2006.4
ISBN 978-7-80175-457-8

Ⅰ. 中… Ⅱ. 秦… Ⅲ. 民族文化—研究—中国
Ⅳ. K203

中国版本图书馆 CIP 数据核字（2006）第 031465 号

中国文化性格

著者： 秦榆 编著
出版： 中国长安出版社
社址： 北京市东城区北池子大街 14 号（100006）
网址： http：//www.ccapress.com
邮箱： ccapress@yahoo.com.cn
发行： 中国长安出版社 全国新华书店经销
电话： 010-65270593 65270433
印刷： 中青印刷厂
开本： 710 毫米 ×1000 毫米 1/16
印张： 18
字数： 220 千字
版本： 2006 年 6 月第 1 版 2021 年 9 月第 2 次印刷
印数： 1-5000 册

书号： ISBN 978-7-80175-457-8
定价： 48.00 元

前言

PREFACE

文化性格以历史地理为载体和基础。作为巨大复杂的文化实体，中国文化中的地域性差别是非常大的，所呈现的文化性格也有着独特的个性和与众不同的风格。地域文化性格既是中华文化多样性的标志物，也是中华文化有机整体或大系统下的亚文化或子系统，更是中国民族精神得以不断塑造培育的不竭源泉。中国传统文化的发展与民族精神的传扬，是对地域文化性格先进因素和优秀成分不断荟萃吸纳与凝结升华的过程。中华民族精神的形成与发展，正是不同的地城文化性格及以其为基础的中华传统主流优秀文化的人文结晶。

我国地域广阔，名山大川众多，历史源远流长，文化积淀丰厚。透过历史的尘埃，我们可以看到：东西南北地理环境的巨大差异，各地经济发展的不平衡，各个文化群体的交流碰撞的广度、深度、频度的不同，各地长期以来不对称的文化心理积淀，都直接或间接地造成了不同地域内那各有千秋的传统习惯、民情风俗和文化性格，以至于“百里异习，千里殊俗”。

本书选取了燕赵、三秦、三晋、齐鲁、吴越、荆楚、巴蜀、滇云、岭南、青藏、闽南等十一个文化生态群体，撷取了各地的民俗民情、地方风物、饮食、建筑、文化名人等历史沿革，力图在具有典型性和代表性的区域文化上，构建一个清晰的文化性格脉络。同一般的人文文化书相比，本书内容广泛，不仅停留在对风俗人情的简单介绍上，而且是从“文化性格”上重新审视中国文化，对中华文明的一个深入思考。

由于篇幅有限，本书仅提及十一个具有典型特点的文化生态圈。鉴于编者水平有限，本书的不足之处，还望读者批评指正。

目录
CONTENTS

第一章

燕赵文化——一种“混血”的文化

在中国走向世界以前，积淀形成的主要文化有两种类型：一种是农耕文化，一种是游牧文化。而这两种文化又此消彼长，相生相克。燕赵之地就是这两种文化之间的缓冲地带，燕赵文化从而能形成了这两种文化交融的产物，所以有人认为燕赵文化是这两种文化的混合体，又称它是一种“混血”文化。

一、燕赵文化的地理区划

燕赵文化形成于春秋战国时期，是在当时燕赵区域内产生的一种地方文化。但是我们对于燕赵区域的划分，不能仅仅依据战国时期燕、赵两国的疆域来划分。其原因有：一是因为战国时期在燕、赵两国中间还有另外一个大国中山国存在；二是因为燕、赵两国自己的疆界也常因战争的胜负而变化不定。

同样，燕赵区域也不能以今河北省的省界为界线。今河北省又别称燕赵，其省界大体与战国燕、赵二国疆界相合。然而一般所理解的地域文化，是指在一个大致区域内持续存在的文化特征，其地域的区分往往是比较模糊的自然区分，因为历史上持续存在的文化特征绝不会由人为的行政区划而截然分开。今河北省的行政设置开始于1928年，由直隶省改为河北省，至今不过只有几十年的历史，因此用河北省这一行政区划来涵盖以往数千年的文化发展也是不够确切的。特别是在河北省行政区划的四周之内还独立出了北京市和天津市。

有人认为北京自西周初年分封燕国以来，经历辽代的南京（燕京）、金代的中都、元代的大都、明代的北京、清代的京师，是六朝古都，这种说法不够精确。因为在分裂状态下一国之都的性质和意义与统一状态下全国的首都是不相同的，以往几千年间曾经作过分裂国家都城（包括临时都城）的地方数不胜数，周代燕国的都城其性质和意义与赵都邯郸相差无几，而这一类的大小都城在河北省境内就可以很容易地找出30个以上。只是到了明代以后，北京成为全国的首都，才具有了与以往不同的性质和意义，它的历史和文化确实不再与任何一处地方的区域性历史和文化相同。

所以，自近现代以来北京史的研究已经形成了一个独立的研究领域，不再和河北省的历史、文化研究混在一起。在这种情况下，如果将燕赵文化等同于河北省的文化，就会给对元代以前北京的研究带来不便。

尤其是自元朝以来，历经明、清几朝，北京都作为京都，燕赵区域也随之成为京畿重地。在这三朝将近七百年间，燕赵区域的政治、经济、文化地位都有了明显的变化，这时期的燕赵区域和汉唐时期以全国首都长安、洛阳为中心的关中地区和河洛地区一样，已不再是一个地方性区域，而是一个五方共居的以及代表中央的区域了。

因此，可以以今黄河来划分燕赵区域的南部界线，这也是切合实际的。当然黄河的河道也不是固定不变的，自汉代以后，黄河屡次变迁，但基本上是自砥柱东流入海，与今黄河走向大体相符。

燕赵区域的地理区划是以今黄河为它的南界，以太行山和燕山山脉为它的西界和北界。从当代人的空间概念来看，燕赵文化的地理范围包括现在的河北全境及山西、山东、河南、辽宁、内蒙古的部分地区。在京津文化形成以前，京津地区也属于燕赵文化的范围。

由于燕赵地处平原，燕赵文化也是一种平原文化。

燕赵地势开阔，沃野千里，兼有三面天然屏障，自古以来就是人文荟萃的政治、经济、军事、文化中心。而在汉代之前，中国北部的第一大水脉黄河流向比现在靠北，那时的黄河绕太行山流经燕赵大平原，最后在碣石山一带入海。于是黄河一方面成为燕赵战略上的南部天堑，另一方面也是农业富庶的重要保证。那时候，相对于中原地区的中国北部是最令人向往的地方之一，在各个领域里扮演了历史的主角，三秦、燕赵、齐鲁等北方区域都是经济最为发达的地区，后来美丽富饶的长江以南区域那时还是地广人稀、火耕水褥的阴湿蛮荒之地。经济重心的全面南移是唐朝后期到五代时期的事。

另一个不可忽略的背景是，燕赵人中融入了大量剽悍的北方游牧民族的新鲜血液。那道被当作中国文化象征的万里长城，在燕赵北部的怀来、

万里长城

万全一线一直沿燕山山脉横亘至秦皇岛海滨，远远看去仿佛一条蜿蜒的巨龙。今天，当我们站在被称作燕赵锁钥的山海关下，明代状元萧显徘徊三日后写就的“天下第一关”五个苍劲大字已经引不起我们的陶醉之感。雄阔的万里长城从来就没有成为中国北部不可逾越的军事屏障，从战国、西汉到明代，固若金汤般的长城被修了一次又一次，但游牧人的铁骑照样踏破城阙屡屡南进，江山永固、海内晏清的愿望只是不切实际的梦幻空花而已。

天下第一雄关——“山海关”

燕赵文化也就成为一块农耕文化，发育得相当完善，并以儒家文化为中心，成为中国农耕文化与游牧文化通向交汇的前沿阵地。在中国，农耕文化以中原文化和黄河文化为主体。以农耕文化为中心建立的封建王朝，都极力防止以草原部落和东北关外文化为代表的游牧文化的南移。而游牧文化又有以人的意志为转移地极力南移，并在全国建立了两个统一的封建王朝：元朝和清朝。这两种文化的日出而作，日落而息，温文尔雅。燕赵文化正好夹在这两种文化中间，所以有人认为燕赵文化是一种“混血”的文化。胡服、朝服、洋服，燕赵文化经历了无数次的历史嬗变，无数次的沧海桑田。

另外，燕赵的土地是辽阔的，但也是相对贫瘠的，这个地方的农业在汉代黄河未改道之前曾经一度繁荣，但比不上山东、关中，南北朝以后便不得不依靠运河把南方大量的粮食运过来。五代以后它的经济与南方相比已大为逊色。到了20世纪上半叶，林语堂用“简单的思想和艰苦的生活”来描绘这里的百姓。

在历史上，由于要适应燕赵寒冷的温带气候和相对艰险的生存环境，人们就必须具备坚强的体魄和坚毅的品质。正如孟德斯鸠在1748年所指出：“土地贫瘠，使人勤奋、俭朴、耐劳、勇敢和适宜于战争，土地不给与的东西，他们不得不以人力去获得。土地肥沃使人因生活宽裕而柔弱懒惰，贪生怕死。”因此，为什么在中国历史上，北方同南方的战争中南方人常遭失败呢？孟氏的话提醒了我们。

二、慷慨悲歌与好气任侠

20世纪前期，弗洛伊德的高足奥地利心理学家荣格，一生都在强调“集体无意识”的巨大影响力。在他看来，每个人一生的行为都受到背后一只无形大手的控制，这只大手就是长期以来积淀在传统中具有文化同构特征的综合价值观念。正是这种综合价值观念，成为人文地理的一个重要组成部分。

从文化特征上看，燕赵区域也具有独特的文化性格，这就是慷慨悲歌、好气任侠。

“慷慨悲歌”一语可以用来形容各个地区的人物和现象，但是在历史上，它是由燕赵区域而产生的，是以燕赵区域为典型的。在其他区域，慷慨悲歌并没有成为一种普遍现象，而在燕赵区域，慷慨悲歌却已是普遍的特征和特殊的标志。这一特征从理论上建构了燕赵文化的个性特征，巩固了燕赵文化的区域概念，使燕赵文化与其他区域文化区别开来。

从时间上，慷慨悲歌文化的性格在战国时期形成和成熟，在隋唐时期仍然为人们所称道，到明清时期其余音遗响不绝如缕，前后持续二千余年，确已形成了悠久而稳定的传统。所以，燕赵区域的文化特征就是慷慨悲歌，也只有慷慨悲歌才是燕赵区域的文化特色。这也是既不同于中原、关陇，又不同于齐鲁、江南的特点。

1. 齐鲁多鸿儒，燕赵饶壮士

大历史学家司马迁说：“燕赵自古多悲歌慷慨之士。”然而，燕赵大地还蕴含了无限的优雅之气与闲散的情调，以及太多太多的无奈和苦难。

燕赵与江南比起来，“正像是黄酒之于白干，稀饭之于馍馍，鲈鱼之于大蟹，黄犬之于骆驼”。

燕赵文化充满着一种悲壮之美。燕赵人多有一股侠义之气，秉性率真，性格直率，充满着骨气和血性。

燕赵文化有自己的文化性格。

燕赵文化世代传承，存在着一种尚武遗风。在燕赵文化里，散发着个人英雄主义的浓香，充满着文化的悲剧之美。

战争、尚武、侠义、壮士，渲染的是文化上的悲壮。燕赵文化在中国历史上的角色是一个悲剧的角色，燕赵文化充满着历史的悲剧美。燕赵的人以生命去告诉世人什么是正义，以死去证明人生的价值，让正义战胜邪恶。燕赵文化里的人物命运大都以悲壮的死来结束一生。燕赵文化是在历史的大悲壮中展开的，尤其在民族危亡、国破家亡、战事频频的动荡时期，燕赵文化总是表现出一种崇高的风骨，一种顶天立地的英雄气概。

历史上的燕赵曾是奇侠、豪客、英雄、土匪、流氓、大头鬼的乐园，是中国英雄主义的源头和男子汉的降生之地。

燕赵多悲风、多义士。一句“燕赵自古多悲歌慷慨之士”，令我们胸中的块垒沉郁，百感交集。

荆轲刺秦，壮怀激烈。荆轲是历史上一位著名的侠士，《史记·刺客列传》中共记载了五位侠士，荆轲是其一。公元前27年，燕国派刺客荆轲以献图为名入秦宫刺杀秦王，秦王慢慢展开地图，结果图穷匕见，荆轲拿起匕首向秦王猛刺，然而未刺及秦王，结果为秦王所杀戮。壮士之名，流芳千古。“荆轲刺秦”的典故就来自于他只身一人行刺秦始皇。司马迁说：自豫让之后四十余年而有聂政，自聂政之后220余年而有荆轲。数百年间仅区区五人，可见在司马迁眼中称得上侠士的都是不世俗的大英雄。

燕赵文化多有一股侠义之气。什么是侠?侠就是不君不臣，不偏不倚，自成一家。侠士最主要的特点就是既不遵从国君之命，也不遵从世俗的观念，而只遵从自己独有的价值标准。侠士并不单单只尚武，他们也十分注重读书。在古代，士是读书人的称谓，那些称得上是侠士的人都读书有成，文武兼通，并不单只习武。侠士重信义，言必信，行必果，一诺千金。侠士注重德操，不夸耀自己的才能，不议论别人的短处，“交绝不出恶声，去国不沽其名”。他们注重名誉，不是沽取虚名，而是为了证实自己的绝对完美、绝对自信。他们帮助别人时报一答十，不是出于对别人的关心，而是为了证实自己有存在的价值和承诺的力量。他们不在意成败，不吝惜生死，不是因为轻视生命，而实在是因为太热爱生命。生命有两种，苟且偷生自欺欺人是没有意义的生命，矢志不移独立自存是有意义的生命。侠士爱惜的是有意义的生命，所以他们都意志坚强，“立意皎然，不欺其志”。为了保全这个志向，他们就会在需要的时候不惜生死，所以像程婴、侯嬴、田光、樊於期、夏扶甚至在完成使命之后也要自杀而死。生不苟合，死不苟且，死法和生法同样重要。做侠士最重要的不是敢于去和强敌拼死，而是敢于在值得的时候自己杀死自己。

由于侠士有自己特殊的价值标准，国君不认同他们，因为他们扰乱国家法令，私设刑罚；普通人也不认同他们，因为他们活着不求财利，死时不惜生命，全然不可效仿。只有他们自己少数几个人之间相互认同，但也都是默认于心，从不明说。这样的一种人生确实称得上是白虹贯日、感天地而泣鬼神！

侠士必须是刻苦砥砺，孤介独行。只有田光能请出荆轲，而田光自刎身死。只有樊於期的人头能使秦动容，而樊於期果然甘心授首。夏扶只因不能同行，就在车前刎颈以壮行色。黄金投龟，烩千里马肝，断美人之手，荆轲面不改色。然而荆轲来到燕国肯定不是因为希图燕太子丹的黄金、馆舍、车骑、美女，别人可能是，他绝不可能。他知道提一匕首以入强秦的后果，早已预存必死之心。何况田光、樊於期、夏扶已先他而死，荆轲更是义无反顾。但他入秦又不是为了太子丹一人一国的私利，他是为他自己平生的志向。荆轲说：“心向意，投身不顾；情有异，一毛不拔。”有所为，有所不为，这也就是孔子所说的“狂狷”了。

易水送行，高渐离击筑，荆轲作歌，众人无不动容，而荆轲升车而去，终不回顾，看似无情。荆轲已死，鲁勾践悲痛自悔，说：“从前我还怒叱他，他会以为我是什么人！”这几位侠士志向之高之烈以及他们之间心意的默然契合，都已达到无与伦比的境界。荆轲之悲壮在于，义士壮烈，以燕国的兴亡为己任，明知行刺成功的可能性极小，仍奋然前行，置生死于不顾。“风萧萧兮易水寒，壮士一去兮不复返。”中国历史上还有比这更悲凉、更凄美、更荡气回肠的背影吗？我们可以说，如果没有荆轲的壮举，中国的公元前三世纪的历史将会平淡许多。

燕地以慷慨悲歌为特征的文化的形成，不是社会正常发展和社会繁荣的结果。社会正常发展与社会繁荣所形成的是志高而扬的大国之风，燕赵文化则是一剑以当百万之师的偏锋奇锋。燕地苦寒卑弱，因此它的文化也就自伤自怨，刚烈悲壮。“慷慨悲歌”中的慷慨，又写作忼慨，忼又写作亢，本指咽喉。在声乐上，慷慨是情绪激昂、声音高亢的歌唱方式。悲歌也是专有所指的一种歌唱风格，在《燕丹子》中有“为壮声”、“为哀声”的描写，其悲壮之情可以由荆轲《易水歌》中“易水寒”、“不复还”数语具体印证。在心理上，慷慨悲歌是一个情结，是由经济文化的落后和政治地位的低下而导致的一个情结。这个情结经过一种壮烈的撞击，发生逆转，出现升华，于是就化育成为慷慨悲歌的性格。

在谋刺秦王的过程中，太子丹和荆轲之间也有一种契合。这二人的地位，作用不可替代，又缺一不可。太子丹的精诚与荆轲的奇志契合在一起，就完成了燕地文化由苦寒和局促而产生出的激变，就形成和成熟了燕赵文化“慷慨悲歌”的独特风格。慷慨悲歌或燕赵悲歌自战国秦汉以来已经成为固定的成语，人人皆知，但是对它作深一层解释的人并不多，唯有袁褧《枫窗小牍》中说道：“秦威大赫，燕怨太激，威怨相轧，所以白虹贯日，和歌变徵。”这个解释准确而深刻地道出了燕赵文化慷慨悲歌的真意。

燕昭王的报复伐齐和燕太子丹、荆轲的谋刺秦王，标志着燕地文化的形成和成熟。

2. 武勇任侠与阳刚之美

燕赵文化武勇任侠的特征形成于战国时期，以赵武灵王的胡服尚武为最主要标志。赵国的文化源出三晋，而晋国正是中国古代法家智慧与武勇任侠风尚的发源地。早在迁都邯郸前后，赵氏之中就已接连出现了几位侠士。赵朔时，赵氏遇到大难，同宗四位大夫赵朔、赵同、赵括、赵婴齐都被灭族，于是赵氏门客中出了公孙杵臼和程婴二人，保护赵氏遗孤。公孙杵臼问程婴：“扶立孤儿和殉难而死哪个更难?”程婴说：“死容易，扶立孤儿更难。”公孙杵臼说：“那么你来努力做这件难事，我做容易的，先让我来死。”于是公孙杵臼殉难而死，以掩护程婴。程婴则带着孤儿赵武藏匿山中，十五年后，赵武重新被立为大夫，程婴继续在左右保护他。又过了数年，赵武长大成人，举行了加冠礼，程婴便毫不迟疑地自杀而死，为的是到地下向公孙杵臼复命。

受到公孙杵臼和程婴拼死救护的赵氏孤儿，就是赵武，他的曾孙赵襄子建立了战国七雄之一的赵国。

燕赵文化的勇武任侠是具有传统的，它的豪奢冶游也是全国闻名的。战国结束以后，原赵国版图划为郡县，赵地也和燕地一样都具有近边和尚武的特点，在地域和文化上都更加成为一个整体。所以司马迁在《史记·货殖列传》中描述沙丘、中山、邯郸时，也使用了“悲歌忧慨”一语。通过《史记》、《战国策》、《燕丹子》等书的叙述，定型于战国时期、以慷慨悲歌为特征的燕赵文化被历史地记载下来了。

从此以后，他们的事迹以及由此而体现出来的慷慨悲歌的风格，便成了燕赵文化最主要的特征。这一特征不仅在当时存在，在后世也存在，从此以燕赵文化就永久性地定格于此了。历代文人学者在说到燕地时，都反复不断地重申这一点。晋代诗人陶渊明《咏荆轲》诗说：“心知去不归，且有后世名。其人虽已没，千载有余情。”唐代诗人骆宾王《于易水送人》诗说：“此地别燕丹，壮士发冲冠。昔时人已没，今日水犹寒。”唐代散文家韩愈在《送董邵南游河北序》中说：“燕赵古称多感慨悲歌之士，董生举进士，连不得志于有司，郁郁适兹土，吾知其必有合也，董生勉乎哉！为我吊望诸君之墓，而观于其市，复有昔时屠狗者乎！”宋代诗人胡曾《易水》诗说：“一旦秦皇马角生，燕丹归此送荆卿。行人欲识无穷恨，听取东流易水声。”明代诗人李攀龙《易水歌》诗：“匕首腰间鸣，萧萧北风起。平生壮志心，可以昭寒水。”清初学者黄宗羲《马雪航诗序》说：“彼知性者，则吴楚之色泽，中原之风骨，燕赵之悲歌慷慨。”此外如唐代陈子昂、李白、贾岛、柳宗元、罗隐，宋代邵雍、司马光、苏轼，元代李时行、刘因、杨维祯，明代王大用、王衡、李东阳、屠隆、张新、李先芳、王世贞，清代陈维崧等人，也都各有吟咏。可知自从战国末年以后，“慷慨悲歌”确实已成为燕地所专有，直到清代延续近两千年而不改的独特文化风格，成为燕赵文化的独特标志，古往今来一直受到人们的景仰，被天下有志之士视为人生的典范。

如果说燕赵文化的第一个特征是它的悲壮，那么它的第二个特征就是它的风骨，燕赵文化具有一种阳刚之美。燕赵文化缺乏温文尔雅、卿卿我我的人间情爱，有的是棱角分明、慷慨激昂的艺术。俗话说：“京剧的味，梆子的劲”，河北的梆子字字铿锵，句句有力。河北方言有的是力量，缺的是南方人的圆润和北京人的温柔。燕赵多出产《红旗谱》、《烈火金刚》这样的显示力度的小说，很少见到优美多情的散文。

燕赵文化充满着一种阳刚之气。燕赵人文的视野里，满眼所见的多为英勇豪爽的粗犷男人，鲜见的是温柔缠绵的俏丽佳人。《红旗谱》里所描述的人物形象正是燕赵文化里这种“惊天地泣鬼神”的雄强豪放、慷慨悲歌的阳刚之美。

燕赵的山水也极具力度，到处充斥着阳刚之美。北部的山，延延绵绵，怪石嶙峋；南部的太行山，巍峨挺拔，均无秀色可餐之颜。燕赵东部平原一望无际，横望无涯，无温柔乖巧、曲径通幽之貌。燕赵的水大都属于季节性河流，或干得死去活来，或雨季一来又洪水滔天。

自元代到新中国成立的八百年间，燕赵作为帝王之土长期被笼罩在皇权的辉煌里，人性在政治的挤压下日益萎缩内敛。

苍凉的易水愈显枯淡，燕赵的天空已经没有疾劲的大雕。虽然从祖先骨子里遗传下来的豪放野性仍然潜藏于心，高粱酒和大碗茶仍然醉人，但元代后我们已经难以在这片土地上看到纵横着阳刚血气的激越古风。

三、燕赵儿女

从地理上看，河北、北京、天津三地就像一个母亲怀抱着自己的两个儿女。尽管如今北京、天津已从燕赵之地上独立了出去，但是，他们的骨子里仍然流着燕赵的血，他们仍是燕赵的儿女。

1. 河北文化的停滞

中国的混血文化有两种，一种是农耕文化与游牧文化及其他少数民族文化的杂糅；还有一种是农耕文化与西方近代文化的混合。典型者，河北人属于前者，香港人属于后者。

一说到河北就让人想到“河”。黄河流经中国北方的很多省份，唯独没有流经河北。河北介于辽宁、山西、山东、河南、内蒙古之间。

一说到河北，我们还想起了万里长城、北戴河；想起了“邯郸学步”、“黄粱美梦”；想起了少林寺、赵州桥、深州蜜桃、赵县雪梨、保定酱菜、沧州的金丝小枣、铁狮子……一说到河北人，我们就想起了出没于青纱帐和荷花淀中的敌后武工队，他们在腰间扎根灰布条，头上裹块白毛巾，一副敦笃厚道的模样。《地道战》、《地雷战》、《小兵张嘎》等电影流行的年头，我们充分领教了河北这块土地的情怀，领教了这里人民的宽广无私的奉献精神。

河北还有以“胡服骑射”而名留青史的赵武烈士；为秦始皇寻找仙药一去不复返的徐福；被毛泽东主席誉为“大事不糊涂”的吕端。多数河北人是中国北方农民中最典型的一个群体，在他们身上集中体现了中国人传统的东西、传统的美德、传统的弊端，及千百年来所积淀下来的苦难感。

北戴河一景

河北人的根深植在燕赵文化的土壤上。

然而，我们从河北这块土地上能回忆的仅仅只是过去的辉煌。在飞速发展的今天，河北竟成了遥远的回音。英国人亚当·斯密曾说：“中国一向是世界上最富的国家，土地最肥沃，耕作最精细，人民最多而最勤勉。然而，很长时间以来，它似乎就停滞于静止状态了。今天旅行家关于中国耕作、勤劳及人口稠密状况的报告，与五百年前视察该国的马可·波罗的记录比较，几乎没有什么区别。”关于中国停滞的问题被曾在戴高乐、蓬皮杜、德斯坦时代担任过七任部长的法国人阿兰·佩雷菲特写成了一本书，书名就叫《停滞的中国》。

亚当·斯密和阿兰·佩雷菲特指出，中国文明的停滞性，在河北及中国中西部地区较为显著，放之整个中国则不尽然。进入近代以后，广东、上海等沿海地区及东部许多地区都发生了令人吃惊的深刻变迁，与其他区域文化相比，燕赵文化的个性不是十分的明显，风格似乎单调。在当代人的视野里，燕赵的风骨没有了，燕赵的悲壮也没有了。就像虎落平阳、龙遇浅滩一样，燕赵文化从昔日的慷慨悲壮的鲜明个性沦落到没有个性，平淡无奇的文化性格，这是历史的无情，也是中国文化的悲哀。

文明停滞性的主观原因在于人们因循守旧的保守性。清朝灭亡后的一段时期，以河北为中心的中国北部地区成为了旧制度旧文化的顽固堡垒，它们是南方革命者批判和发起攻击的对象。

“亲不亲，家乡人，美不美，家乡水”，“金窝银窝，不如自己的狗窝”，“鸟飞返故乡兮，狐死必首丘”。宋人吴曾说：“我看南北方的风俗，大抵北胜于南。”北方人更看重亲族。河北人就像北温带枝叶茂盛的老槐树一样情愿永远矗立在自己的家乡，他们在这里生生不息，代代繁衍，不论外面的世界多么精彩，也毫不动摇自己的生活方式，毫不为其诱惑而步其后尘。河北人是重亲的，他们很少有忘本的时候，即使是那些远离家乡的人们也不过是一只只暂时停留异乡的候鸟，他们的心中永远燃烧着一团熊熊大火，而这团大火就是故乡。

新的思想新的东西要想进入河北显然比其他地方困难得多，因为河北人很固执，他们坚持自己的道理，在他们身上有一种“任凭弱水三千，我只取一瓢饮”的犟劲。河北人的旁边住着一大群素来敏感于政治浪潮、喜好谈论时事的北京人，然而河北人却与北京人相反，似乎不大关心政治。河北人的旁边盘踞着中国北部的一大商业中心天津，那里人的商品经济头脑非常好使，然而德国人李希霍芬在晚清时期考察河北各地后评价说：“河北人缺乏商业精神。”

河北人则是越来越把豪酒威猛的固有禀性深深地掩藏起来，他们整年整月把头埋在土地和热炕窝里温和地打发着人生，日子只要能过去，只要有一碗饭吃，也就心安理得了。

是不是因为被自己土地上古老的长城压抑得太久了？是不是因为经历了太多金戈铁马的战争创伤？河北人才变得守土重情，成为中国传统良民的衣钵传人。

2. 北国之珠——北京城

许光在《美国人和中国人》中说：北京城对于中国人的吸引力就像好莱坞对于满怀明星梦的美国人一样。

现代气派的北京城

林语堂说：“我们是老大的民族，看尽了一切过去与一切现代生活的变迁。”这个“老大民族”的心脏正是在北京。看尽了一切，于是就看淡了一切，于是在老于世故的眼中只有自己，于是就圆熟、忍耐、无可无不可、狡猾俏皮、和平主义、知足、幽默、保守。

丰厚的燕赵文化对世界的最大献礼是北京城。就像一匹脱缰的骏马从燕赵文化的围栏中突围出来，在舒卷的云层和坦荡的大地相连之处，一座登峰造极的伟大城市屹立在世界的东方，它不断延伸的历史贯穿着整部中华文明，它的形象雍容华贵，它的风骨浩大优雅，它的雄霸王气照彻四方。

中国儒家的“天人合一”思想是中国传统的精华所在，它在科学不发达的古代派生出了“天人感应”和“地人感应”思想，也派生出了极具中国传统色彩的风水术，风水术就是这些思想最为直接的体现。在古代，“风水”的幽灵游荡在中国文化的每一个角落，从帝王将相到黎民百姓莫不趋之若鹜。古代风水学认为作为帝都必须有天然屏障可以依靠，既能控扼天下，又不局促偏安于一隅，在地理上要“控制六合，宰割山河”。因此一个政权的建立，选择什么地方作为都城往往是决定一个政权兴衰成败的关键。在中国历史上，西安（长安）、洛阳、南京、北京大概是最著名的。如西安有“建瓴之势”，瓴是一种盛水的瓶子，因为西安据关中四塞之土，东有黄河天险，地势上俯瞰全国，一旦东部地区有事，可马上出潼关沿黄河东进控制全局。又如洛阳有“宅中图大之势”，因为洛阳居于中国的正中腹地，便于向四方拓展。再如北京，其至今作为我们的首都，这主要原因是北京在地理上有“挈裘之势”，意即北京是中国这件裘皮大衣的领口，只要拎住它，整件裘衣就可以随势提起来。唐代大诗人杜牧更是感叹此地是一块“王不得不可为王”的宝地，把都城建立在这里，那么中国这件“裘衣”就可以轻而易举地提在手里。事实上，从春秋战国时期燕国的首都“蓟”开始，北京在中国北部就从未失去过政治中心的地位。

天坛——中国现存最大的祭坛建筑群

施宾格勒在名著《西方的没落》中说："人类所有伟大的文化都是由城市产生的。"北京是世界上著名的十大都城之一，即使从金代算起，它作为都城的漫长历史也已有八百七十多年之久。北京所处的位置非常契合风水所谓的法度，北京东临大海，西面北面重冈叠阜，南面是开阔富庶的温带大平原，它是沟通华北与辽东、内蒙古、热河的枢纽，战略地位至关重要，所谓背靠重山，君临大平原，南控江淮，北连朔漠，扼居庸以制胜，拥燕云而驭夏，总握天下大势。被誉为是朝迎万派的万里河山朝宗之地。北京周围山川环卫，永定河、潮白河等构成了发达的海河水系，地脉的形势全，风气密，符合藏风聚气的风水要求。在风水术盛行的古代，北京被赋予了尊贵的地位。

京都旧事—四合院

人无千日好，花无百日红，历史上中国都城的每一次辉煌都暗示了其不久将来的毁灭。然而，北京城都于1127年被定为首都后，延续至今，不得不认为难能可贵。也许正是因为这块风水宝地的浩荡王气，所以数不清的达官贵人纷纷掏出搜罗而来的大把民脂民膏，把此地装潢得豪华非凡。元大都就是当时所有城市中的典范。马可·波罗笔下彩云簇拥壮丽倾人的梦幻之都，繁华得无法想象的人间富贵红尘：“华区锦市，聚万国之珍异，歌棚舞榭，选九州之芬，……结春柳以牵愁，凝秋月而流盼，临翠池而暑清，褰绣幌而雪暖。一笑千金，一食万钱。它方巨贾，远土浊官，乐以消忧，流而忘返。”

云蒸霞蔚的皇家园林

这是一座集豪迈与柔情于一身的高深莫测的帝王之都，巍峨舒展的长城，云蒸霞蔚的皇家园林，华光凝照的红墙黄瓦，肃穆庄严的皇权，丹桂飘香的四合院，轻捷的画眉，清幽的合欢树，京剧、古画、喇嘛塔……它贯穿了“南国水乡的富饶婉丽，北方草原的粗犷豪放，西部大漠的苍凉凄郁，东部沿海的热情繁华”。在古老博大的中国，有哪座城市能像北京这样“把戈壁滩如云马队的剽悍与苏杭丝绸鱼米之乡的温情，最悠久的文明与最现代的气氛都凝聚于一身”呢？比如说那华光绝尘的“燕京八景”——琼岛春阳、太液秋风、玉泉趵突、西山晴雪、蓟门烟树、卢沟晓月、居庸叠翠、金台夕照。比如说那鲜丽古典的景泰蓝，色泽光润的雕漆，晶莹剔透的玉器，小巧玲珑的内画壶，精细柔软的京绣，工艺艳彩的绢花、挑补花。比如说全聚德烤鸭，东来顺涮羊肉，仿膳小吃，六必居酱菜。比如说那高大的前门、崇丽的天坛、莹洁的汉白玉华表。

北京带着一片金黄色的亮彩在我们的印象中一点点清晰起来。然而它的形象又终日重叠在朦胧的面纱和阴影之中，皇家宫廷文化圈、贵族文化圈、官僚士大夫文化圈、精英文化圈及民间市民文化圈构成了混杂的复合型文化。它们深刻地交织在一起，使这座帝王之都的神光乍离乍合，真实面容扑朔迷离。再加上不断有大量的新鲜血液注入它的文化肌体当中，于是变幻中的北京在我们的视角中就愈发地模糊起来。使我们敏锐而深沉的眼眸如坠云中，我们有点儿看不清它真实的面孔了。

这座英气与暮气横逸的帝王之都，当它从燕赵文化圈里突兀出来之后，冷酷威严的斧钺和皇权实际上已经阉割了它当初悲歌慷慨的人文气概，这种由祖先那儿蔓延下来的血性阳刚之气藕断丝连地向着深层的文化腹地发展，它显得丰富多变，灵敏而敏感，它是北京人最隐秘的心灵基因之一。

北京是大雅大俗的，雄健而灵柔，它风情万种的彩色体态在巨大的激情中保持着人性、社会性与大自然之间伟大的调和，令人着迷。

3. 直辖市的另类——天津

美国的中国问题专家罗兹·墨菲说："世界上大都市的兴起，主要依靠两个因素：一个大帝国或政治单位将其行政机构集中在一个杰出的中心地点（罗马、伦敦、北京）；一个高度整体化和专业化的经济体制，将其建立在成本低、容量大基础上的贸易和工业制造点，集中到一个显著的都市化地点（纽约、鹿特丹、大阪）。"

北京和天津正是这两种大都市的典型。在相当长的时段里，如果没有了北京，天津的一切都无法想象。与上海、香港不同的是，天津几乎可以说是由北京派生出来的一朵大鲜花。

天津鼓楼

天津作为我国四个直辖市的其中之一，与其他三个相比，它似乎更容易被人们所遗忘。在漫长遥远的古代，天津也是个被历史遗忘的角落，那些皇皇巨著的史书很少提到过它。那时的天津留在人们记忆中的是海天一色的万顷碧波，成群结队的灰羽海鸥在宁静的海岸上鸣叫，除此之外，还不时来往着一些驾舟到渤海捕鱼捞虾的渔民。

世界上本没有城市，住的人多了，活动开了，也就成了城市。

世界上本没有天津，来的人多了，也就有了天津。

六百年前，天津出现了。

“天津”这个名字在永乐初年出现，为朱棣所赐，意为天子渡河之地。这个名字经常让他想起浮桥搭成时将士们的欢呼。

永乐二年，天津作为畿辅要地正式设卫，“天津卫”之称由此而来。卫所是明朝的军事建制，后增设天津左卫、天津右卫。天津三卫直隶于后军都督府，共有官兵1.6万余人。天津兵备道刘福将卫城用砖包砌，建四座城门，分别题额为“镇东”、“定南”、“安西”、“拱北”，城中心建鼓楼，鼓楼下起空心方城。

到近代，天津在屈辱中带着梦想从燕赵文化的边缘腾空而起。就像灯红酒绿的花花世界上海和香港一样，如果没有欧洲人坚船利炮的大举侵略（军事上、经济上、文化上），就没有今天的莺莺燕燕。

公元1840年之前，香港岛是个人烟稀疏的荒凉海岛；而上海不过是个仅有十条小街道的蕞尔小城，这里的人们常常撑着乌篷船做点小本生意，他们以会讲苏州话为人生的一大荣耀，把到过南京作为充分展示虚荣心的一大快事。那时天津的情形比上海、香港好得多，它是通向煌煌大都北京城的漕运和海运的主要集散地，也是北京东边的交通和军事咽喉关口，但从全国范围来说，它不过是座普通得不能再普通的中小城镇，它在一般人的眼里仅仅是北京的卫星城而已。然而，历史却令人惊诧地选择了香港、上海和天津，使它们迅速成为古老农耕文明通向现代文明的最初望台，成为过去通向未来的宏大诗篇的交汇之地。

伴随北京城浩然王气的突起，以及整个中国经济重心的南移，元朝以后中国形成了这样的格局：经济中心在温润富腴的南方，而政治中心则在以北京为尊的燕赵及其他北方地区。这种政治经济中心分离的最直接后果是漕运和海运的空前发展，南方以粮食为主的产品需要大量地运往北方，这种深刻的背景使占尽地利的直沽（天津）登上了历史舞台。天津迈着蹒跚的步履翻开了“灿烂”的一页，这一历程，无比屈辱而意味深长。它不是中西文化温情交融生下的宁馨儿，而是被“胜利者”蹂躏后产出的孽种。

天津，曾经金光闪闪。中国史尽头，北京人的山顶洞人浪迹江湖留下遗迹；建安年间，大胡子曹操翻身下马开凿运河；元朝初建，北方重镇地位垫上最后一块砖；六百年前，燕王挥刀进京津渡命名；明清时代，天下财富聚之能来分之能去；近现代，无数个第一标示着辉煌显赫。

在以天津“泰达”为中心的500公里半径范围内，分布着全国约17%的人口，使泰达企业可以很便利地占领迅速增长的中国市场，尤其是北方市场。京津两地雄厚的工业技术基础为泰达企业提供相当完善的产业配套能力，使其可轻而易举地寻找到合适的原材料和零配件供应商。

狗不理包子、十八街麻花、耳朵眼炸糕、马三立的相声，它们代表了天津的前天；飞鸽牌自行车、海鸥牌机械手表、北京牌电视机、鸵鸟牌墨水、天津加酶洗衣粉、蓝天六必治牙膏，它们代表了天津的昨天；可口可乐、摩托罗拉、LG电器、康师傅方便面、富士摄影镜头，它们代表了天津的今天。

前天和昨天都是天津人自己的品牌，而今天，在“Made in Tianjin”的产品，是别人的品牌。

天津人自己呢？变得越来越灰色了。

天津一位领导出国考察，竟发现欧洲的投资者们大部分都不知道中国还有一个直辖市叫天津，那种滋味，怎一个“灰”字了得？

作为中国的四大直辖市和北方重要的工业城市以及北京通往东北、华南的交通枢纽、渤海湾上的重要港口，天津占尽了地利。但在的大潮中，它却逐渐落伍了，其经济发展不仅无法与北京、上海比，就连后起之秀青岛、大连、烟台，它也比不过。

他们抱怨说，而今的天津是中国直辖市里最没有特点的一个；既缺少北京宏伟大气的庄重，又没有上海城的繁华，也不像重庆山重水复，诡谲多姿。

就像一个曾经家财万贯的富家子弟，不紧不慢地悠闲踱步在自家院子里，没有激情，没有变化，与家门外热火朝天的改革开放场面形成了强烈的反差。

天津从来都不缺少机会，它缺少的就是激情，一种红色的激情。

四、燕赵遗俗

要认识一个民族，认识一种文化，就要研究这个地区的风俗习惯。这种风俗习惯是人民群众在社会生活中世代传承，相沿成习的生活模式，它也是我们每个人的来处和记忆，庆典和告别。

承德避暑山莊

从文化背景来分析，河北北部的承德，是过去热河的省会，作为清王朝的离宫，深受满族文化的影响；西北部的张家口，曾是察哈尔的省会，与草原文化、山西文化亲和；河北东部的秦皇岛紧挨着渤海，呈海洋文化的特点；再看廊坊，东边是天津西边是北京，被两大都市熏染；南部的邯郸、邢台与河南相近，被中原文化挟裹；只有中部的保定、石家庄才是纯正的河北。

河北的民俗文化也呈现这种杂糅的特征。但是一个文化，其骨子里的东西还是不会被遗忘和改变的。

1. 过庙

过庙场景

“过庙”即“庙会”。“过庙”在河北各地叫法不同，乡村多称为“赶庙”，“赶会”，城镇则称为“上庙”、“上会”。

庙会渊源于集市。相传，神农时代“日中为市”，太阳升至中天进行集市，互通有无，交易做好就散伙。

后来，农业、手工业有了发展，商业随之繁荣，出现了固定的交易场所，地点常固定在交通要道或衙门附近。南北朝时，崇尚佛法，大兴庙宇，于是活佛升天或菩萨诞辰之类盛会应运而生，游客纷至沓来，商人见有利可图，便来庙前设摊，招徕生意，这就是以寺庙为中心进行交易活动的庙会的由来。

河北省古来有“天下大庙数鄚州”的说法，这是因为鄚州（在今河北省任丘县）自唐宋以来的几个朝代里，一直地处我国南北交通要塞，水陆两便，每年都有全国各地的许多工商业产品在此销售。河北省“过庙”的习惯不仅由来已久，而且甚为普遍。据对冀中定县的调查，全县一年就有72次庙会。冀南邯郸市峰峰矿区，一个区全年大小庙会有73次。旧时的庙会内容比较复杂，有的还带着较浓的宗法观念和封建迷信色彩，诸如拴婴许愿、问医取药、求雨祈福、驱魔修德等。新中国成立后在各级政府的倡导下，人们摒弃了那些封建迷信做法，除了利用庙会做买卖，调解物资余缺，进行城乡物资交流等外，劳动群众在工作之余，还把庙会作为“旅游”和进行自我娱乐的场所。像高跷、狮子、龙灯、旱船、跑驴、竹马、杂技、武术等绚丽多彩的民间艺术形式，多在庙会期间表演。同时，各地的“过庙”随着历史的发展，逐渐形成了各自的特点，比如：安国药王庙会，张北骡马大会，涉县娲皇宫奶奶庙会等。既进行了物资交流，又丰富了群众文化生活。

2. 尊称“老二”

外地一般以“老大”为尊称，而河北省清河县、临西县这一带则不然。这一带习惯以“老二”为尊称。这种情况主要表现在对男性的称呼上，如二哥、二叔、二兄弟、二大爷等等。如果称呼别人“大哥”、“大叔”等，不免会招人白眼，甚至惹人生气。

这种习惯是怎么形成的呢？说起来话长。

原来，水浒故事在这一带流传得既深又广。清河是武松的诞生地，境内的武家村，全村皆姓武，据说是武松的故居。而与一县之隔的山东阳谷县的景阳冈，则是他“精拳打死山中虎，从此威名天下扬”的地方，至今遗迹尚存。武松身材魁伟，武艺高强，见义勇为，勇猛无比。他斗杀西门庆，醉打蒋门神，夜走蜈蚣岭，智取二龙山等等，是妇孺皆知的故事。因为他排行老二，所以人们习惯称他“英雄好汉武二郎”。而武松的哥哥武大郎，则是一个世间少有的窝囊废。他身材矮小，懦弱无能，胆小怕事，终日受气。关于武大郎，民间流传着许多歇后语，诸如：“武大郎玩夜猫子——什么人玩什么鸟”，“武大郎坐天下——没人敢保”，“武大郎要杠子——上下够不着”，“武大郎放风筝——出手不高”……久而久之，武大郎和武二郎的典型形象在人们的心目中扎下了根：一个是无所作为的人物，一个是英雄好汉。所以，一些争胜好强的人都自比“老二”，即使一般低能的人也不愿与“老大”为伍。与陌生人搭话，称“二哥”、“二叔”一类被认为是尊重，而叫“大哥”这样的称呼，则被认为是受污辱。

打虎英雄武松

现代，“先生”这个新语汇时兴起来。不过，在年岁稍大的人们中间，特别是在乡下，大都还是喜欢别人把自己唤作“二哥”、“二大爷”的。

3. 婚俗

河北省幅员辽阔，居住着汉、满、回、蒙、朝等多种民族。由于地理、历史条件的不同，各地旧有的婚姻嫁娶的风俗也不尽相同。张家口地区的婚习与山西接近，承德地区和唐山地区东半部的一些县份，与辽宁差不多。就燕山以南、太行山以东广大平原地带的汉族来说，其婚俗也颇具特色。这一带的汉族群众，旧时的婚姻多为媒妁之言、父母之命，儿女们一般是没有选择配偶权力的。双方订婚时，经媒人“丢订物”，订物多为钱财，女方向男方索“彩礼”。结婚时讲究所谓“催装礼”。男方送龙凤饼、肉、衣物等礼品，由媒人陪同送到女方家里。女方要将嫁妆交媒人一同带回家。当晚，请一位父母双全、丈夫健在的妇女到新房中安放被褥。娶亲时以“红”示“喜”，放鞭炮，打红灯笼，还请仪仗队和吹鼓手奏乐，新郎乘轿或骑马，或坐车，到了岳父门前，新郎被引至客房吃茶点。女方以插花戴到新郎帽子上，将披红挂在新郎身上或轿前。新娘多穿红绸衣服，头戴红花，脸敷香粉，唇抹口红，在迎亲曲中上轿。有的轿后还系把水壶，不断滴水，谓“长流水”，取两家往来不断之意。新娘娶回，要绕村串庄，不准走原路，谓不走回头路。新娘以红绸盖头，下轿后同新郎拜天地。此日，亲友都来致贺送礼。这时请德高望重者念喜歌，歌词都是吉庆的，诸如“新房一闪红花开，家里有金黄色斗供龙牌”、“相府门上挂彩绸，千金小姐配王侯”一类。新婚之夜闹洞房。入洞房之前，堂屋桌上放置核桃、枣、花生、栗子，取“夫妇合投到老、早生贵子”之意。新中国成立后，随着时代的前进，这些旧的风俗礼仪，逐渐消亡。父母之命、媒妁之言，逐步被自由恋爱所代替。大讲排场，索要彩礼等现象日益减少。男女双方经过一段时间的了解，只要志同道合，就由其所在单位开证明信，到当地政府登记，结为夫妇。特别是近几年，不少城镇出现了集体婚礼，当地党政府负责人作证婚人，既热闹，又节俭。在农村，则提倡“男到女家”，时兴了“女娶男”，为广大干部群众所赞赏。

尽管时代在变，人们的风俗习惯也在慢慢地改变，但我们仍能从这些遥远的遗风遗俗里，寻着燕赵文化独立的特色与个性。

第二章

三秦文化——秦中自古帝王都

如果说广东是中国开放潮头的翘楚，那么陕西就是中国传统文化的代表。如果说北京是中华文明的传承，那么，在西安，你看到的则是中华文明的正宗。从半坡文明开始，这里就是中华文化的发源地，西周、西汉、隋、唐等中国历史上值得骄傲的时期都以这里为都城。在这里，你的思古之幽情才真正找到了寄托。

一、三秦文化的由来

春秋战国时因陕西是秦国治地，故后人将陕西简称“秦”；将横贯陕西中部的主要山脉称“秦岭”；将渭河平原称“秦川”。历史上所谓三秦，实际上指的是现在的关中和陕北大部。

春秋战国时期是历史上最为混乱的时期，“春秋无义战”就是形容春秋时期战乱频伐的状况。当时经过春秋时期的一系列战争，许多国家消亡。到战国时期，中国大地上只剩下齐、楚、燕、韩、赵、魏、秦七个国家。秦王嬴政在位时，即公元前230年至前221年，秦国先后灭掉了其他六国，在中国首次建立了空前统一的封建中央集权制的秦王朝。但由于秦朝赋税、兵役、徭役等特别繁重，法律严酷，使得民不聊生，到公元前206年刘邦率军队攻占咸阳，秦帝国只存了十五年。

公元前206年，项羽统率各路诸侯随刘邦后也西入关中。项羽出身于楚国旧贵族家庭。在秦末农民起义时为恢复楚国，公元前207年在巨鹿之战中项羽消灭了秦军主力，章邯投降。公元前206年项羽引兵入咸阳，杀了已归降的秦王子婴，并火烧咸阳城，焚毁阿房宫，自立为西楚霸王。以梁楚九郡地置西楚国自属，分封灭秦有功将领、旧六国贵族及秦降将十八人为诸侯王。其中，将刘邦封汉王，都南郑，辖陕南及巴、蜀之地。为防刘邦势力扩张，牵制刘邦，他又将陕西的关中和陕北一分为三：封秦降将章邯为雍王，都废丘（今兴平东南），辖咸阳以西及甘肃东部地区；封司马欣为塞王，都栎阳（今西安阎良附近），辖咸阳以东；封董翳为翟王，都高奴（城址史有三说：富县、安塞、延安）辖陕北。后三位诸侯王都是秦降将，故人们称他们为三秦王。与之相应地，这三诸侯国之地称为三秦，沿袭下来，“三秦”也就成为了陕西的代称，咸阳成了三秦的分界点。“三秦”的称谓产生后，历史上也有人将它作为政权名称。例如五胡十六国时期，公元350年居住在甘肃秦安县东南的氐族首领苻洪起兵，自称“三秦王”，建立政权。公元352年，其子苻健称帝，都长安，国号“秦”，史称“前秦”；公元385年羌族首领姚苌擒杀前秦皇帝苻坚。公元386年姚苌称帝，都长安，国号“秦”，史称“后秦”。

但是从地域文化的一致性上考虑，以三秦来代表陕西，或以陕西的地域来局限三秦的文化都是不太合适的。明显地，秦岭以南的汉水谷地，自古至今，其地域文化受楚文化影响较深；相反，陇中和宁南黄土丘陵地区倒是与关中、陕北在民俗文化上表现出了较大的一致性。由此可见，三秦文化区的范围仍应以楚汉之际的雍、塞、翟三国疆域为基本的地域范围，按现在的行政区划则包括陕西的中部和北部、甘肃的东部和宁夏的南部。到了近代，随着人们理解“三秦”观念的变化，即将陕北，关中，陕南合称“三秦”。

这一地区，从自然条件、生产方式、文化传统上都比较相似。“一方水土养一方人”，蓝天黄土的自然环境是怎样孕育了三秦文化呢？三秦地区，或称关陇地区，其区域内的民间文化生态具有很强的一致性，与外部周边地区有较大的差异。这种地域文化的形成与这一地区的自然经济环境、人文背景及历史上的行政区划都有很大的关系，因而在这样一片广袤的土地上产生出具有一致性的三秦文化，并不是偶然的。自然经济环境决定其地域文化的发展。在三秦大地上，具有代表意义的当然是黄土高原。在黄土高原的南部边缘，是一个断陷盆地——渭河谷地，也即号称“八百里秦川”的关中平原。平原西起宝鸡峡——渭河出山口，东到潼关，长360公里，平原主体是宽平的河谷阶地，有利于农耕，是三秦大地上最丰饶的地区，也是中华农耕文明的发祥地之一。

保守、落后成为明、清以来三秦文化的主流，但与封闭、保守相对的是，这一地区保存了许多久远历史上的和根植于黄土高原上的独特风俗，反而在现今愈加显得难能可贵。

黄土高原地区，长期处于半农半牧，经济发展缓慢，手工业比较落后。所以，陕北、陇中地区人民的生活一向艰苦，反映在衣物、被褥上以粗布、毛毡为主，非常简朴。关陇地区人民不仅衣着简朴，食物相对也比较简单。日常饭菜多以杂粮为主，蔬菜种类少，而以咸菜辣椒来佐食。

陕西是中华文明的发祥地，先后有十四个王朝在此建都，包括中华文明最为辉煌的周秦汉唐四个王朝。三秦文化博大精深，是中华文明的重要组成部分。

二、地分三秦习相远

自古华夏为九州，同样，陕西也分为三秦。百里不同风，千里不是俗，一方水土养一方人。虽说同属于陕西，但陕北、陕南、关中三地域人的性情差异还是比较大。这主要是因为地理环境不同。从地图上看，陕西的版图是一个面西而跪的兵马俑。这个“兵马俑”不仅襟黄河带长江，而且跨温带、暖温带、亚热带三大气候带，这在中国诸多的省、市、自治区中是少有的。

爽直豪放的陕西人

陕西人的性格受历史沿袭、地理位置和地域文化的影响，有鲜明的特征。陕西人给人的总体印象是朴讷温厚而又爽直豪放，秦腔高亢激越、信天游悠远单纯，都反映了陕西人的某些特点。但相比之下，陕北人在陕西人中，显得更憨厚直爽，待人热情；而关中人则暗藏了几分心计，显得有些诡诈神秘；陕南人不像关中人那样诡，却又比陕北人更“精”，在为人上比较由于传统悠久，即使在偏远的乡村，你也有可能遇到能“谝”善道的高人。

陕西文人才情充沛，文坛上的“陕军”出手不凡，贾平凹、陈忠实、路遥等人的作品虽非绝世佳作，却以描写黄土高原风情见长，也颇有可观。传统是陕西人的财富，也是陕西人的负担，它使陕西人往往保守偏执，而现实中的落后与历史中的辉煌又给陕西人很大的失落感，于是自恋又自卑，才有了贾平凹《废都》中庄之蝶那样牢骚满腹而又自以为天下女人都渴望为之献身的小文人；才有了陈忠实《白鹿原》中的朱先生那样自以为得“天理”的真传而不屑于与南方文人为伍的“圣人”。像白嘉轩之类的靠皮鞭和家法来维持风纪的“道德英雄”，在陕西的乡间，在落后的黄土高原也不少见。

1. 陕北人：一群赤诚的自然之子

陕北是地处于黄河水系暖温带气候，从地图上看就是一抹的黄褐色，为广袤的黄土高原，塬、峁、梁、沟、壑纵横，像一位风尘仆仆的老人，从远古走来。登上黄土高原的梁峁就会发现，这片黄土地是那么的空旷苍凉，就是作为万物之灵的人，也显得是那么的渺小。唯有从黄土地的皱褶里，可以看到星星点点缀着的些许绿色。

“黄河远上白云间，奔流到海不复回。”黄河是我们中华民族的根，是我们的母亲河，在长途奔袭的过程中，它把整个陕北纳入怀中，陕北这块黄土高原，其底蕴因此而显得特别深厚。闻名于世的黄河壶口瀑布，能将中华民族的母亲河黄河“一壶收”，不仅仅是黄河万里奔袭过程中形成的一个自然地理现象，更成了一种文化意义上的象征。有鉴于此，从某种意义上来说，壶口，也成为陕北黄土高原重要的文化象征。

自古以来，陕北黄土高原就是正统的汉族政权和北方少数游牧民族政权对垒割据之地，汉、蒙、鲜卑、回鹘杂处。如果追溯血脉的话，陕北人身上大都流淌着剽悍的少数民族血液。以至于清代翰林御史王培棻曾做“七笔勾”，甚至称“圣人布道此处偏漏”。

陕北人是一群“自然之子”，他们朴实敦厚，性情豪放，大碗喝酒大碗吃肉，浑身洋溢着阳刚之气。在战争年代，陕北人会凭着这种豪气，揭竿而起，金戈铁马驰骋于沙场，杨家将、李自成、张献忠、刘志丹，莫不如此。正如林语堂所说：“他们没有丧失自己种族的活力，他们致使中国产生一代又一代的割据王国，他们也为描写中国战争与冒险的小说提供了人物素材。”

更值得称道的是，陕北女子性情朴实温婉，热情大方，说起话来，如沙漠驼铃，悦耳动听。她们敢爱敢恨，视爱情如生命，对恋人敢把心掏出来。听一听那首著名的陕北民歌《走西口》吧，那陕北女子的痴情，真叫人牵肠挂肚。

陕北女子心灵手巧，她们的拿手好戏是剪纸和窗花。一只灵巧的手拿着小小的剪刀，在五颜六色的纸上游走。不一会儿，一张张玲珑清新、层次分明、姿态万千的精美图案就出来了。花卉、鸟兽、植物、山水、文字、五谷等，可谓呼之欲出，应有尽有。

也许正是因为如此，陕北这片黄土地上产生了高亢悠扬的信天游、古朴典雅的剪纸、苍凉缠绵的唢呐、粗犷豪放的腰鼓。这也许就是大哭大悲人生的抚慰。

2. 陕南人：清秀精明的怪才和鬼才

位于秦岭以南、巴山以北的陕南，和陕北的黄土高原相比，由于地处亚热带，加之属于长江水系，这里的山水则显得清秀而有灵气。那山，是地地道道的石山，很少见些许土。山上，多见裸露的岩石，怪石嶙峋，间或从石缝中生出杂树灌木，显示出旺盛的生命力。两山之间，可见有水流从山谷川流而过，小者成溪，清澈见底；涓涓溪流，汇集成江，并形成坝子、盆地。

值得指出的是，秦巴山区的陕南，和四川、湖北接壤，被认为是秦头楚尾，或秦头蜀尾。这里流行的是汉剧、花鼓，从风格上来说，是阴柔的。秦巴山地的陕南人，向湖北“九头鸟”学一点精明，向川人借一点灵气，所以，无论体型、相貌、口音，还是生活习惯、心态性情，大都和楚人、川人相似。当然，陕南人没有陕北人那样恋家，自古有外出谋生的传统，近年外出打工者不少。据说，陕南人是明末清初“湖广填四川”时迁过来的，也即湘、皖、赣、豫、闽、粤各地来的移民后裔。

陕南秦巴山区，山水清秀，人人爱唱歌。有人说巴山是歌海。青年人谈情说爱，要唱缠绵热情的“情歌”、“盘歌”。为老人办丧事，要唱凄凉悲哀的“孝歌”、“送葬歌”。在田地里劳动时，要有高亢激越的“号子”、“锣鼓草”。采茶时，要有悠扬婉转的“茶山姑娘”、“牧羊恋歌”。婚嫁时，要唱“哭嫁歌”、“迎亲歌”。行路时有“报路歌”。上山时有“樵歌”、“山歌”等等。真是“歌的山，歌的海，不唱歌儿口难开。”

那陕南男人，身材一般都不高，不像陕北人那么魁梧，大多长得比较清秀，面部呈菱形或五角形，额头较高，眼睛深陷，嘴巴突出，肤色呈紫铜色。其性情呢，也不似陕北人那样朴实，粗犷豪爽，而是显得比较精明。

也许是得益于山水的灵气和仙气，秦巴山地的陕南，多出怪才和鬼才，他们身上，也不乏浪漫的因子。从陕南商洛走出的著名作家贾平凹，就以鬼才而著称，写人状物，无不显示出空灵之气，浪漫之气，其文风可以说受楚地的屈原、宋玉影响颇深。

陕南女子，则娇小玲珑，肤色白皙润泽，清秀可人，性情温婉，但不似江浙女子那样娇羞，也没有陕北女子那样质朴，而是温婉不失大方，清秀而又能干，特别能吃苦。

3. 关中人：聪明而不失精明的冷娃

而位于陕南陕北之间的关中，则又是另外一番景象。

秦岭如一头巨大的苍龙，从青藏高原逶迤西来，随意地摆了一下尾巴后就安卧在了陕西中部，它的躯体也就把陕西的南北分割得泾渭分明，甚至连陕南、关中的气候也要因它的安卧而呈现出巨大的差异。

黄土高原

关中这块土地，大有说头。

这块土地，只因西有大散关，东有函谷关，北有峭关，南有武关，为四塞之国，故称关中。在冷兵器时代，这四关堪称一夫当关，万夫莫开，真乃固若金汤。更令古人看重的是，这里气候温和湿润，泾、渭、沣、涝、浐、灞、高、橘纵横，可谓“八水绕长安”；加之“厥土惟黄壤，厥田惟上上”、“膏壤沃野千里”，甚至《诗经》里也赞此处的土地肥美得连野菜也格外香甜。因此，所谓的“天府之国”，最早就是指这里。到现在，关中又称“八百里秦川”。

秦朝兵马俑

这样的地理环境和自然条件，决定“秦中自古帝王都”，可谓“历尽周秦与汉唐”，是华夏文明重要的发祥地，为世界著名的四大古都。关中是名副其实的帝王之乡，西周、秦、西汉、西晋、前赵、前秦、后秦、北魏、西魏、北周、隋、唐等王朝先后在这里建都，时间竟长达千年之久。长安文化，以其源远流长、博大精深，被誉为中国文化的根系。

这块皇天后土养育的关中人，身材相貌不如陕南人清秀，也没有陕北人高大，大多长得粗壮敦实。难怪有人说，西安人的形象，就是活生生的兵马俑。因此，要识别关中人并不难，一看那身材脸形便知晓。贾平凹说，关中男人有三大特点：喝西风，吃泡馍，吼秦腔。西风性烈，泡馍味重，秦腔声吼。这就是一个有棱有角的男人。在张艺谋的镜头下“我爷爷”光着膀子，大碗喝酒，唱着“妹妹你大胆地往前走”，这是一幅多么有味道的男人图。

旧城废都，古风悠远。关中人大多性格澄澈，淳朴憨厚，外冷内热，情感深藏。不知是负重太多，还是“君子讷于言，而敏于行”的古训影响深远，关中的男人一般话很少。对妻子儿女，他们纵然有满腔的感情，但却不会形诸脸上挂在嘴上。关中的男人，既不如“老北京”能说会道，幽默风趣；也不像南方人言语和婉，抑扬顿挫。无论老少，言传起来，可谓底气十足，高喉咙大嗓门，直来直去，有时简直要撞倒南墙。君不见秦腔戏剧舞台上，挣命般的吼叫，就是西安人传神的写照。

关中人实诚，豪爽，面冷心热，与朋友交，义气为先。脾气相投，性格合得来，倒也可以和你谝个半宿，把心掏出来；一旦你的人品关中人看不上，那可就对不起了，正眼也不会瞧一下，正是话不投机半句多。

关中人大多性情耿直，宁折不弯。既不善察言观色，也不爱逢迎，最看不惯那些拍马溜须之徒，斥之为“溜沟子货”。因为耿直，年轻人爱发牢骚，爱给领导提意见，埋怨不受重用，自誉为“后娘养的”，无论工作干得多好，“累死也无功”。是故，二十余年来，“孔雀东南飞”者众多。

关中人好面子。请客必定七碟子八碗，劝酒非让客人喝个酩酊大醉方肯罢休。常说人生三件大事娶媳妇、盖房、安顿老人，更是好摆排场，唯恐被人讥为“啬皮”。

关中人讲究“咥实话”，一步一个脚印。做事不喜张扬，咋咋呼呼，虚张声势。故陕西科教文卫各行各业，英才辈出，成果辉煌。不仅前十几年的文坛陕军东征，让全国大吃一惊；就是近年陕西人整出来的克隆羊，长征五号送“神舟”上天，也让世界瞩目。

关中人常说的一句话是：“佛争一炷香，人争一口气。”在农村，衡量一个人能耐如何，主要看房屋盖得咋样，子女是否有出息，对待老人如何；在城里，也看其事业成就，房子多大装修得咋样，子女是否考上大学留洋读博士。

关中人大多不爱言利，不善经商。许多人信奉的是“万般皆下品，唯有读书高”，对经济之途嗤之以鼻，故三秦大地，做大小生意的，以南方人居多。近二十年虽有不少西安人“下海”经商，但“呛水”的多，赢利的少。

关中人办事谨慎，凡事严格遵守“交通规则”，不逾规半步，不像南方人，“绿灯跑，黄灯抢，红灯绕”。对长辈和上级，总是“不给不闹，叫来不到，给也不要”，简直是个“乖孩子”，信奉“穷也要穷个刚板硬正”。

关中人重闲适，易满足。在过去，“三十亩地一头牛，老婆孩子热炕头”，是其人生理想境界；如今，有一份稳定的工作，有属于自己的房子，收入能过得去，也就挺满足的。生活上有“油泼辣子𰻝𰻝面，羊肉泡，肉夹馍，除了神仙就是我”；文化娱乐上，一年四季有秦腔戏看，也就“嘹扎了”。对待工作，“贡献不大年年有，步子不大年年走”。

关中女孩，长得饱满，匀称，妩媚，性格也开朗，不像南方女人那么细碎。她们中有的人在西安只是觉得还过得去，到广东一比，简直是仙女下凡，上街回头率总是很高。

这就是这块皇天后土上的关中人。

三、米脂的婆姨绥德的汉

如果说广州女人是西洋油画，上海女人是工笔水粉画，那么陕西女人就是中国传统的国画。陕西女人，颇具传统中国画的神韵，初看平平淡淡，但运笔用墨颇显功底，意蕴悠远，读之愈久，则愈见其风韵。

1. 自古胭脂红三秦

也许是三秦这片土地上皇室贵胄多的缘故，陕西是中国屈指可数的出美女之地。在中国，有西施、貂蝉、王昭君、杨贵妃四大美女之说。其中，三国时期的貂蝉，是陕北米脂人，即米脂的婆姨。其沉鱼落雁的美貌，委实给陕西的女子争了脸面。是故，有“米脂的婆姨绥德的汉”之说。“五谷里那个田苗子，唯有高粱高；一十三省的女儿呀，唯有那蓝花花好”，这是对陕北女子的赞美；还有一位是周朝时的褒姒，是陕西汉中人，虽说留下了“烽火戏诸侯”的典故，但她的凄婉忧伤的故事，委实让人同情。陕南的女子，得山水之灵气，也灵秀万端。“陕南的姑娘一枝花”——生长在陕南山区的姑娘花朵一样美丽。还有一位罗敷，大概是关中人，就那位让挑担的、走路的都驻足侧目，沉浸在忘情忘神状态的秦代的村姑。

自古道：“长安水边多丽人。”如今，水虽然说是少了，陕西依然美女如云。

陕西的女人，虽然不及“垆边人似月，皓腕凝霜雪”的吴越美女娇娃纤细妖娆，也不像青岛、大连等地的北国胭脂高挑俊美，犹如那“十二街似种菜畦”的石榴，香气虽淡，却吐蕊怒放红似火，有国色天香的风姿。

米脂婆姨的美与江南女子的美是迥然不同的，一为结实健康的土性之美，一为缠绵婉约的水性之美。江南女子多属于身段高挑苗条型，姿色浓艳端庄，感情敏感细腻，她们出没于明月青山或水乡阁楼之中，身披丝绸缎面，说话吴语呢喃。江南女子大都纤柔清瘦，那位“态生两靥之愁，娇袭一身之病，闲静时如姣花照水，行动处似弱柳扶风”的林妹妹便是典型人物，她们被温柔的山水宠得太娇媚了，她们的樱桃小口适合于唱柔情似水的温婉吴歌。

米脂婆姨及陕西女与江南女之间的差别实际上是文化背景的差别。陕西女的气质品性与黄土高原所散发出的质朴气息是一致的，“秦中自古帝王都”。陕西的女孩在浓得化不开的古雅之风熏陶下，出落而成，娴雅从容。她们知书达理，安娴不迫，举止从容，进退得当。陕西女孩大气，但并非北京女孩的大大咧咧，风风火火，而是待人接物落落大方，但不乏含蓄；陕西女孩温柔，但不是上海女孩的嗲声嗲气，而是娇而不骄，不失柔韧；西安的女孩干练利落，但不是湘女的泼辣风火，张狂有余，而是泼而不辣；陕西的女孩直爽率真，待人热情，但不是川女的热情似火，而是极有分寸。

“烽火戏诸侯”中的褒姒

陕西的女孩，表面温柔顺从，内心却刚烈，炽热如火，在这里，主动搭讪的男子很难博得西安女孩的好印象。

陕西女子不仅心灵，而且手巧。

在关中，有一句民间俗语说得好，“东湖柳、女人手”，这是赞美西安女性那一双巧夺天工的手。关中女性在农闲时，把麦秆泡软，编草帽、编蒲篮、编草垫……，白生生的如玉的麦秆，在她们的手里流出，便成为一件件的工艺品。而陕北女性，几乎个个是剪纸的高手。她们一把剪刀，剪出了生命的最本质的欢乐与忧愁，剪出了最大胆最热烈的想象。凭借着一把剪刀，他们有的人就代表中国妇女，走向世界艺术的殿堂。还有那闻名中外的陕西民间布贴画、蜡染、泥塑、刺绣多出自陕西女子之手。

更为难能可贵的是，在非常时期，陕西女子中也不乏英杰。宋代名将韩世忠夫人梁玉红，擂鼓破金军，至今在民间广为流传。另一位巾帼英雄花木兰，也是被认定是延安女子的。至今，延安的万花山下，也有这位女英雄的陵墓和她曾经跑马射箭的演武场。这位代父从军的奇女子，把忠孝等大义气节发挥得淋漓尽致。

2. 黄土捏成的好媳妇

《红楼梦》里贾宝玉说过：“女人是水作的。”

而陕西的媳妇呢，则是黄土捏成的。

她们的性情，虽说直爽率真，但并非北京媳妇的大大咧咧，而是不乏矜持含蓄。她们多不似江南娇娃嗲嗔痴，而是将深沉的感情埋藏在心里，不善于施展女性的魅力，甚至不善于甜言蜜语表达感情，在她们看来，抚养好子女，伺候好老人，操持家务，不让丈夫分心，当好贤内助，就是最大的爱。以至天长日久对丈夫偶然间的亲热举动，西安媳妇会不习惯甚至感到羞涩；有的或许还会起疑心，误会丈夫在外花了不学好。正如吴克敬先生在《西安嫂子》一文所说，这是浓厚的秦文化在西安嫂子身上的积淀，她们深明大义，却又不思变化，她们把生活的实在内容看得很重，而对生活的多彩质量关注的不够。

陕西媳妇家庭观念之重，过小日子劲头之足，恐怕是其他城市女性难以企及的。

黄土捏成的好媳妇

陕西的女子很能吃苦。在家里，起得最早的是她们。“黎明即起，洒扫庭除，要内外整洁”，还要给大人小孩准备吃的喝的，好让他们吃饱喝足之后，上学的上学，做工的做工，自己有工作还得和他们一同走出家门；劳累一天之后，回到家里，赶快做饭，侍候老的，招呼小的。随后洗衣拖地，准备第二天早晨的饭菜。稍有空闲，看一会电视时，还不忘织着毛衣活。农村妇女，下地干活，她们一点也不比男的差，除了那些重力气活，她们几乎样样都做。陕南的妇女，下地插秧，上山打柴，样样都是能手；关中的妇女，拉车、割麦、浇地，也是样样能来；陕北的妇女，也一样，拾柴、揽羊、割谷、打场，没有她们不做的。在家里，做饭的是她们，但吃在最后的也是她们。

她们穷也罢，富也吧，都善于精打细算，信奉“丈夫是个耙耙，媳妇是个匣匣”，在家里绝对是“一把手”，统揽着财政大权。西安媳妇虽然不像广东女人整日烧呀、炖呀、讲究个补；也不如上海女人过日子精致有品位；她们大多能擀一手好面，变着花样做，臊子面、浆水面、𰻞𰻞面、卤面、烩面、扯面、犁面、棋花面、棍棍面、蘸水面……甚至一二周绝对不重复，拴住男人的胃口，有时偶尔一家大小进次饭馆潇洒，还觉得不合算。在单位加班或逛街错过饭口，她们会在街边小摊落座，来一碗凉皮，辣子调得汪汪的就算一顿。

自尊刚强，是陕西媳妇又一个显著的特征。陕西的媳妇，还在少女时，就在父母长辈的调教下，特别注重个人品性的养成，无论小媳妇还是大媳妇，都知道“人活一张脸，树活一张皮”，脸皮最要紧。家里再穷，心里在苦，她们也很少向别人诉苦。有时和丈夫吵架，也是紧关门窗，生怕别人听到。陕西媳妇说话大多高喉咙大嗓门，但非武汉女人火气十足，常在街头巷尾吵架干仗。她们得理让人，有时宁愿吃点小亏，也不愿落下“泼妇”的恶名。当然，因为分房调资不公吃亏大了，或丈夫窝囊受人欺，陕西媳妇的“泼”劲就上来了，非争论个是非曲直不可。有的甚至像“秋菊打官司”一样，一级一级地往上“闹”。

“恋家的鸟儿飞不远。”也许正是这个缘故，西安媳妇大多普普通通，出类拔萃者鲜见。

3. 憨厚而不羁的汉子

陕西这块土地既然能孕育出优秀的女子，自然也就能孕育出优秀的汉子。这样的黄土高原，造就了一代又一代的陕西人，男似吕布、女似貂蝉，故又有“米脂的婆姨绥德的汉”之说。

憨厚而不羁的汉子

在陕西，陕北似乎是出美女的地方，“米脂的婆姨绥德的汉”，陕北小伙子高鼻深目，即使土气的衣衫，也掩盖不了他们的英俊，陕北女孩温柔顺从，但内心刚烈，炽热如火，往往以柔功把丈夫控制得服服帖帖。

陕北黄土地上的后生，大多是美男子。他们身材颀长，脸部呈长条形，年少者面皮白里透红，年长者面如红枣，额头宽阔，浓眉大眼，眼眶深邃，鼻梁高直，长腮帮。有人形象地称他们为美男子：有阳亢明媚如田亮的，有俊朗冷酷如郑钧的，有古朴敦厚如贾平凹的，更有独具匠心如张艺谋的……

其中，尤以绥德男人最为俊美，他们就以壮实英俊的体魄和敦厚豪迈的阳刚之美名扬陕西。有什么样的母亲就能生出什么样的儿子来，有黄土高原一样的母亲就能生出黄土高原般的儿子来。

外省人形象地把陕西男子称作“陕西愣娃”，一个“愣”字，不失幽默地抓住了陕西男子的某些特点，比如说为人老成正统，待人温厚诚恳，脾气倔强坚毅等等。但如果以为“愣娃”们都是老实巴交的笨人王老大，那就大错了，“愣娃”们精着哩，大智若愚，心头比谁都有数。其实别人一看就知道聪明的人只是小聪明，未必真的聪明，同时由于看出他聪明，所以别人总是防着他一手，真正大聪明的是类似“陕西愣娃”的这种人，因比较老实总是轻而易举地赢得别人的信任，然后他们就可以老谋深算地来达到自己的目的。他们是温和并中庸的，但他们是不达目的决不罢休，犟得要死，八头牛也拉不回来。

“陕西愣娃”们迷恋家乡的一山一水和家庭的温暖，喜好大口吃肉，大碗喝酒，大碗吃面条。一大海碗的老稠酒，一口气就喝下去了。从表面上看他们是温和中庸的，但一火起来犟脾气就犯了，七八头牛都拉不回来。

当然，“陕西愣娃”还是有地域性差异的，关中愣娃比陕北愣娃要狡猾灵敏一些，而陕北愣娃比关中愣娃更笃实豪爽。

四、百戏之祖是秦腔

要想了解一个地方的人文况味及集体性格，最好的方式就是听一听带着泥土味的音乐。

秦腔是我国最古老的地方剧种，堪称百戏之祖。秦腔也称“乱弹”，是陕西地方戏的主要剧种，也是我国现存戏曲艺术中最古老的剧种，是京剧、豫剧、川剧、河北梆子等剧种的鼻祖，其唱腔、道白、脸谱、身段、角色、门类和演技均自成体系。

它发祥于陕西关中，流行遍及我国西北的陕西、甘肃、青海、宁夏、新疆及西南的西藏、四川；中原的晋西、豫东、河北；东北的大庆、东南的广东、福建以及宝岛台湾等地，堪称流行最为广泛。

百戏之祖——秦腔

《诗经》里“国风”的不少篇章，大概就是最早的秦腔吧。秦、汉时期，长安城中，关西大汉击节而起，慷慨悲歌，声震寰宇，吼的就是秦腔。唐时，相传唐玄宗李隆基曾经专门设立了培养演唱子弟的梨园，既演唱宫廷乐曲也演唱民间歌曲。梨园的乐师李龟年原本就是陕西民间艺人，他所做的《秦王破阵乐》称为秦王腔，简称“秦腔”。这大概就是最早的秦腔乐曲。苏东坡曾在关中做过官，如果记载中他善于演唱秦腔的说法属实的话，宋朝时候秦腔就已经形成了，在发展过程中，它受到昆剧、弋阳腔、青阳腔等剧种的影响。其后历史记载，明朝时，万历年间才子康海在爿东制乐作曲而成散曲，也就是秦腔。可以说，秦腔从内容到形式日臻完美，发展日趋成熟。明末清初盛行于南北各地，对许多剧种都有很大的影响。秦腔在20世纪50年代末曾经有两次晋京，一次是1958年三大秦班晋京汇报演出，一次是1959年陕西演出团国庆十周年献礼演出。当时，别的戏曲只让演一场，秦腔一演就是九场。当时北京的观众流行一句话：“路再远也要到长安剧院看秦腔去。”秦腔高雅优美，高亢激越，对于讲究涵养而性情又倾向刚烈的关中人来说，这个剧种大大地受用，他们正好以此来一展中庸而又火气很旺的嗓子。

作为一个三秦之人，不会吼上几嗓子，那是很丢份儿的事，高亚平在《秦腔》一文中说得极其准确：秦腔境界在于吼……唱它时，要用生命的低音，那是来自洪荒时代的声音，野兽畏惧，天地震惊，这声音是带铜质的，经亮丽阳光打磨的……西伯利亚冷风揉搓过的……发自肺腑，磨烂喉咙，因有一种悲壮的肃杀之势。

让秦人之声吼劈了嗓子，嘴角流血的感觉是它的灵魂，如泣如诉撕心扯肺像杯烈酒，是秦人的精神呐喊。

其实，秦腔早已渗入了秦人的血脉，负载秦人千年精神的心灵声音，稍不留神，肤浅化、媚俗化即在眼前，就像秦的歌者的摇滚，激烈乐符里浸藏的，还是秦腔在发声。“那就是来自洪荒时代的声音，野兽畏惧，天地震惊。”

“吼破嗓子挣破膝”，是三秦父老对秦腔艺术特征形象而不失幽默的高度概括。有人说秦腔的本色，是它的直白高腔，那和着黄土高原的风沙声。“八百里秦川尘土飞扬，三千万人民齐吼秦腔”，正是秦腔影响之广泛的真实写照。

秦人饭食少盐寡醋没辣子可以凑合，生活中没有秦腔却没法过。生子呱呱坠地，满月时以秦腔迎接；成人过寿，都要请“自乐班”助兴；老者去世，更要唱大戏热热闹闹送行。乔迁新居，子女升学，也要唱折子祝贺。

生活的艰辛，对幸福的渴望，造就了人们唱秦腔的才能。老者能演本戏，少年会唱折戏；男人能吼“乱弹”，女子会来清唱。唱秦腔成了体面事。大凡在人面前走动的男女，有谁不曾唱过秦腔？幼时，就跟着爷爷和父亲一板一式学唱秦腔；成人，进入社会，就把生活的喜怒哀乐，黄土地上的悲欢离合，倾注于秦腔，现于唱念做打中。人逢喜事精神爽，唱一折“快板”：“忽然间一个突然”，“突然间一个忽然”，欢快愉悦之情竟惹得鸟儿啁啾，驴马撒欢打滚。肚里窝火，吼一通“慢板”：道一声“实可怜”，唱的是“一文钱难倒英雄汉”，一切的烦恼和不如意，随着高亢的吼声，消失于缥缈的天际。随之而来的，是血脉的活络，筋骨的舒展，以及对美好生活的憧憬。

秦腔和南方的黄梅戏、川剧等相比较，最显著的特点是用真嗓音演唱，是一种赤裸裸的情感的发泄，唱腔音色高亢激昂，苍凉豪放。不仅老生、须生、小生、大净、毛净、丑角等如此，就是老旦、正旦、小旦、花旦、武旦、媒旦等也是这样，绝无其他剧种特别是南方剧种那种阴柔婉约、脂粉气十足的气息。

“秦腔唱连台，四季好运来。”秦地最热火的，秦人最看重的，还是演秦腔大戏。“外行看热闹，内行看门道”，秦人欣赏的，是演员唱、作、念、打的功力，一种高亢激昂、粗犷豪放、苍凉纯朴的艺术韵味。戏到高潮时，唱到精彩处，观众还是忘情了，感情随着剧情跌宕起伏，爱憎伴着人物命运兴衰而交替，喜、怒、哀、乐皆形于色，悲、愁、欢、笑都现于颜。秦腔正因为它的独特底蕴，成为这片土地的灵魂所在。

同样，在秦腔这种最古老的艺术之树上，现在还开出了最现代的艺术之花。

陕西有两个世界级的艺术大腕张艺谋和赵季平，受秦腔恩泽多多。

张艺谋的电影中受秦腔影响颇深，表现了秦人的精神。《红高粱》中生命力的张扬，高昂、苍阔、充满激情，特别是“颠轿”等场面激然血性，受秦腔艺术风格的影响可谓很大。《秋菊打官司》中，许多地方直接采用秦腔。乃至遭批不少的《英雄》里，秦兵则高呼“风，风，大风！”。如果没有秦腔，老谋子会失色不少，这毫无疑问。

秦腔对当代中国音乐的影响也颇大。赵季平竟从秦腔中得出灵感，写出《红高粱》的主题歌“妹妹你大胆地往前走”，一时竟风靡大江南北，在歌坛上刮起一股“西北风”。

著名作家陈忠实说：秦腔这种形式，它可能很重要的一点，就是语言形式所确定的，陕西人，尤其是关中人这种口语，他很可能就选择秦腔这种音乐形式来表述是最恰当的，你让上海那种，南方那个软语，你用秦腔这种音乐是无法表述的，旋律的形成可能与这个地域有很大的关系。

现在有人说，秦腔有消亡的危险。它产生的土壤已经被城市化逐步占领，想一想在林立的大厦间吼一声秦腔，似乎不伦不类。古老的秦腔，在突围。秦腔的改革已经进行了二十年，改革的最终，是不是只有和现代融合？

五、秦人魂系古城墙

大凡真正的陕西人、西安人，都有一种难以割舍的古城墙情结。

西安古城墙，不仅是世界上独一无二保存最完好的，而且以古城墙为主体，辅之以环城林带、护城河、环城路构成了世界上最特殊的立体公园。有专家认为，古城墙是这座十三朝古都地面之上是辉煌的建筑遗存，其价值可以说无与伦比。可以毫不夸张地说，她犹如一串璀璨的珍珠项链，使这个十三朝古都，更加光彩照人。每到西安，一见这古城墙，便让人的心登时沉静下来，浑身内外浸透了古意。也许是这个缘故，古城墙成为这个十三朝古都的标志。

世界最完好的古城墙

远眺古城墙，它们犹如一条连绵不绝的长城，其中点缀着座座挺立的城楼……天高云淡之时，是景色最美的时候，特别是向南瞭望，在明净澄澈的晴空下，远处深蓝色的终南山把城墙衬托得格外美丽。登临古城墙，都会首先被她绵延达13 912公里的雄壮深厚、古朴凝重的气势所震撼。俯视城下，环城林带，滴红流翠；护城河里，碧波荡漾，飞舟点点……耳畔，还有风吟唱的声音，是一种令人沉醉的声音。因为这样的声音，能将人轻易吹入历史之中，是足以收慑人的心魂的吟唱。历史刹那间无可言说，唯有敬畏。

据史载："鲧筑城以卫君，造郭以居，此城郭之始也。"可见，早在四千五百年前，城墙作为传统的防御设施，伴随着城市同时产生。有三千一百年建城史的长安，历代都修筑城墙。无论周朝的丰镐，还是秦时的咸阳，汉代的长安，都曾筑城以卫君，造郭以居。毕竟，"风流总被，雨打风吹去。"这些古城墙大多沦为历史的尘埃，留下的，也不过是历史的遗迹，仅供后人于废都斜阳中凭吊。而现存的这座古城墙，始于隋唐、明时重新修筑，20世纪80年代以来全面整修。它仿佛一位睿智的老人，穿过历史的迷雾，向人们诉说着辉煌的过去……

可以说，古城墙上的每一块城砖，犹如古书函，是解读这座十三朝古都的典籍。抚摸一块块如古书般厚重的古城砖，发思古之幽情，就会深切地感受到，中华文明之所以绵延不绝，正是有一批批仁人志士，薪火相传。

克林顿来中国，第一站也到西安，撂下一句话，要了解一个民族就要了解这个民族从哪来的？西安正好够这个资格。

这座城曾经太磅礴，沧海桑田，白云苍狗，也难掩其昔日的风采。正如大唐芙蓉园那出《梦回大唐》，演绎的是这个民族压抑太久的血象雄心。西安的城墙，从来就不仅仅是西安的。

与古长安三千一百年的建城史，一千一百多年的建都史相比，特别是汉唐长安城的辉煌相比，西安有一种沉重的失落；与元、明清建都北京相比，西安有一种被冷落的惆怅；而改革开放以来，深圳、上海等东南沿海城市重新崛起，西安更有一种重振雄风的梦想。

“重修丝绸之路，重振汉唐雄风！”

西安人发出了呐喊。西安人把梦想寄托在古城墙、护城河、环城林、环城路四位一体的环立体公园上，这就是西安人难以割舍的古城墙情结。

法国总统希拉克曾说过：“西安——古长安是中国也是世界的一颗明珠，以前是东西方文明交流的中心，现在以及今后仍然应该是东西方文化交流的中心……”

西部大开发启动后，西安的古城墙得以修复，成为西安市的标志性建筑，几乎每年都要在上面举办灯会之类的活动。不仅西安市的市徽图案以古城墙为主体，甚至尊贵如美国前总统克林顿光临，也要举行隆重的仿唐入城仪式，更不用说，中国国民党主席连战，亲民党主席宋楚瑜先后首次大陆之行来西安，都举行入城仪式；中外游人来西安，大都要登临古城墙。西安人策划仿古迎宾入城式，是挖掘其文化内涵，将一个静态的文物“活”起来的极好的尝试。看过仿古迎宾仪式的人，领略到一个时代文化的风采。

确实，古城墙在陕西人的心目中，其位置是无可替代的，甚至以至高无上来形容，一点也不为过。

长安自古帝王都。在这座文化气息浓郁的古都里，值得向外人展示的文物委实很多。在这里，也许随便挖一锄下去就能碰上什么宝贝，也许田间地头的一介草民就是一个《易经》研习者。这里的文人送礼喜用汉代孔当拓片，或是一方秦砖之砚。钟楼、大雁塔、古城墙……说起这些，西安人就像提到了自己的家什一样自豪。但如何让这些静态的古文物“活”起来，西安人一直在探索。日本有仿古迎宾舞，它汲取的是唐文化的养分，把灿烂的唐文化与传统的日本歌舞相融合，从而在日本声名远播。西安仿古迎宾入城式，将古老的皇家礼规与民间传统礼仪相融合，成为最具特色的旅游产品，体现一个旅游名城最具特色化的一面。

站在西安保存完好的城墙下，看着那洞开的城门，巍峨的角楼，整齐的垛口，你仍会感到一股豪雄之气从岁月的谷底升起，霎时间便沸腾了你的热血。是啊，面对西安，你会觉得是和一位老英雄对话，并深深感到那是我们民族的魂魄之所系。

六、吃在三秦

童年时代开始形成的饮食习惯，可以说沁人骨髓。成年后，无论他身居何处，有些饮食习惯和生命同在，永远难以忘怀。这种口味缘地域而形成群体，成为地域文化的重要内容，并影响着群体的性格。

如果要问陕西人最喜欢吃的地方风味食品是什么？十个人有九个肯

定回答的是“羊肉泡”。羊肉泡全称羊肉泡馍，但老西安只管叫“羊肉泡”。关于羊肉泡的来历，说法很多。据史料记载，古时的秦、陇之地，草肥水美，适合牛羊生长，百姓有食牛羊肉的习俗。西周时，既有羊羹，“牛羊羹”曾被列为国王、诸侯的“礼馔”。南北朝时，毛修之因向宋武帝献上牛羊羹这一绝味，武帝竞封为太官史，后又升为尚书光禄大夫。宋苏东坡曾有“陇馔有熊腊，秦烹惟羊羹”的诗句，大概是对羊肉泡的赞美。大唐帝国时，长安城里，古大食，即今阿拉伯人非常多，输入的不仅有西域的葡萄、石榴，当然还有阿拉伯客商随身携带的经久耐储的面食“见饼”，今称饦饦馍。其时，阿拉伯人以擅长做生意，有人将“见饼”入“牛羊羹”，几经摸索，吸收了关中各小吃的煮法并逐渐改进，终成今日为秦地百姓喜爱的小吃。从这个意义上来说，羊肉泡实际是融合了中国的传统牛羊肉的烹调技艺和阿拉伯特制“见饼”的产物。

羊肉泡以其独特的风味，闻名中外，可称上是“陕西第一泡”、“西安第一碗”。“牛羊肉泡馍大碗卖”，也成为陕西一景，名列“八大怪”中。西安大街小巷，到处有羊肉泡馆。每一家春夏秋冬都是顾客盈门。香喷喷的羊肉泡，西安人百吃不厌。外地朋友到西安，第一餐接风时，秦人总要说“额（我）请你吃泡馍”。省市政府接待中央领导和外宾，首先吃的就是羊肉泡。可以说，羊肉泡成了陕西的“省宴”了。早在20世纪50年代，北京新街口开过一家西安饭馆，经营羊肉泡。还有民族饭店，也曾经营羊肉泡。国家领导都曾前往品尝。老孙家牛羊肉泡馍被誉为“天下第一碗”。羊肉泡馍对于秦人来说，不仅是日常吃食，更是沉淀了秦人生活的历史，一种古老悠远的秦文化。

要真正认识陕西人，还得看陕西人吃面，陕西人可谓是坚定的面条主义者！陕西人吃面，端的是当地人叫做老碗的大海碗。这种大老碗，尤以耀州做得最有名，大得就是南方人盛汤用的盆。中午饭时，走进西安大街小巷任何一家饭馆，只要是老陕，肯定端着堆得岗尖岗尖的捞面条的大老碗，埋头苦干。只听见满堂吸吸溜溜、呼呼噜噜的进食声。这种旁若无人、汪洋恣肆的场面，用豪壮来形容，一点也不为过。这让初到西安的南方人，惊得连连摇头。陕西人喜欢吃面食，可以说闻名全国，但陕西人吃面有一个基本讲究，即坚定不移地拒吃机制面，吃面条必须是手擀刀切，现吃现煮。陕西人不仅爱吃面，陕西也是面条大展会，仅仅是面条，陕西人可变出许多的花样来。西安箸头面、岐山臊子面、乾县鸡面、杨陵蘸水面、武功涎水面、大荔炉齿面、永寿礼面、合阳页面、三原疙瘩面、麟游血面、户县摆汤面，还有猴头面、浆水面、𰻞𰻞面、翡翠面、卤面、烩面、削面、米儿面、凉面、扯面、犁面、龙须面、棍棍面、角角面、棋花面等等，不一而足。可以说，到了关中，就像到了面条的世界，一天三顿吃面条，保证样样不重复，眼观鼻闻都是面条的灿烂与馨香。云南人有十八怪，陕西人有十大怪——面条似腰带、锅盔像锅盖、辣子也是一道菜、房子一边盖、大姑娘不对外、板凳不坐蹲起来、羊肉泡馍大碗卖、碗盆难分开、帕子不装头上戴、唱戏大声吼起来。

羊肉泡馍

陕西十大怪中有一怪是“面条像腰带”，这说的是𰻞𰻞面。𰻞𰻞面读音应为“biang-biang面”，确切字形古今字典都查不到。但在每家卖𰻞𰻞面的面馆门头，都有一个偌大的牌匾，上书一个斗大的字，笔画多达五十几画。

关于这个字，有个传说，在唐时，有一位秀才，来到长安赶考，饥肠辘辘之际，路过一家面馆，听见里面biang-biang之声不绝，踱了进去，只见里面白案上摆满了长条状面快，大师傅提过一块，扯住两头，在案板上甩成裤带般宽厚，扔进锅里，煮了几滚，捞进垫有青菜豆芽的大海碗，洒点干面辣椒、蒜末等，再浇上热油，只见兹拉一声，店里香气一片。端上来，秀才风卷残云喋得一干二净，满头大汗。吃饱喝足，秀才问道，这面何名？老板答道：biang-biang面。秀才从未听过，又问：咋写？这家面店是远近闻名的老字号，其做的面全凭揉的功夫，至于写法，店主从未想过，更何况字典里也没有。秀才读破五车书，寻思一阵，在桌上写道："一点上了天，黄河两道弯，八字大张口，二字往里走，左一扭、右一扭，中间夹个言篓篓，你也长、我也长，里面坐个马大王，心字底，月字旁，留个钩搭挂麻糖，推个车子游咸阳。"硬是生造了一个字，写尽了关中的山川地理，这便是"biang"字的写法。

关中民谣曰："八百里秦川尘土飞扬，三千万人民高唱秦腔，吃一老碗𰻞𰻞面喜气洋洋，油泼辣子少了嘟嘟囔囔。"𰻞𰻞面多少年多少代沿袭下来，做法吃法始终一成不变，形如关中男子汉，其间折射出的秦人世风民俗、性格操守，确实耐人寻味。秦地的面条正如秦人一样，也有精致的风格。其中莫过于岐山臊子面，恰似秦人性格另一面，表面看似平淡，但一接触就发现浑厚雍容、深沉雄奇。岐山臊子面是关中最有代表性的礼仪面，最能体现秦地文化源远流长、博大精深的一面。每当遇到婚丧嫁娶，逢年过节，关中人总以岐山面飨客。"举箸食汤饼（面条），祝辞添麒麟。"尤其娶媳妇嫁女生了儿子过满月，更要大肆张扬得做臊子面待客。这可是当年周文王传下的美食呢！传统的臊子面"薄、筋、光、香、酸、辣、煎、稀、旺"的种种特点一样都不缺，会令你吃得心服口服。

陕西人将面食推向极致的，还得数饺子宴。俗话说，好吃不过饺子。饺子可以说是中国传统的大众化的食品之一，不仅北方人喜欢吃，南方人也爱吃。农历新年，家家户户包饺子吃，成了大多数中国人欢庆节日的一个组成部分。陕西的饺子特别有名，这其中当推饺子宴。饺子宴，虽说名称仍是饺子，但那形、色、味都有了很大的变化，从原材料选用、制作工艺，到组合方式、吃的方法，都增添了不少新的情趣。可以说，这一传统的大众化食品，一跃而变成为招待海内外嘉宾的高档现代宴席。饺子宴成了西安名吃的一绝，乃至“神州一绝”。有人说：到西安，不看秦始皇兵马俑，不算真到西安；不吃饺子宴，也不算真到西安。饺子宴研创推出后迅速风靡全国，成为中华饮食文化之集大成者，被誉为“千古风味”、“天下一鲜”。这正如陕西人，看起来其貌不扬，但真正的雄浑雍容，其操守品行深沉雄奇。

第三章

三晋文化——中华民族的根祖文化

山西是中华民族的发祥地之一，三晋文化是华夏文化的重要组成部分。三晋文化源远流长，可上溯至一百七十万年前的旧石器时代，但三晋文化真正形成体系是在西周初年叔虞封唐，建立晋国之后，尤其是春秋末年魏、韩、赵三家分晋时期。在漫长的历史进程中，独特的地理环境和思想文化传统造就了三晋文化多方面的优势。

一、三晋文化的内涵与外延

“晋文化”这一名词，最初是从文化考古学这一意义上提出的，是指起自远古，中经旧、新石器时期，氏族社会解体，夏、商国家建立一直到西周分封晋国、东周三家分晋这一百八十万年间发生在山西这一地区的文化现象。它既有考古学上较为明确的含义，因而在广泛运用时常失之于地域上的褊狭。

乔家大院

“三晋文化”则不然，它一出现几乎就是以代指山西这一区域的文化现象为其主要含义的，只是近几年来由于研究工作的深入和历史分期的明确，“三晋文化”和“三晋国家文化”才在内涵上开始产生交叉并引起意义上的混乱。如果单从字面上理解，若以“三晋文化”来代指“三晋国家文化”，则“三晋文化”在广泛运用时又会失之于地域范围的过于宽泛。因此，“三晋文化”应有其狭义的和广义的界定。狭义的三晋文化是指从远古到战国这一时间段内晋及三晋的文化现象，在这个意义上，它的考古文化成分即物质文化成分更多一些，因而将其称为“晋文化”或“三晋古文化”较为准确和贴切；而广义的三晋文化则是在山西这一特定区域中从古至今文化现象的统称，是物质文化和精神文化的总和。

晋文化、三晋古文化、三晋文化所指的不确定性，是由于历史原因造成的，但对于今天的研究来说，必须对其有一个明确的、科学的界定，必须明确给出其确切的内涵和外延。只有这样，才能划出它的研究范围，确定它的分期和类型特点，为进一步深入研究打下基础。

“三晋文化”作为广泛的概念，其源头并不仅仅开源于“春秋战国”时期的晋国，也并不是单指“晋国文化”以及嗣后与此相连的韩、赵、魏“三家分晋”的历史文化，而是以“三家分晋”为表征的“山西古代历史文化”的宏观代称。

山西这块土地上拥有的骄傲，不仅在于有雄伟的长城和古老的黄河，更有五岳之一北岳恒山的点缀，多少古老的神话，多少迷人的传说，从这里诞生。

若以长城为靠背，东太行、西吕梁为左右扶手，南黄河为足踏，则整个山西不正是一个硕大的“宝座”吗？这“宝座”下蕴藏着的正是无穷的宝藏，“煤海”之名实令外人对山西刮目相看。山西煤炭储藏量居全国之首，使其成为中国的能源宝库。煤炭，是大自然恩赐给山西人的一笔巨大的财富，也是山西人引以为豪和津津乐道的话题。

山西又是一个历史文化积淀深厚的文化宝库。这里的山水景观饱经历史风霜，饱含晋文化的智慧和韵味！它有源远流长的发展历史和丰富深刻的文化内容，在中华民族文化史上占有举足轻重的地位。

三晋文化的基本精神应该是其历史特点的高度浓缩和抽象，是它区别于其他地域文化的核心，是三晋文化独具特色、最具魅力的东西。如同三晋文化的历史特点应当既包含又有别于中国传统文化的历史特点一样，这种文化精神也应当既包含又有别于中国传统文化的基本精神。至少，有两个特征应该与三晋文化伴随始终，其一为务实求是，其二为豁达开放。正因为务实求是，以富国强兵为目的的法家及其思想才兴起于三晋，同时形成山西人勤俭尚质、固执保守的特点；也正因为其豁达开放，才有不同民族持续不断的文化交流，才有三晋文化对周边文化区域持续不断的扩散和影响。

二、三晋根祖文化

山西是中华根祖文化的发源地之一。传说黄帝轩辕氏和水神共工氏的部落曾在山西南部活动。尧舜禹德盖华夏，弘扬传承赖儒家。孔子、孟子是中华伟大的思想家、政治家和教育家，在以孔孟为代表的儒家学说中，集中体现了以尧舜禹为楷模的根植于三晋大地的“仁政爱民”和“举贤用才”的政治思想；以“仁”为核心的道德规范和以“人为贵”的管理理念；扬善惩恶，不畏艰险，无私奉献精神和以“孝”为首的居家美德。不仅超越了时代，而且超越了国界。可以说，孔孟弘扬、传承了尧舜美德，形成了儒家文化的主流内涵，为人类的文明和进步做出了重大贡献。

悠久的历史，古老的文化，使山西成为“寻根问祖”的人文胜地。

有一首歌谣在全国许多地方流传着：“问我祖先在何处，山西洪洞大槐树。”虽然有外人嫉妒地说“洪洞县里无好人”，但山西“洪洞大槐树”已经是全国驰名的人文景点，每年都吸引不少人前来发思古之幽情，满足“寻根”的好奇心。

1. 三晋故地育唐风：儒家学说

在远古四千年前的原始社会末期的唐虞之世，山西南部还流传着《大章》、《大韶》等乐章。《论语》还记载着孔子听到《大韶》乐时连连发出“尽美矣，又尽善也”的称赞。在反映上自周初、下迄春秋五百多年间社会现实生活的我国最早的诗歌总集《诗经》，是承载三晋文化最早、最可信的母体之一，其“魏风”7篇、“唐风”12篇，都产生于三晋这块肥沃的热土。孔子对“诗经”有很高的评价，主张“行有余力，则以学文”、“老于道，据于德，依于仁，游于艺”，即先德行，后文艺。孔子认为：“‘诗’三百篇，一言以蔽之，思无邪。”充分表达了儒家对劳动人民淳朴情感的肯定和赞美，也是融入儒家思想源泉的涓涓细流。儒家学说统治中国逾两千年，既维护了封建社会的稳固与发展，也保存、创造了中华传统文化。而儒家推崇三晋根祖文化，三晋根祖文化在儒家思想流派构成中的主流内涵是不可忽视的，不容磨灭的。在中国两千多年封建社会历史中，儒家学说作为历代统治阶级的正统思想一直被沿袭下来，但也在历史进程中不断地受到批判和发展。而三晋人文对儒家思想情有独钟，三晋人文在儒家思想的传承发展中占有很重要的地位。百家争鸣独树一帜，三晋变士促统一。司马迁在《史记·张仪列传》中曾说“三晋多权变之士，夫言纵横强秦者，大抵皆三晋人也”。罢黜百家尊儒术，汉代三晋文武德。汉武帝采纳了潜心研究孔子学说的大儒董仲舒“罢黜百家，独尊儒术”的建议，开启了儒家学说统治中国封建社会的盛世局面。三晋大地涌现出一代又一代崇奉儒学，从政为民，忠勇大义，才华横溢，淡泊名利，清廉守志，虽经坎坷，而至死不悔的仁人志士，可谓文臣武将士皆忠勇，文人学士大器多。为儒家正统思想争了光，添了彩。

东汉著名儒士郭泰，太原介休人，自幼好学，博通古文，及至成人，漫游到京师洛阳。他广交儒生，注重道德，研究学问，与反对宦官专政的河南尹李膺结为友好，被称为聪明、高雅、博学、多能之士，受到儒生们的景仰。他深感世道艰难，拒绝做官，遂闭门讲学，生徒达数千人。很多人在品德学问上以他为楷模。当时，太学生和士人曾给全国三十二位大名士立了“八俊”（俊杰），“八顾”（有德行），“八及”（能引导后进），“八厨”（有钱救济贫士）的称号，郭泰被列为“八顾”之首，大有孔子之风度。

2.《诗经》与三晋文化

三晋大地是中华民族和中国古代文明的策源地，也是中华民族灿烂传统文化的摇篮。它的“根”可以远寻到古老的神话传说，如“精卫填海”、“女娲补天”、“夸父逐日”、“愚公移山”等，但有文字记载的较为明确可靠的要算《诗经》中的“魏风”和“唐风”。《诗经》是我国奴隶社会的一部“大百科全书”，其中蕴藏着十分丰富的文化信息，而在弥足珍贵的“十五国风”里，晋地就占有其二，这无疑是领略西周到春秋时期晋文化风采、寻找晋人最早的文化之根的一扇最佳窗口。

（1）“魏风”和“唐风”产生的时代和地域

《诗经》中的“魏风”之“魏”不是三家分晋后的魏国，而是在西周就已受封立国的魏国，其地点在今山西省运城地区芮城县境。《史记》云：“魏，大名也。”“魏风”七篇皆无事实可考，大抵皆为不满魏国末年政治的话。推知此七篇诗作的年代，当在魏国将亡之前，即春秋时代（公元前661年）以前。唐，古国名，帝尧旧都，在《禹贡》冀州之域。“唐”的意思是大，《说文》云：“唐，大言也。”周成王以唐地封弟叔虞，史称唐叔虞，后因南有晋水，改国号曰晋，后徙曲沃，又徙居绛。所以，春秋时也有称晋为唐的。“唐风”共计12篇，最早的诗当在昭公初年，即周平王时代；最晚的诗到晋献公中期，时间跨度为一百余年。“唐”地在“太行恒山之西，太原太岳之野”。“唐风”产生的地域，大约在今山西省中部太原为辐射中心，兼及太原东南部的一些地区。

（2）《诗经》中的“三晋名物”

宋人王应麟认为：“格物之学，莫近于诗。”其实，孔子早就强调过《诗经》的认识名物的价值，因为它有助于“多识于鸟兽草木之名”。它可以作为“百科学书”教育学生，也可以让后人了解先民的生存状态。“魏风”和“唐风”涉及了很多三晋名物。其中，树及灌木有十四种，如桑、桃、棘、檀等；粮食蔬菜有六种，如禾（小米）、黍、稷等；野菜药物有六种，如苦（菜）、苓等；动物有五种，如鹤、鼠等；衣物有八种，如葛履、角枕等。从《诗经》记录的这些名物中，我们看出晋文化是内陆文化，农业文明是晋文化的“支柱产业”。“魏风”和“唐风”中的诗很少叙写水、鱼之类，而多有树木山林的描写，说明三晋还具有“山文化”的特点。

（3）《诗经》中的“三晋风情”

朱熹《诗集传》说：“风者，民俗歌谣之诗也。”“风”是从先民心底流淌出来的歌，贴近性灵，贴近生活，贴近乡俗。反映晋人生活的“魏风”和“唐风”虽然只有19首，但却从一个特定角度反映了晋地风情。比如：缝衣歌，“魏风”中的《葛屦》是最古老的一篇缝衣曲，寄托了缝衣女的无限惆怅。诗中言道，女方受冻，葛屦履霜，以其纤手为人缝衣服，而好人服之，章身作态；采桑歌，在男耕女织的古代社会，养蚕采桑是女性生活的重要内容，又是女性走上田野，展示风采的时机；伐木歌，“坎坎伐檀兮，置之河之干兮，河水清且涟漪”。“魏风”中的这首《伐檀》，是多么悦耳的劳动节奏，多么美妙的劳动场景，多么欢快的伐木之歌。虽然接下来是愤愤的责问和冷峻的讽刺，但笑骂几声，以抒块垒之后，又陶醉在了劳动的创造之中。这使我们联想到了民间的那些朴实、风趣、调侃的“打夯歌”。可见，劳动和创造的欢乐是劳动者共有的品格。

（4）《诗经》中的“三晋精神”

地方歌乐就是地方文化的反映。那么，《诗经》中的“魏风”和“唐风”表现了晋地先民的哪些精神品格呢？

①深广的忧患意识

《魏风·园有桃》：“心之忧矣，我歌且谣。”“心之忧之，其谁知之。”“心之忧之，聊以行国。”“诗小序”释曰：“园有桃，刺时也。大夫忧其君，国小而迫，而俭以啬，不能用其民，而无德教，日以侵削，故作是诗也。”清人汪醒风释云：“魏小而逼于晋，又以下材当国，危亡在旦夕。君相不知忧而士忧之，忽而歌谣，忽而行国……其犹《离骚》之意也与？”故有人评述曰：“自《园有桃》诗人，而后屈灵均似之。”这是“知识阶层”社会责任感的体现。

②勤苦节俭的精神

“魏风”和“唐风”中诸多反映劳动生活的诗篇，就很好地说明了这一点。同时，晋人的勤劳品格，还具有忍耐乐观的精神，这是人们能在艰苦环境中生存下来的一种宝贵品格。

③恋家孝亲的情结

三晋地处内陆，交通不便，造成了晋人恋家孝亲的炽烈心态。反映在《诗经》里，如《陟岵》所描写的行役者之苦，不是像一般征夫诗那样，直接写劳役的痛苦，而是从行役者的想象出发，写亲人想念自己之苦，这就大大增加了诗篇的思想容量。再如《鸨羽》，则描写了一个在外苦于行役的人，不是悲叹自己的处境，而是对无依无靠的父母非常担忧。这类诗篇，在《诗经》中是不多见的。孝顺父母是中华民族的美德，而晋人尤甚。这是汾河水里激起的闪烁着人性光彩的一朵晶莹浪花。

总之，《诗经》是承载三晋文化的最早、最可信的母体之一，“歌咏所兴，宜自生民始”，“魏风”和“唐风”是这块热土上最早的歌唱之声。带着那个时代的身影，带着那个时代的乡音，使我们可以乘着这一叶“文字之舟”，溯历史长河而上，去寻觅那悠远的三晋文化之源。

三、《义勇》悲歌动天地

三晋历史上有一个和中华文化历史上另一个影响巨大的人物——“文圣”孔子比肩并称的“武圣”关公。即使到了现代社会，人们对“武圣”关公，及其所体现的“忠、义、勇”精神的崇拜，也是到了“全民敬奉”的地步。在人们心目中，关公不仅是一个可以帮助他们伸张正义、释厄解危、警戒邪念的“道德神”；还是一个能够保佑他们合法经商、正当赚钱、以义生财、发家致富的“财神”。

关公是生活在东汉末年、三国初期的历史人物。由于当时朝政腐败，社会动荡，“春秋无义战”的冷峻历史，帮助他认识了人生，认识了社会，辨明了真假、善恶、美丑、是非。这导致“读好书，说好话，做好人”成为他的人生信条；“见义勇为”、“轻财仗义”、“义重泰山”、“舍生取义”成为他的思想、行为准则。他先是在家乡“路见不平”、“义杀权贵”，亡命涿州后又与刘备、张飞“桃园结义”，戮力同心，赴汤蹈火，最终完成了大业。他以后镇守荆州，因大意而遭擒遇害。关公死后，其故事在民间广泛流传；唐、宋以后，他受到历代封建帝王的推崇；到元末明初，由于小说家罗贯中的天才创作和精心塑造，关羽成为一个集“忠、义、勇”于一身的理想化的文学人物；到明、清两朝，关公更由帝而神、由神而圣，最终与“文圣”孔子比肩并称为“武圣”。

在人们心目中，关公是“义勇”精神的化身。“义”是什么？“义者，宜也”；“义者，事之宜也”；“义，人之正路也”。正如当年女娲在天崩地裂的巨大自然灾难面前，毅然“炼石补天”的勇敢行为一样，“义”就是中华儿女在“利与害”、“得与失”、“成与败”、“荣与辱”、“生与死”等人生、事业的重要抉择关头，为维护人生的崇高信念和人类正义事业，而毅然做出的超越功利的选择；是面对“文明与蛮昧”、“正义与邪恶”、“道德与堕落”等人生观、价值观的激烈搏斗、较量时毫不犹豫的抉择。

在关公思想和行为当中，“义”的内涵明确无误，但在不同的时间、地点和环境条件下，“义”的内容又各有细微本质上的区别：他与刘备、张飞之间的感情，属于亲如手足的“情义”和志同道合的“道义”之交；而他与“名为汉相，实为汉贼”的曹操之间，却只是感念当年讨伐董卓、“诸侯会盟”时的“识护”、“提携”之恩，以及后来“暂栖曹营”时馈赠金钱、美女的“恩义”关系。二者之间的孰重、孰轻不可同日而语。关公的光辉品德和高尚行为，是他从《春秋·左传》中汲取营养的结果；是接受“三晋文化精神”感染和熏陶的结果；是中华民族古代文明哺育、培养的结果。

“武圣”关公

从三晋历史的源流、发展和延伸、继承关系看，“关公文化”是“女娲文化”、“三晋文化”精神的升华和结晶，是中华民族伟大精神的集中、光辉体现。在中国封建社会广大民众的心中，怀有“安黎庶，济苍生”政治理想、献身于“桃园集团”的正义事业、集“忠、义、勇”精神于一身、具有“贫贱不能移、威武不能屈、富贵不能淫”高尚道德的英雄人物关公，就是中华民族精神的生动体现和形象化身。关公的神格化，是中国封建社会历史发展的需要的产物；是中国古代社会民众心理需求的产物；是历史发展的滚滚洪流大浪淘沙、结晶升华的结果。

在关公身上得到集中体现的“忠、义、勇”精神，对中华民族的文明和进步，起到了垂范千秋的重大作用。关公以自己身体力行，把“儒家”的理想、学说体现到自己和人生实践当中，为中华民族的后世子孙树立了一个值得敬仰、效法的楷模。

山西商人崇信尚义，名扬四海，晋帮商人中有许多深孚众望的商家“舞弊情事，百年不遇”。这都是受到了关公“义勇精神”的影响。遍布全国各地的“晋商会馆”，几乎都是“武圣”偶像的“关帝庙”和山西商人同居一宅，在这里，整年累月流离他乡的山西商贾，以虔诚的心理供奉关公；以自己的行动力践“信义”诺言；以正当的手段赢利生财；以光明的手段公平竞争、发展；以手足之情帮助处于困境的同行兄弟……以“关公精神”为楷模的古代山西商贾，创造和发展了独特的“晋商文化”，中华民族物质文明和精神文明的发展进步，做出了自己应有的贡献。在“晋商文化”的影响下，不少分布在海外各国的“中华会馆”，也效法修建成“关帝庙”的形式，成为令世人瞩目、赞叹的海外中华文化的一大景观。也正由于山西商人在经商实践中奉行崇信重义的职业道德和遵守公平竞争的市场规则，成绩卓著，而受到社会的广泛好评。

可以说：关公庙宇满天下，信义美德佐晋商；《义勇》悲歌动天地，关公精神壮中华。

四、三晋名人画廊

山西有灿烂的文化，山西在历史上出过许多人才。

重耳（公元前697—前628年）初因晋室内乱被迫流亡19年。62岁返晋，锐意改革，晋国实力大增。城濮之战大败楚军后，会盟诸侯于践土（今河南荥阳东北），为春秋五霸第二位霸主。

李悝魏国人（公元前455—前395年）战国法家之始祖。魏文侯时为相，在魏推行变法，创立封建法制，使魏成为战国初期强国之一。所著《法经》成为秦以后法律的蓝本。韩国人申不害，是法家“术”派始祖，慎到是“势”派始祖，韩非子（韩国人）综合三家集法家大成。

张仪魏国人（？—公元前310年）纵横家，初期游说诸国，后入秦。曾以献商于（今陕西商县至河南内乡一带）之地六百里为诱饵，破坏齐楚联盟，使秦乘机夺楚汉中（今陕西南部汉中盆地）之地。秦武王即位，入魏为相，不久病死。

荀况赵国人（约公元前313—前238年）即荀子，儒家八派首领之一，主性恶说。曾在齐稷下（今山东临淄西北）讲学，三任祭酒。到燕游历，去秦考察政治，晚年任楚兰陵（今山东苍山县兰陵镇）令，著书终老于此。李斯、韩非都是他的学生。其学术源于儒家，但又吸取各家之长，是先秦唯物主义的集大成者。

关羽河东解州人（？—219年）三国时蜀汉名将，受封汉寿亭侯。为刘备镇守荆州，兵败被杀。为人忠义，事迹为后人推崇神化，影响民俗至深。

王勃绛州龙门人（公元650—676年）初唐四杰之冠。在他二十七年的短暂生命中，遭遇坎坷，怀才不遇，但其即席所赋的《滕王阁序》历代传颂，“海内存知己，天涯若比邻”的诗句千百年一直脍炙人口。

武则天并州文水人（公元624—705年）中国唯一的女皇帝。14岁入宫，初事唐太宗为才人。31岁时为高宗皇后，66岁时称帝改唐建周。实际执政的近半个世纪中，农业和手工业都得到较大的发展，人口不断增加，对祖国统一也做出了积极贡献。是一位非常杰出的政治家。

中国唯一一位女皇帝——武则天

王维山西永济人（公元701—761年）别号“诗佛”。唐开元进士，曾官至尚书右丞，世称“王右丞”。因对李林甫擅权不满，过着半官半隐的生活。安史之乱后，避世隐居，拜佛念经。其作品主要是田园山水诗，大多吟咏隐士生活和佛教禅理。艺术上颇见功力，“诗中有画，画中有诗”，兼通音乐、绘画。有《王右丞集》传世。

柳宗元山西永济人（公元773—819年）唐宋八大家之一，世称柳河东。永贞革新时积极参与，失败后贬永州司马，后迁柳州刺史，故又称柳柳州。曾提出“文以载道”、“辅物及时”，

提倡文章为刷新政治、补救时弊服务，与韩愈同倡古文运动，并称“韩柳”。他存世的400多篇散文，文笔生动，思想性强，说理透彻，有很高的成就，又工诗，风格清秀。学问广博，儒、道、佛不研究，哲学上属朴素唯物主义，有《天说》、《天对》等论著。

白居易祖籍太原（公元772—846年）年晚唐著名诗人。晚年寓居洛阳香山，号香山居士。其诗大多反映社会现实，在艺术上具有形象生动、纯朴自然、通俗晓畅的独特风格。与元稹同倡新乐府运动，并称“元白”。其作品以组诗《新乐府》和《秦中吟》为代表，《长恨歌》和《琵琶行》为传世名篇。

唐朝著名诗人白居易

杨业河曲一带人（？—986年）北宋抗辽名将。曾以轻兵击败辽十万大军于雁门，被辽军誉为“杨无敌”。宋二次北伐时，任西路军副统帅，曾收复云、应、寰、朔四州，后因东路军兵败，被迫撤退。由于统帅潘美指挥失误，他陷于孤军作战，重伤被俘，拒不降辽，绝食三日亡。其夫人及子孙在以后的抗辽战争中都立下赫赫战功，后人把他们的事迹演义成故事、评书等，广为传唱。

司马光山西闻喜县涑水乡人（1019—1086年）北宋著名的政治家和史学家。因反对王安石变法，退居洛阳，奉命设居专事修史，

北宋杰出的史学家和散文家司马光

邀集范围禹、刘恕、刘侵入等主要助手，历时十九年书成，神宗赐名《资治通

鉴》，为我国第一部分编年体通史。哲宗继位后，入朝掌政，废新法、复旧制，任相八年病死，封温国公，谥文正。

关汉卿山西解州人，生于金末，卒于元，是我国杰出的戏剧家、元杂剧的奠基人。他长期生活在大都（今北京）下层人民中间，一生从事戏剧创作，而且有丰富的舞台经验。比莎士比亚早两个世纪，作品比莎氏多一倍。留传下来的《救风尘》、《望江亭》、《拜月亭》、《鲁斋郎》、《单刀会》都是脍炙人口的作品。1958年被列为世界文化名人。

罗贯中太原清徐人（约1330—约1400年）元末明初杰出的戏曲、小说作家。成年后离乡外出漫游，曾入张士诚幕府。一生创作了《三国志通俗演义》、《水浒全传》、《隋唐两朝全传》、《残唐五代史演传》、《粉妆楼全传》等长篇小说，《赵太祖龙虎风云会》等剧本。他的小说作品，开拓和确立了中国古代白话长篇章回小说的新体制，使"小说"登上大雅之堂，成为与诗、词、散文等雅文学形式并驾齐驱的重要一翼。

杨深秀山西闻喜县人（1849—1898年）清末戊戌变法六君子之一，光绪进士。博学多识。梁启超称他为"山西通儒"。其为官刚正清廉，甲午之耻，促使他走上变法维新之路，发起关学会，以言官身份屡请变法。新法失败前夕拒绝出走，在狱中写道"久拚生死一毛轻，臣罪偏由积毁成"，"缧绁到今终不怒，未知谁复请长缨"，慷慨赴死。

刘胡兰文水县云周西村人（1932—1947年），8岁时就为八路军站岗放哨，13岁担任村妇救会秘书，14岁加入中国共产党，在十分恶劣的环境下从事地下工作。1947年刘胡兰为救助群众遭阎匪军逮捕。在敌人威逼利诱目睹六位同志被残酷屠杀时，给敌人以响亮的回答："怕死不当共产党员！"，最后在敌人的铡刀下壮烈牺牲。毛泽东题词："生的伟大，死得光荣。"

革命英雄刘胡兰

五、酸不溜溜就是我

曾于19世纪几度来华的德国地质学家李希霍芬在，中国旅行后得出这样的结论："越住山区的人越清洁，秩序也越好，随之而来的性格也越来越善良了。从西安到嘉陵江流域，山中居民举止平静，而平原居民绝对不会这样。"而山西人正是这样朴质厚道的山民。

山西人的"土"在国内是"有口皆碑"的。穿着上，蓝衣黑裤为主色调，头上扎着的白羊肚毛巾，被看做是陕晋人的象征。

他们在饮食上不讲究，不求奢侈，但求温饱。住的是土窑洞，吃的是土豆、粉条、面食和杂粮，除了主食刀削面外，似乎找不到第二个山西名吃。在晋南，家常饭菜是馍馍、猪肉白菜、炒鸡蛋、油辣椒，晋北则是莜面、面条、酸饭、大烩菜。节省的钱一为盖房，二为娶媳妇。"山东人好存粮，山西人好盖房"，他们有存钱储粮的传统。据调查统计，1992年山西城镇居民和农民人均生活收入分别只有1302元和493元，在全国排名第28位和22位，而人均储蓄却达1200元，在全国排名第八。

究其原因，山西是个十年九旱之地，丰少歉多，经济来源少，只有勤俭持家，均衡调剂，方能养家糊口，维持生计，传宗接代。尽管今天山西农业的生活水平已经大大提高了，但他们仍然保持着储备两至三年粮的习惯。

有人调侃说："山西人能不'土气'吗？能不'穷酸'、'细酸'吗？这恐怕与山西人爱吃醋有关。"

山西人和醋有着深厚友情。山西做醋的历史大约有三千年之久。北魏贾思勰在其名著《齐民要术》中总结的22种制醋法，有人考证认为就是山西人的酿造法。其中“作米酢法”便是“山西老陈醋”的酿制方法。到了清初顺治年间，介休出了一位“醋仙”，名叫王来福，他在清徐城关开办了一个“美和居”醋坊，又在白醋的基础上增加了熏醋工艺，大胆地改革、创新，“冬捞冰，夏伏晒”，终于创出了山西“老陈醋”名牌，使老陈醋一举名列中国四大名醋之首。

山西老陈醋

作为醋的故乡，在民间至今有做醋的遗风。如果您到山西的乡村僻壤盛夏一游，你会发现，老乡们在烈日之下。放一口麻纸闷着的大缸，在用“老醯儿”（制醋的醴子）晒醋，而且醋缸需不断地搬动，因为醋缸要跟着“爷爷”（太阳）走。看到此情此景，过去山西“家家有醋缸，人人当醋匠”的场景定会跃然眼前。确实山西是制醋的大本营，现在全省有100多家醋厂，每年产醋6万多吨。国内市场上卖出10瓶醋，其中至少有一瓶是山西生产的。山西不仅醋的产量大，而且品种多，比如有老陈醋、名特醋、双醋、陈醋、特醋、晋醋、味醋、熏醋等。就是同一品种的醋，根据使用原料和生。产工艺的不同，又可分出各种各样的品种类别，真可谓琳琅满目，各具特色。醋还漂洋过海。美国霍普金斯大学一位华裔教授每年回国总要带几瓶山西陈醋，并津津乐道地向外国朋友介绍它的迷人之处，结果使许多美国朋友也喜欢上了山西老醋。

人说山西好地方，地肥水美醋更香。山西人善制醋，是因为山西人爱吃醋，而山西人爱吃醋也真可称为全国之最。一个太原人一年吃的醋，够一个北京人吃两年的，够一个天津人吃上三年半的。有人说当年阎锡山的兵打了败仗，宁肯缴枪也不愿交了醋壶。

在山西民间有无醋不成味之说。山西人善酿醋爱吃醋，素有“老醯儿”之称。古时管醋叫醯，把酿醋的人叫“醯人”，把酿醋的醴叫“老醯”。因此，吃醋也不叫吃醋，而叫“吃醯”。由于山西人对酿醋的特殊贡献，再加山西人嗜醋如命，又巧合了“醯”和山西的“西”字同音，所以外省人就尊称山西人为“山西老醯”了。“老西儿”对醋可谓用到家。山西的面食种类极多，这些面食吃用时若没有醋作调料，那味道可差多了。至于烧菜、醋辣的、糖醋的自然也离不开醋。其中汤菜哪怕不求酸味，一旦滴上几滴醋，味道顿时就变得更加鲜美。农家入秋时腌制白菜、萝卜时，更是缺不了醋。

山西老“醯”也是特能吃醋的。桌上无醋，百味皆无；饭碗里没醋，老“醯”们吃什么都不香哩。难怪有人说，山西人只要吃饭就得有醋。醋，简直就是山西人的命根子。

凡与山西人共餐者，总是不知夸奖还是调笑似的说一声：“山西人真能吃醋！”几个山西人下饭馆，坐定之后，还没有点菜，先把醋瓶子拿过来，每人喝了三汤匙醋，喝得邻座的客人直流口水，也有人认为这些把醋当酒喝的豪客是在占饭店的便宜。

有人要问，山西人咋就这么爱吃醋呢？究其原因，原来，吃醋有很多好处，因为醋的作用真是太多了。醋内除含有大量醋酸外，并含有钙、铁、乳酸、甘油、氨基酸及醛类化合物。醋不仅是调味之首可以入味，还是人体健身佳品。在食用方面，它能溶解食物中的钙和铁，使人体易于吸收，也可以用于脱制萝卜、白菜、大蒜等食物。在医疗方面用醋入药，有生发、美容、降压、减肥之功效。然而关于吃醋还另有说法，这种“醋”的产生据说源于唐朝。唐太宗要为一位名叫房玄龄的大臣纳妾，大臣之妻横加干涉。太宗无奈，只得令大臣之妻在喝毒酒和纳妾中选择其一。大臣之妻也确有几分刚烈，拿起毒鸩之酒一饮而尽。当大臣之妻含泪喝完后，才发现杯中是醋，从此便留下了这段“吃醋”的佳话。所以，才有了后人“失意”之人视“得意”之人而能有“醋意”，此也许与西方人谓东方人之“东方人的妒忌”不无关系。

山西人有许多优良传统，但正如西方哲人所说：你拥抱了朝阳，就无法再去拒绝黄昏。山西人虽朴实恒毅，但却土气鄙陋；有“五花马，千金裘，呼儿将出换美酒”的豪爽，也有直而不弯的愚顽固执；虽有质直侠气，也常有保守悭吝；虽然勤勉中庸，但却狭隘迟钝；虽有强悍的内质，却常常表现着担心的软弱；虽有精明的内魄，却又常常表现着迂腐麻木，又杂取善良、迷信和愚昧。你若不真正见到山西人，与他碰上三杯两盏，了解他还真如“雾里看花，水中望月”。

“痛可忍，而痒不可忍，苦可耐，而酸不可耐。”吃醋的山西人由此显示了性格的顽强，但却成了嗜好，又显示出了酸气与鄙陋。他们有高尚的品格，但却往往缺乏潇洒的风度。

“朴质厚道”、“礼让文雅”是需要发扬光大的；“勤劳节俭”、“粗犷豪放”是需要保持特色的。但是，保守恋土，安于现状，某种程度的自私自利，却是需要摒弃的。山西人，你对自己性格之优缺点，心里该比外人更有谱!

六、三晋民俗文化

中国文化博大精深，源远流长，造就了风俗民情的丰富多彩，神采飞扬。一方水土一方人，每个地区都有自己别于其他地方的民俗文化，三晋也不例外。

1. 山西民歌

山西是民歌的海洋。全省一百多个县，几乎每个县都有自己的民歌。据统计，现已搜集整理的民歌达两万余首。各地民歌地方色彩十分鲜明，表达的思想感情极为丰富。

山西民歌有着悠久的历史，“日出而作，日落而息，凿井而饮，耕田而食，帝何力于我哉！”（《击壤歌》），“立我庶民，莫匪水尔，不识不知，顺帝之则”（《康衢童谣》）相传都是尧时的民歌、童谣。

山西各地民歌品种繁多，而各歌种的形式更是多种多样。如把全省各地千姿百态的民歌从体裁上加以区分，大致可归纳为五大类：（1）山歌；（2）号子；（3）小调；（4）秧歌；（5）套曲。

民歌是千百年来劳动人民集体智慧的结晶，是劳动人民（主要是农民）生活的真实写照。这些民歌题材广泛，反映内容深刻，涉及社会生活的各个方面，它们从不同的角度并以不同的方式，形象生动地再现了农民的真实生活，反映了他们的心理、感情、意志和愿望。

题材广泛，内容丰富的山西民歌，像是一面镜子，它反映了山西人民的生活和历史。今后，它仍将随着历史的前进而不断发展，随着人民日新月异的新生活而更加光彩灿烂。

2. 山西刺绣

山西省民间，是民间刺绣艺术品的生长地。民间刺绣，在山西不仅历史悠久，而且题材广泛，内容丰富，具有反映山西风土人情的特色。山西民间刺绣，有着自己独特的艺术风格，图案纯朴、色彩艳丽、构图简洁、造型夸张、针法多样、绣工精致。这些来自民间的刺绣艺术品，大都出自农村劳动妇女之手。山西刺绣，以忻州、晋南地区的刺绣工艺品最有影响。

山西刺绣

忻州民间，刺绣在群众中颇为普遍。忻州刺绣，大致可以分为服饰、生活用品、祭献物品三大类。

民间服饰，传统的民间刺绣主要是作为穿戴的装饰。这些装饰，又多在妇女儿童身上。妇女服装刺绣中，不同部位有着不同的花样。

生活用品：忻州一带，常见的有枕头花、虎枕头。虎枕头里又有双头虎、人面头虎、虎头鱼尾等，还有蛤蟆枕头。这些枕头缝制精湛，纹饰、造型别致，既是幼儿枕头，又是儿童玩具。男女结婚时缝制的方形合枕，两头绣以鱼采莲，象征婚配性爱。

平时，还有人们绣制给老人坐靠使用的“靠枕”；以绣花、割花、砌花多种手法制作的坐饰物“坐垫”；以及迎娶新人用的轿、车上装饰的绣花“轿帘”、“车衣”等等。

祭献物品：这一类绣制品，常常用于祭扫礼仪的灵堂、殿宇中的供桌裙帏、神龛帷幔等饰有龙凤仙鹤、福禄寿禧、明暗八仙等精工绣物。还有的，绣制送葬礼议用的“棺罩”和亡人的“寿衣”、“寿裤”上的刺绣，用料和绣工都甚为讲究。

在山西南部的农村里，人民的日常生活用品和衣帽服装，多以刺绣来装饰，像衣服的领口、袖口、裙边、披肩、帽子、鞋子和被面、枕头、喜帐、寿帐、桌围、椅垫等，都有不同纹样的刺绣图案。

晋南民间刺绣，多以民间喜闻乐见的内容为题材，像孔雀开屏、喜鹊登梅、松鹤延年、二龙戏珠、凤凰牡丹等，是晋南民间刺绣的一般题材。而瓜果蔬菜、飞禽走兽、山川风景、亭台楼阁等，更是生活中百见不厌的刺绣体裁。

晋南的民间刺绣，大都出自普通农家妇女之手，这种传统的刺绣技艺往往是通过家传、互相之间的交流而得以延续的。

晋南民间刺绣的作者，很善于运用多种手法表现自己设想的题材。有的写实，有的浪漫，有的夸张，创造出无数既富有装饰趣味又有浓郁的乡土气息的刺绣工艺品来。

晋南民间刺绣，历史悠久，地方色彩浓重，构图严谨，具有强烈的民族风格和地方特色。

而在众多的刺绣工艺中，最突出的要数绣荷包了，这也是青年传情的信物。

山西荷包

农村少女从十多岁就开始练习绣花，母亲、祖母自然是她的启蒙老师。冬天漫长的夜晚，春秋闲暇的时节，她们都会操起针线、布料，描红绘绣，母女、姊妹之间通过刺绣形成一种思想和感情的交流。当芳龄来临，每个姑娘都在编织着自己的梦，这些梦是情和意的交织，是理想与现实融合，伴随着女儿们度过最富激情和才智的豆蔻年华。她们凭借着自己精湛的刺绣技艺，把这些彩色的梦记录下来，绣成荷包，诸如钱袋、扇袋、镜袋或香包之类，送给自己的情人。一个小小荷包，寄托了绵绵无尽的情意，它美丽而又纯净，含蓄而又明朗，既是女儿的秘密，也是富有代表意义的人类共同的感情。

一个小小荷包成为男女青年定情的信物，成为纯洁、坚贞爱情的象征。所以男青年收到这份非同寻常的礼物，哪怕远走天涯，或是上工劳动，都佩戴在身上，格外爱惜和珍重。

在民间荷包中，占相当比重的是香包，香包里装有香草之类的药品，包面上绣制着“五毒”，即蝎子、蛇、蜈蚣、壁虎和蟾蜍，它原是五月端午的节令物品，为了防止各种毒虫猖獗，侵害人体，人们相互馈赠，挂在衣襟或帐勾上，以避除“五毒”。就形状来看，有虎形的，鸡形的、如意形的、寿桃形的、蝙蝠形的，以取意于福、禄、寿、禧、吉祥、如意等。富有深厚民族心理基础的绣荷包，在民间文化中，显示着旺盛的生命力。

3. 山西婚俗

在民俗中，婚姻是合两性之好，人生历程中最重要的大事。婚姻的好坏，对于当事人的一生幸福是至关重要的。在山西民间，尤把婚俗看得重要，而且也有诸多禁忌。

晋南闻喜在结婚的当日，男女双方在饮食中忌带荤、不准吃猪肉，据说如果吃荤两人便不能白头偕老，中途夭折死亡。而河津一带却与此恰恰相反，结婚当天必须杀猪并以猪头祭祖宗，供奉于祖宗牌位前。同时，还要用扫帚蘸着猪的热血在洞房的墙上划几个“十”字，有辟邪之意。

在晋中一带，新郎到岳父家迎接新娘时，一定要“偷”一个茶杯，所谓偷，就是女方看见也不能说，茶杯是一定要让新郎带上的，且必须完整带回，不得破损。否则，对于新郎新娘的婚姻有某种不祥的预兆。这里似乎是说日后待新娘要像对待这个杯子一样，小心爱护，好好照顾，珍惜珍爱。

在汾阳，新郎不偷茶杯而要偷两个水碗，当地俗语叫做Zhun Zhun，因为有“偷两Zhun Zhun，快抱孙孙”之说，所以偷碗被赋予了抱孙子的含义。

山西很多地方，接新娘时，新郎往往要送一副墨镜给女方戴上，似乎是取代了以前的红布盖头。而新人来回最忌走自己已走过的路，以避走回头路之嫌，当然也不能走办丧事人走过的路。

盖头与墨镜的作用都是避免与鬼神等不祥之物直接面向。婚礼队伍也怕中途余上如狗群打架，疯人病人等，怕冲了“花套”与喜庆，是不吉利的征兆。碰上了是要倒霉的，以后不是妻死便是夫亡，要不就是多灾多难。这是任何一个结婚人家所不愿意看到的。结婚这一天也忌讳谈论什么与死、病有关的事情，也忌天气时阴时晴，人们总是把这些事情联想到婚姻的命运。

在一个村子里如果有两家办喜事，人们都忌落在后面。因一般再婚者山西方言称后婚，所以不愿意落个“后”字。而且也忌两结婚者相遇，偶尔相遇则要交换所戴的鲜花或者手绢，这样才算吉利。

晋南一带，对于相同时间里村里同时举行婚事和丧事是极力回避的，办喜事者尤为不悦。迎亲的队伍也忌途中遇上诸如十字路口、水井、碾子、石头等物，如果避犹不及，则须用红布盖住，或用白石灰划线圈住。

而在吕梁、汾阳一带，迎亲队伍如果在半路与送葬队伍相遇，对于结婚者来说还是个好兆头，是吉利祥和的。也许是红白喜事都是喜吧，人们并无此忌，双方互扔钢镚儿以示招呼。

民俗文化只是一个侧面，一个窗口，但我们却能从这个窗口看到很多很多。

4. 晋剧

晋剧，即中路梆子，是山西省的代表性剧种，为山西省的四大梆子之一。由于它的活动地区在山西中部，尤其是在太原附近、晋中一带，而且这一剧种历来受到山西中部广大群众的欢迎、喜爱，因称中路梆子。中路梆子的特点是旋律婉转、流畅，曲调优美、圆润、亲切，道白清晰，具有晋中地区浓郁的乡土气息和自己独特风格。

中路梆子最早主要活动在太原周围，很容易吸收兄弟剧种的长处，融会贯通。因此，这一剧种演出范围也随之逐步扩大。抗日战争以前，已经扩展到河北西部、陕西北部、内蒙古地区。在以上地区，相继建立了固定的中路梆子剧团，演唱晋剧。抗日战争中，许多中路梆子艺人参加了中国共产党领导下的挽救民族危亡的英勇斗争，在晋察冀、晋绥、太行等革命根据地演出。他们不仅演传统戏，而且还演现代戏、新编剧目。在前方和根据地公演，受到人民的赞扬，对鼓舞人民的士气，起到一定的作用。

第四章

齐鲁文化——圣人之乡

齐鲁大地有着五千年悠久的文明史，无与伦比的黑陶文化是齐鲁人民创造的第一个辉煌的文化高峰。其后，百家争鸣，首倡稷下，六艺流芳，播自鲁中。孔子创立的儒学，主导中国封建社会意识形态两千多年。随着世界经济文化的一体化，儒家思想在世界范围内影响越来越深远。在儒家思想影响下的齐鲁文化，博大精深，在中国历史文化发展史中占有特殊的重要地位。可以说，齐鲁文化是中国古代文化遗产的巨大宝藏，研究中国传统文化，不可不研究齐鲁文化。

一、齐鲁文化的源流

齐鲁文化，顾名思义，它是由“齐文化”和“鲁文化”两种成分构成的。确切地说，它不是一种单一的文化，而是齐文化和鲁文化的融合。春秋时期的鲁国，产生了以孔子为代表的儒家思想学说，而东临滨海的齐国却吸收了当地土著文化（东夷文化）并加以发展。两种古老文化存在差异，相对来说，齐文化尚功利，鲁文化重伦理；齐文化讲求革新，鲁文化尊重传统。“齐文化”的主要特征是善于权变，崇尚力量和智慧，注重商业利益，具有尚武精神、侠义精神和扩张欲望；“鲁文化”的主要特征是崇尚礼仪和秩序，讲仁义和诚信，重义轻利，本分自守。两种文化在发展中逐渐有机地融合在一起，形成了具有丰富历史内涵的齐鲁文化。

西周初年，姜太公被封于齐，以治理夷人；周公被封于鲁，以拱卫周室。分封齐、鲁，标志着东夷文化向齐文化演变，宗周文化则在鲁国完整地保存下来。

姜太公到了封地以后，实行开明的文化政策，“因其俗，简其理”促成了东夷文化向齐文化的转变。与之相反，周公之子伯禽到鲁地后，变其俗，革其礼，推行重农抑商的周文化。两种不同的文化使齐国和鲁国的人文经济趋于不同的发展方向：齐国的社会风尚带有明显的工商业氛围，崇功利，轻伦理，文化风气开放，注重实用；鲁文化更多地表现出农业社会的文化特征，文化风气保守，因循周礼，不思变通。以致后来鲁地多出文人，孔、孟、颜、曾以及子思和墨翟皆有“文圣”之称，尤其是孔子被尊为至圣，为万世文人所宗，称之先师。鲁国文化在列国中是最突出的。齐国则以军事大国著称。齐国名将辈出，军事理论家代有所承。姜太公、管仲、司马穰苴、孙武、孙膑等皆有兵法传世。姜太公被后人崇为中国兵家元祖，唐以来武庙视姜太公为武成王，与文庙祀孔子为文宣王名称相对而地位相埒。孙武被尊为“兵圣”，与孔子“文圣”相应。《孙子兵法》是中国乃至世界上最古老、最系统的军事理论名著，被誉为“兵家圣典”、“百代兵家之师”，内容深邃精博，几成千古绝唱，后世无足可与媲美者，与儒家经典、孔子思想之博大精深，至今仍闪耀着真理之光，走向世界，又成一鲜明对比。

除了文、武不同，齐文化、鲁文化还有一些不同特点，如鲁文化理论体系完整统一，齐文化多样庞杂、理论体系比较分散；齐文化务实际、尚功利，显得机变灵活，鲁文化重理想、尚仁义，显得凝重严肃但较死板，鲁文化尊周礼、重传统，显得深沉但较保守，齐文化因民俗、顺民欲，显得浅易但较开放。但是，这些差异、矛盾、相反、对立的特点，不是使两国文化水火不容的根据，相反正是这些特点，使之文武相济，长短互补，在共同的济世救民完成国家统一这个出发点和人道主义的共同基础上，紧密融为一体，从而成为矛盾的统一、相反的相成、差异的和谐这样一个独立完整的齐鲁文化体系。

战国时期，以孟子二度游学于齐为契机，齐文化与鲁文化开始融合。孟子在齐国居住时间长达十几年，他的学术思想受到了齐学的熏陶。荀子在齐、鲁文化合流中也起到了关键作用。荀子兼顾齐学，因而丰富和完善了自己的儒学思想，同时又通过学术交流，把他的儒学思想在齐国文士阶层传播开来。在诸如此类的背景下，齐文化和鲁文化走向融合，共同构筑了山东人的齐鲁文化。

齐鲁地域文化，不论是史前东夷文化，还是战国时代融为一体的齐鲁文化，都是多源的。

从国别看，齐鲁文化，先是多国分流发展而后合流归一的。史前时期，没有国家，后人所谓古帝王，氏族部落或部落联盟的首领而已，到底有多少，如上述部族一样，多至不计其数。

由于治国的方针政策不同，而文化发展走了不同的路子，形成不同的文化体系和文化精神，最明显的是齐、鲁两国。

尽管齐、鲁两国文化发展走了不同的路子，形成了不同学术思想和文化体系，但是随着民族融合与人文同化的完成而融合为一体了。

齐鲁文化构建，从学术派别和学术思想看，它几乎包含了我国古代所有的诸子百家的思想，如儒家、墨家、道家、法家、名家、阴阳五行家、兵家、农家、纵横家、方技家、数术家、巫医家，以及天文、地理、科学家等，无所不包。正是这众家学术思想构成了齐鲁文化的庞大思想体系。齐鲁文化的内容不是单一的，而是多种多样、十分丰富的，但又是统一的。

我们说齐鲁文化是一个独立完整的文化体系，绝不是硬将众多的文化体系用麻袋装土豆一样装在一起，也不仅因为它们有着内在联系，而是因为它们通过这些内在联系和统一的核心能凝聚以至融合为一体。关于齐鲁文化的融合前面已经讲了，至战国末年，各家各派思想已是你中有我，我中有你，很难说谁受谁的影响、哪家吸收了哪家的东西，但还能分出鲜明的派别。至两汉经学，就连派别也难分了，众家已以儒学为核心融合统称为经学了。至于经学又分为齐学、鲁学、今文经学和古文经学，都是融合后的重新分化。

山东曲阜孔庙

但总的来讲，齐鲁之地，山水雄浑，天高地厚，河海浩荡。上古之少昊，开鲁之周公，兴齐之姜尚，贤达名仕，灿若星河，依周礼而成定制，启民心之醇酽浩气。在孔孟之道的长期熏染下，齐鲁民风厚重憨实，历史上多鸿儒、多良民、多豪杰、多烈女、多君子。

有人用“儒、岱、仙、海”四字来象征山东，孔庙、泰山、蓬莱仙岛、崂山道士、海市蜃楼、大明湖、千佛山、趵突泉、灵岩寺、田横岛、长岛、刘公岛、成山头、天鹅湖、十笏园，人境与苍天相融，人境与大地相汇。

有一则故事讲，中国东西南北中各省区的人交相争谈自己地区的名人名物，每省都说自己那里有多少名山、名水、名人。最后问到山东人，山东人说：“我们山东名山、名水、名人最少，只有一山、一水、一圣人。”山东名山、名水、名人虽少，却都是响当当的。一山即泰山，号称五岳之尊；一水即黄河，中国民族的母亲河；一圣即为孔子，古被尊为万世师表，今被列为世界十大文化名人之首。这一山、一水、一圣人，中国独一无二，都可作为中国民族、国家、文化和文明的象征或代表性的人和物。由此三者，即足可看出齐鲁文化的历史地位。

二、儒家文化影响下的齐鲁文化

欧文·威廉斯评价说：“古山东人世代都是在同黄河的搏斗中生存下来的，一次大的决堤改道，能使大地颗粒无收，灾民一无所有，所以，必须勤劳。只因勤劳，所以他们是世界上最忠诚的劳动力。”

在中国文化的主流思潮中，在早期儒家文化中我们更多地看到的是北方文化的特质。传统儒家文化的正脉发迹于齐鲁，并为齐鲁厚土灌进不绝的灵性与神秀之气，一代代的齐鲁英豪由滋而生，如黄河之水奔流

泰山——五岳之尊

不息……

鲁班、曾参、颜回、墨子、孙膑、孟轲、扁鹊、甘德、蒙恬、东方朔、匡衡、郑玄、孔融、管宁、王粲、刘桢、仲长统、诸葛亮、王导、王敦、王猛、左思、王羲之、鲍照、刘勰、贾思勰、秦琼、房玄龄、颜真卿、黄巢、宋江、李逵、李清照、辛弃疾、邱处机、唐赛儿、王士祯、蒲松龄、孔尚任、王懿荣、张养浩、赵秉仲、吕彦直、武训、张择端、马周、戚继光……如果需要的话，这份名单还可以不断地开下去。这一精英群体在齐鲁文化中应运而生并非偶然现象，只有适合于营造儒家思想的人文地理模式中这一切才可能发生。

从远古看，曲阜是少昊东虚，东夷文化的发祥地之一。早在新石器时代，这里就出现了光辉灿烂的史前文化，如北辛文化、大汶口文化、龙山文化等就是东夷史前文化。这个文化就像东方的红日，最早放射出了中国文明的曙光。商王朝曾在曲阜建都，商奄一带经济、政治、文化一直长盛不衰。直到周朝灭商以后，商奄还是殷人反抗周人的重要根据地。因此，周公东征“践奄”之后，周成王把鲁封给周公，从此建立了鲁国。

周王不仅把许多宝器、典籍和优秀人物赏赐给他，还允许鲁国使用只有天子才能享用的礼乐。《左传》、《史记》等书都详细记载有封鲁的特殊待遇。鲁国享有的这些特殊照顾对其文化发展极为有利。因此，到了春秋时期，鲁国首先成为东方文化的中心，受到天下人的注目和景仰。《左传·昭公二年》（公元前540年）又载，晋国执政大夫韩宜子访鲁，看了鲁国史官保存的周朝典籍感叹地说：“周礼尽在鲁矣！吾乃今知周公之德与周之所以王也。”这些都说明鲁国文化的先进地位和鲁国受封之初享有的文化特权对鲁国文化发展所起的积极作用。可以说，孔子是鲁国文化环境的产儿，孔子文化是周文化与东夷、夏、商文化交汇融合的结果，也是春秋时代的产物。

儒家创始人——孔子

作为齐鲁文化核心的儒学产生于春秋时期的鲁国，儒家学派的创立，对中国古代的政治、思想、文化和生活产生过巨大影响。尊崇孔学而以孔子为尊师的儒家学派，自汉武帝罢黜百家，独尊儒术后，逐渐成为中国封建社会的文化主流，统治中国学术思想两千多年。由孔子开创，儒家学说和儒家学派的创立是孔子毕生奋斗的结果。孔子创立儒家，但生前命运不佳，儒学没有取得社会的普遍承认。但他有弟子三千，贤人七十二。孔子卒后，七十子之徒散游诸侯，大者为师傅卿相，小者有教士大夫，或隐不见。如子张居陈，澹台子羽居楚，子夏居西河，子贡终于齐。弟子再收弟子，如“田子方、段干林、顺起、禽滑厘之属皆受业地子夏之伦，为王者师”（《史记·儒林传》），形成一种极大的势力，形成儒家学派，使儒学得以广泛传播，发扬光大，战国时期与墨家并称显学。

荀子

孟子、荀子等继往开来，尤其是荀子对孔孟儒学和管仲思想进行了批判继承，扬其所长，弃其所短，促进了齐鲁文化的融合和发展。荀子对孔孟十分尊崇，但并不盲从孔孟的学说，而是在对孔孟儒学深入研究的基础上，大胆地批判、修正孔孟的学说，并旗帜鲜明地提出自己的观点。如荀子在对孔孟“仁政”学说、天命观和性善论等思想的批判中，勇于坚持真理，取长补短，繁荣和活跃了稷下学派的学术争鸣。而且在孟、荀所处的时代在周边的齐、卫、燕、赵、魏等国都有不同程度的传播发展。秦始皇统一天下后，客观上为儒学的进一步走出山东创造了时机。但是，儒学的重礼义、仁政爱民的思想观点，并不被崇尚法制、专权的秦始皇所重视，反而制造了“焚书坑儒”的文史劫难。直至西汉，齐鲁的儒生们才得以施展才干抱负。汉武帝在位时采纳儒生董仲舒的建议，“罢黜百家，独尊儒术”，最终奠定了儒学的正统地位。

另外一个不争的事实是，齐鲁自古出贤相。诸葛亮、管仲、晏婴、王猛、王导、房玄龄等历史上重量级贤相都是山东人。齐国的建立者姜子牙和鲁国的建立者周公旦也是两个充满传奇色彩的贤相。另外，有人推断商代著名的贤相伊尹也是山东人。山东历史上贤相辈出的情况与唐代以前这里发达的经济、深厚的儒家气脉、雄浑的人文情貌是分不开的。

儒学在山东有着广泛而深厚的社会基础，影响了一代又一代山东人的性格。比如，山东人淳朴厚道，与人为善，任劳任怨，顾大局，重实干。但是在另一方面，山东人的性格中又包含着故步自封、循规蹈矩、偏执狭隘的特点。

三、鲁人与齐人

古语道："泰山之阳则鲁，其阴则齐。"西周时实行"封邦建国"制度，今山东地区封国大约有40多个，其中齐国和鲁国是这一带最大最发达的两个诸侯国，以至后世将"齐鲁"作为了山东的古称。齐国的都城在淄博，疆域从山东中部一直延伸到胶东半岛的大海之滨。鲁国的都城在曲阜，疆域主要在鲁西、鲁南一带。齐鲁之地自古山水雄浑，文化浩博，两地有着崇周礼、重教化、尚德义、重节操等等共同的风尚，齐鲁人给人的总体印象是壮实英伟、淳朴厚道、耿直重情、富有同情心，充满了集温厚与阳刚为一体的豪洒之气。在今天，"山东大汉"被认为是北方人的代表，一提到北方人，人们最先想到的就是他们。但是细下打量的话，齐鲁两地的文化渊源大为不同，两地的人文情态亦有较大差异，如刘禹锡就说："东近沂泗，多质实；南近腾鱼，多豪侠；西近济宁，多浮华；北近滋曲，多俭啬。"总的说来，鲁人更为尊礼、崇德、守旧，齐人更为务实、开放、勇武。

1. 道德型的鲁人

这是一个屡屡被人道及的传说：

周初大分封之后，姜尚问周公姬旦："您怎样治理鲁国？"

"尊尊而亲亲。"姬旦道，又问姜尚："您如何来治理齐国？"

姜尚直言相告："尊贤而尚功。"

这个传说见诸《淮南子·齐俗训》，又见乎《汉书·地理志》，它真实地道出了齐、鲁两国在建国方针上走两条不同道路的状况。

“尊尊而亲亲”即以礼治国。“尊贤而尚功”即尊重人才开拓进取之意。

礼者，何也？这是一个妇孺皆知而又甚为模糊的概念。古往今来，国人大多是从他们言谈所需要的某个层面或某一角度来定义礼。最为他们所乐道的，是礼的尊卑贵贱的等级区分。司马光就曾说过：“礼莫大于分。”（《资治通鉴》卷一，威列王二十三年）这种观点尚停留在对礼的表面认识上。

闵损芦衣

《礼记·礼器》中有一句话：“先王之制礼也，有本有文。”这话不大引人注意，却最切中礼之义。“本”，指礼的精神和原则，乃礼的内在特质；“文”，指揖让周旋的仪式和用来行礼的各种器物，乃礼的外在表现形式。

内容须靠形式来表达。礼的内在特质：神秘性和伦理性。是借助揖让周旋的仪式和行礼时陈列的各种器物而得以表达的。对此，宋人欧阳修说过：孝慈、友悌、忠信、仁义这些伦理道德，具体体现在居处、接物、舆服和饮食上。此话一语中的，而体现的方式，则是尊卑贵贱的等级区分。

与礼治相呼应的，是经济上的男耕女织。

鲁地处内陆，没有齐国那样发展海上捕捞、煮海水为盐的条件。但鲁地土壤肥沃，洙、泗足资灌溉。再者，重稼穑尚耕织，也是姬周人的传统。在传统与自然条件的双重驱动下，鲁人男耕种，女纺织，走向自给自足的小农经济。

礼治与耕织，成功地塑造了“道德型”的鲁人。鲁人外行礼教，内体仁义，两方面都做得好的人就是君子。

《庄子·盗跖》讲了一个故事：

有个叫尾生的人，一日与某女子相约在桥下见面。大雨瓢泼，桥下涨水，却不见那女子来。尾生坚守信约，在桥下苦等。水越来越大了，他抱着桥柱，不忍离去，直至淹死。

这个尾生，据汉人高诱考证是鲁地人。

廉如鲍叔，孝如曾参，勇如孟贲，信如尾生。

尾生成了忠信的楷模。类似尾生这样的人，在鲁国还有很多，如出了“日三省乎已”的“宗圣人”曾参，出了贫居陋巷、箪食瓢饮而不改其乐的“复圣人”颜回，出了坐怀不乱的柳下惠等等。感动中国的《二十四孝》辑录了24个“孝动天地”的故事，其中有10个出自于山东：孝感动天的虞舜；龇指心痛的曾参；单衣顺母的闵损；为亲负米的仲由；鹿乳奉亲的郯子；戏彩娱亲的老莱子；卖身葬父的董永；行佣供母的江革；卧冰求鲤的王祥；扼虎救亲的杨香。

这里再择一个大孝子闵损的故事，以窥一斑。

闵氏有贤郎，何曾怨晚娘。

父前留母在，三子免风霜。

这几句话是写闵损的。闵损，字子骞，鲁国人，很小的时候，生母就去世了。父亲后来虚弦再娶，又生了两个儿子。后母心眼小，待他很不好。冬日里，给她两个亲生儿子穿的是棉絮做的又暖又厚的衣服，给闵损穿的却是用芦花填充的。寒风刺骨，闵损心里明白是怎么回事，却无半句怨言。至此，“单衣顺母”的故事还刚拉开序幕，故事的高潮是父亲发觉此事以后。那是在一个寒风砭肤的日子，父亲有事外出，闵损赶车，冻得发抖，连缰绳都抓不住，掉在了地上。父亲知道了事情真相，勃然大怒，定要休了那个偏心的女人。“母亲在，挨冻的只是我一个。”闵损跪下泣泪说，“如果把她赶走了，受寒的就是我们兄弟仨了。”后母听说后，终于悔悟，她从此善待闵损，一家人其乐融融。

在鲁国，不独男子崇尚忠孝仁义，女子也不逊须眉。其中，历代被人们所传颂的就是孔府的“世代恩亲”张姥姥的故事。

那是在唐代，兵荒马乱，孔府又远离朝廷，断了恩赏。孔子第四十二代孙孔光嗣靠在当地做个泗水令，支撑门户。孔府有个洒扫户，原姓刘，叫刘末，后来进孔府当差，改姓叫孔末。那时，外姓人进孔府当差都要改姓孔才行，明朝以后，规矩恰好相反，姓孔的不许当差为奴。孔末见时局动荡，就起了篡位夺权的野心，在一天夜里把孔光嗣杀了。为斩草除根，又要杀他的儿子孔仁玉。不巧，孔仁玉去了乳母张妈妈家，还没回来。孔末就追到张妈妈家来了。张妈有个儿子和孔仁玉年龄相仿，且凑巧也是个秃子，闻讯孔末追来了，就脱下孔仁玉的衣服给儿子穿上，眼睁睁地看着自己的亲生儿子被孔末杀了。孔末以为万事大吉，打道回府，做孔府的主人去了。孔仁玉改名换姓，和张妈妈以母子相称。19岁那年上，他赴京赶考，被选为太学生，乘机向当时的皇上唐明宗奏明孔末乱孔的真相，明宗派人查办，把孔末杀了，让孔仁玉回曲阜袭爵，断了宗的孔子世家得以中兴。孔仁玉为报答张妈妈舍子救命和养育之恩，奏准皇上，认张家为“世代恩亲”，张家的世世代代都是孔府世世代代的恩人。从此，孔府上下都尊称张妈妈为“姥姥”，这“姥姥”就成了她的官称。孔仁玉还授给张姥姥一根楷木做成的龙头拐杖，可以用它来管教孔府衍圣公的一品夫人。张姥姥死后，“姥姥”的官称和龙头拐杖就由她的长房儿媳继承，世代相传。

为了一个“义”字，山东籍的母亲可以置亲生骨肉于不顾，去救侄儿，去救外姓人的儿子。儿子本是她们的全部希望，为了儿子，她们敢上刀山，肯下火海。然而，在危难之际，要在儿子与别的孩子之间做出抉择时，她们去毅然放弃了儿子！为了“报恩”，孔府世世代代尊奉恩人的后代，真可谓“涌泉相报”。这就是崇尚仁义的鲁人。

2. 粗犷刚烈的齐人

如果说鲁人文质彬彬的话，那么齐人给人们的印象则是粗犷刚烈，他们可杀而不可辱，面对挑战，置生死于度外，全力施为，一决雌雄。在中国历史上，粗犷刚烈的典型事例，大多发生在齐地，或由齐地人唱主角。

体魄强悍，粗犷刚烈，喉咙粗大，不善言辞，遇事说不上三句话，便吹胡子瞪眼睛撸袖子，“砍头不过碗大疤！”一副天不怕地不怕的架势。这便是“山东好汉”给人的印象之一。小说家写山东人，往往尽力刻画山东人的这一面，瓦岗寨里的程咬金，梁山泊上的李逵，粗犷、莽撞、豪爽、勇武、坦直，几乎成为小说家笔下的山东人的固定形象。然则这又绝非小说家妙笔生花，面壁虚构。

齐文化研究者李新泰在《齐文化大观》一书中说：“齐国崇武尚勇，堪称诸侯国之最。”这“之最”说或许有点夸大，但齐人在粗犷剽悍、尚武好勇士上可以跻身前茅，是不成问题的。

齐国的君主大都尚勇，且如齐闵王，他选用官吏的办法只有一条：看他敢不敢在大庭广众之中与人搏斗。齐人在日常生活中，也往往以比武取乐。如他们乘车上路，喜欢以车毂相互撞击来逗乐。车在飞驰，“砰”的一声车毂相碰，落败的一方有人仰车翻之危，没有点勇气胆量是不敢玩这种把戏的。

在“技击”上，齐人讲求的是个人的技能，单兵格斗的本领。“怯于众斗，勇于持刺”，是司马迁对齐人的观感。也就是说，齐人不喜欢打群架、以众凌寡，惯于逞个人之英武。于是，剑也成为齐人的宠物，人人身上都佩上一柄。就连那位穷困潦倒的冯谖，去投奔孟尝君田文，身上也悬着一把利剑，只是剑把没什么包装，用草缠着。武艺在身，他们胆气更壮，性子更烈，可杀不可辱。他们绝不会、也不肯在拳头面前屈从。当他们要为某事而与人抗争时，便置生死于度外。在这方面，他们留下了大量的惊世骇俗的事迹。

有个故事说：齐国有两个以勇敢著称的人，一人居东郭，一人居西郭。有一天，两人在路上相遇，东郭勇士说：“去喝一杯如何？”“有肉下酒吗？”西郭勇士问。“你身上的肉，我身上的肉，不是肉吗？”东郭勇士也斜着西郭勇士说。西郭勇士不甘示弱，欣然应允。

于是，两人找来些豆酱，拔出刀来，你割我一刀，我割你一刀，蘸着豆酱吃起来，谁也不甘心先服输，直吃得两人都倒毙于地。

那个著名的“二桃杀三士”的故事，也发生在齐国。齐景公身边有三勇士：公孙接、田开疆、古冶长。一次，齐相晏婴从三勇士身边走过，三勇士大大咧咧坐着未动。晏婴很恼火，他认为三勇士不懂礼义，乃“危国之器”，建议齐景公把他们干掉。景公觉得这件事很棘手，因为三勇士勇武绝伦，弄不好要出乱子。晏婴出了一个点子，让景公赐给三勇士两个桃子，叫三勇士自己去比功劳，功大者便可吃桃子。

景公当即照办了。

面对两个桃子，三勇士傻了眼，是礼让呢？还是争夺？公孙接寻思：若论功得不到桃子，就显得自己没有勇力，那还如何下台？想到此，他开口了，说他接连与两头猛兽搏斗，都获胜，这样的功劳该吃桃。说罢便拿了一个桃子在手。

田开疆接着说：“鄙人随主君出征，一人杀退敌人三军，这样的功劳也该吃桃。”说完伸手抢去剩下的一个桃子。“慢着！”古冶长站了起来，“在下有一次随主君渡黄河，河里的大鳖咬住了驾车子的一匹马的马腿，马一惊就把车拖向深水激流，我潜水逆流行了百步，又顺水追了九里，才把大鳖宰了。然后，我左手牵着马，右手提了鳖头，护着主君渡过了河。我的功劳最大，你们把桃子放下！”他越说越激动，拔出剑来准备格斗。此时，公孙接、田开疆悔恨地说：“我俩论勇力没你强，论功劳没你大。我们取桃不让是贪，再不去死更是无勇。”两人放回桃子，双双拔剑自刎。古冶长后悔了：“你们俩死了，我独活着不仁；贬低别人，夸耀自己是不义；痛恨自己的行为而不去死是无勇。”说完，举剑向脖子抹去。

往事如烟，今天人们仍在咏叹“东郭和西郭勇士”、“二桃杀三士”、“田横五百壮士”的故事。他们身上那种粗犷刚烈之风，至今在山东一些尚武之乡还十分盛行。

3. 齐鲁义匪

作为生活在社会底层的人们，为日常生活煎熬旷久，其内心深处一定会闪过侠客隐士的自然欲求。行侠仗义，纵横江湖，杀富济贫，惩恶扬善，这是贯穿着阳性精血的男人的隐秘渴求。

齐鲁大地为侠义精神做出了不朽的现实演绎，水泊梁山，群雄汇集，风雷激荡，替天行道，笑傲人世，何其快哉！

有人说：“自古山东出好汉。”好汉在山东各地普遍都有，崇尚好汉，是山东人的一种独特民情。

山东好汉帮都是一些有侠义心肠、肝胆相照、劫富济贫、敢作敢为的忠勇之人，他们有这样几个特点：忠勇、正直，是在为“道”、“义”而奋争；勇敢、坚强，敢于冲破一切困难与险阻；诚实、可靠，没有奸诈和阴谋。

前几年电视剧《水浒》风靡大江南北，《水浒》就深入刻画了山东大汉的形象。其中许多著名英雄好汉都是山东人，像梁山泊一百单八将中的宋江、吴用、李逵、林冲、鲁智深等，瓦岗寨结义英雄秦叔宝、徐茂公、罗成、程咬金等。

山东人喜欢这些英雄，从一定程度上说，虽是喜欢他们反抗官府、反抗暴政、替天行道的英雄主义行为，但从根本上讲，人们在骨子里喜欢的还是这些人的讲义气、够朋友。

义是什么？大儒孔子、孟子早已解释得清清楚楚。义气、诚信基本上是儒家倡导的价值观念。义的基本含义：一是忠于朋友，同生死，共患难，一诺千金；二是行侠仗义，扶危救难，路见不平，拔刀相助。正如电视剧《水浒》的主题歌——《好汉歌》中唱的那样："路见不平一声吼，该出手时就出手，风风火火闯九州！"

在《水浒传》中，梁山和宋江起义军的阵势被夸大地描述为："四面是高山，中间是平地，建有宛子城、忠义堂和六关八寨，山下有金沙滩、鸭嘴滩、蓼儿洼，山的四周有八百里梁山泊！"高文秀的元杂剧《黑旋风双献功》中，梁山的气概就更加不凡了："寨名水浒，泊号梁山，纵横河港一千条，四下方圆八百里。东连大海，西接济阳，南通巨野、金乡，北靠青、济、兖、郓，有72道深河港，屯数百只战船。36座宴台楼，聚得百万军马粮草。"

梁山位于山东西南部梁山县境内。此地原名良山，只因汉文帝次子梁孝王葬于此而名梁山。梁山附近的梁山泊古时曾属于庞大的巨野泽，后缩小为一个很小的湖泊，唐朝末年以后，黄河多次缺口泛滥，水汇山麓，聚为水泊，大小水泊相连，至北宋末年形成大片泽国，湖中港汊交错，芦苇纵横，并有许多天然小岛，形局险要复杂。当时许多破产农民、渔民以及一些被政府通缉追捕的逃犯遂藏匿于此，人数愈聚愈多，形成江湖势力，宋史《蒲宗孟传》中，就有"梁山泊素多盗"的记载。宋江起义军是梁山最著名的一股江湖势力。

北宋末年，官府设置"西城括田所"，宣布将整个梁山泊数百里水域尽数收为"公有"，规定百姓凡入湖捕鱼、采藕、割蒲，都要依船只大小课以重税，若有违规犯禁者，以盗贼论处。贫苦农民、渔民交不起重税，遂于宣和元年（1119年），汇聚在宋江等人的麾下正式起义，凭借梁山泊易守难攻的地形，阻杀前来镇压的官兵。

梁山一百单八将，36人为天罡，72人为地煞，这是《水浒传》的虚构。以宋江起义为历史原型的《水浒传》弥补了中国人某种隐在的内心缺失。在这部侠义高涨的奇书中，水泊梁山什么样的豪杰都有，诸如晁盖之类的乡村土老坎，时迁、白胜之类的鸡鸣狗盗之徒，关胜、呼延灼之类的朝廷名将，鲁智深、武松之类的老江湖，柴进、卢俊义之类的金枝玉叶，林冲、杨志之类的落魄英雄，诸如老谋深算的吴用，呼风唤雨的公孙胜，小毛贼朱贵，大粗人李逵……真可谓各色人等群雄并集。

在众多山东好汉里，最受欢迎、最为人们所津津乐道和感兴趣的要算是李逵和程咬金这两个人了。他们都是起义军的骁将，分别是梁山和瓦岗寨的重要人物。两人性格上有许多相同的地方，粗犷、莽撞、豪爽、真诚、义气，而且有几分单纯和天真，各自生就一副惊人的相貌，野性里透着几分滑稽。

李逵

李逵上山造反是毫无保留的，他始终忠于山寨事业，每次战斗，他都奋勇当先，上阵脱得赤条条，挥动板斧横冲直撞，不畏刀枪箭矢，为山寨立下过汗马功劳。在梁山，李逵只听宋江的话。李逵的忠于梁山，很大程度上是忠于宋江，因为宋江是他心目中的偶像。说李逵忠于宋江，并不否认他忠于山寨的一面。为了维护山寨的名誉，当他误以为宋江抢走了刘太公的女儿时，一怒砍倒了杏黄旗，大闹忠义堂。这一方面是出于维护山寨的名誉，一方面仍能看出他对宋江的感情。正因为他所尊崇的人使他失望，他才又痛又怒，挺身问罪。当知道由于自己莽撞犯下大错时，赶忙负荆请罪，这也是李逵的可爱之处。

李逵对于宋江的忠诚，也有“愚忠”的成分，有一定的盲目性。一直到后来宋江投降朝廷，遣散梁山众兄弟，要散伙的时候，李逵还是对宋江抱有幻想，不忍背弃兄弟情分。

而程咬金卖柴出身，仗义、重友情。早年有些无赖，逞凶打人，乡邻们都怕他，但他很仗义。他的可爱之处是心直口快，别人不敢说的话他敢说，他敢骂皇帝，李世民也奈何他不得。罗成战死，李世民前去吊丧，程咬金大骂："唐家是没良心的，太平时不用我们，如今不知哪里杀来，又同牛鼻子道人在此猫哭老鼠假慈悲，想来骗我们为他争天下，夺地方。"

程咬金

在梁山好汉中，世人争议最大的人是梁山的总头领——宋江。

这个出身于刀笔小吏的宋江，幼攻经文，长于权谋。一方面在衙门他是个刀笔精通、吏道纯熟的押司；另一方面又能仗义疏财，广交江湖好汉，是个名闻江湖的豪杰。他身为官府小吏，却又担着杀头灭门的危险，为晁盖通风报信，他一方面谨遵父训，誓死不肯上山，却又和山寨保持千丝万缕的联系。直到在江州惹了杀身之祸，被梁山好汉救出，这才死心塌地随晁盖上山，坐到第二把交椅上。这样一个官私两通、左右逢源的宋江，到了梁山以后，决定了梁山的命运——心存朝廷，念念不忘招安。

招安，说白了，就是屈服、投降。然而，山东人却不去计较这些。在他们眼中，宋江是个英雄，是个江湖豪杰。他们看重的是宋江讲义气，忠于朋友，仗义疏财，扶危济困。

由此看来，山东人在"讲义气"、"讲交情"的招牌下，有时候做得很过分，不免陷于"愚忠"，有些"意义用事"和是非不分，是受儒家"忠孝节义"观念熏陶太久、"毒害"太深，以至于不能自拔。

一帮顶天立地的好汉，因大头目宋江执意招安，为兄弟们谋个"更好的出路"，陷入朝廷权奸的算计，一百单八个好汉，最后四下飘零，落得个凄惨的结局，真正是其事可感，其情可叹，其遇可哀。

时过境迁，沧海桑田，水泊梁山不复原貌，但此地所记录的众多水浒故事和遗迹却保存了下来。随着《水浒》电视剧的热播，这里更是热闹非凡。整修一新的“宋江寨”，威风地雄踞虎头峰顶，聚义厅和其他建筑一应复原，一百零八好汉的彩绘塑像和大幅壁画熠熠生辉，厅前“替天行道”的杏黄旗高悬柱头，黑风口“黑旋风”李逵像犹在，义军的晒粉场、演武场、天书阁、宋街也已渐次修复。

从古至今，忠诚、守信用、讲义气的观念深深地渗透沉淀在山东人的灵魂深处，构成了山东基本的性格和品格特征。一旦他们认准了值得为之忠心耿耿的事或人，就会忠诚有加，不会有丝毫懈怠。他们过去忠诚于自己的国家与君王，出现了忠勇正直的蒙恬、田横、诸葛亮、房玄龄等；他们现在忠于自己的党和国家。

齐鲁大地是优秀共产党员层出不穷的沃土，在党带领中国人民革命、建设和改革的各个历史时期，这里涌现的先进人物的模范群体总能给全国人民带来激励和鼓舞。几十年来，山东人中间出现了许多忠诚之士。

四、齐鲁庭院经济及风俗文化

自远古时代，以齐鲁为代表的山东地区就确立了堂室、栏厩、宅院为结构的家庭居住模式，孟子称作“五亩之宅”。数千年来，以家庭副业、树艺木果、饲养六畜为内容的庭院经济在自给自足的家庭经济中占有相当大的成分。

1. 创收富民

山东地区庭院经济的开发始于齐鲁立国，姜尚、管子、晏子、墨子、孟子的富国思想中都有发展庭院经济的主张，反映着鲜明的庭院创收的富民意识。

管子认为，“养桑麻，育六畜，则民富”，“六畜育于家，瓜瓠荤菜具备，国之富也”，“一树一获者，谷也；一树十获者，木也”。很显然，管仲已把庭院经济纳入他治齐的经济政策之中。

孟子把庭院经济纳入其“仁政”措施。他向梁惠王勾画了一个田宅、农桑、禽畜相结合的自给自足的小农家庭经济蓝图：

“五亩之宅，树之以桑，五十者可以衣帛矣；鸡豚狗彘之畜无失其时，七十者可以食肉矣；百亩之田勿夺其时，数口之家可以无饥矣。”

孟子不像孔子那样不关心耕稼园圃。孟母三迁的故事，说明孟子特别留意四邻的生计。东邻杀猪，也要问个为什么。孟母失口说了个“啖汝”，只好当真从东邻买肉以明不欺。再联系孟母断织的故事，这买肉的钱应为纺织所得。所以，上述主张来自孟子对邹鲁庭院经济的经验，带有向梁惠王交流的性质。

墨子没有孔孟那么多的人道、伦理情感，他对整个社会的批判都从尊重私有财产出发，以劳动者外在的物质功利为价值取向。从“入人园圃，窃其桃李”，“攘人犬豕鸡豚”，到“入人栏厩，取人马牛”；从“小为非”到“大为非”，通过非道德数值的递加、积累，来论证自己的思想主张。可以说，墨子是第一个阐明齐鲁人庭院保护意识的思想家。

北魏青州人贾思勰的《齐民要术》，除农业知识外，详细记载了树果的培植嫁接，禽畜的饲养医治，农业副产品的加工等，可以说是庭院经济的总结和指导性著作。其体例和创意来自山东人独特的经济眼光。

北齐琅琊人颜之推还把庭院富家的经验作为家训告诫子孙，“稼穑而食，桑麻以衣，蔬果以蓄，园场之所产，鸡豚之善埘，圈之所生”，“能守业者，闭门而为生之具以足”。“筑室村果，生则获其利，死则遗其泽”。琅琊颜氏以文学传家，却以树艺木果，饲养六畜为治家守业之本，显然是来之于山东庭院富家的传统。

直到今天，山东人对房前屋后、庭院栏圈都要精心规划，从不闲置。这种劳动致富的自觉意识，使山东人对“非机杼之物”从不起非分之想。

“富与贵是人之所欲也，不以其道得之不处也”。普通百姓或许不熟悉孔夫子的这段话，但他们懂得“君子爱财，取之有道”。墨子反对窃人牛马桃李的主张与他们产生了强烈的共鸣，偷鸡摸狗的“小为非”被山东人所不齿，轰轰烈烈的“江洋大盗”的胆气则为人们所钦服。

2. 人生一世，草木一秋

“人生一世，草木一秋”，中国人往往为树果披上生命的灵光，为禽兽赋以人的名字。比如桃李为弟子、槐树为三公、石榴为多子房，由此而衍生出“桃李满天下”、“桃李不言，下自成蹊”等说法。人兽之别本来有强烈的道德界定，可自古中国人就人与禽畜互名。先秦时的狗就有名字，山东、河北人呼猫为男猫、女猫。龙的传人称儿子为“犬子”，山东人名多“禽”，孔子名儿曰“鲤”，弟子名司马牛。颜之推讲：“北土多有名儿为驴、驹、豚子者。”这种以人度物的现象，反映了树果六畜已是庭院中不可分割的一员，是中国人热恋故土家园心态的折射。远离家乡的人，望见家中的老槐树，家中的鸡狗，都会倍感亲切，它们就是家园的代表和象征。

现代常见的树类，大都已在古代扎根于齐鲁宅院。《诗·齐风·东方之日》有“折柳樊圃”的诗句。榆树春生榆荚，可良用救荒。《齐民要术》称“能种（榆）千顷，岁收千匹”。古人称槐树为三宫槐或守宫槐。北宋莘县人王伦亲植三株槐树于庭院，说：“吾之后世必有为三公者。”其子王旦果然在宋真宗时拜相，成为一代名臣。直到今天，山东仍多柳、榆、槐等树，各地还有以此命名的村庄。

“瓜桃李枣”是山东人对庭院百果的概称。管仲治齐，大力提倡种植瓜瓠百果。值得一提的是齐鲁的吊瓜和葫芦，几千年来一直生长在庭院，至今也没移植到田间。

中国传统的六畜是马、牛、羊、猪、狗、鸡，其广义应包括骡、驴、猫、鸭、鹅等所有的家畜和家禽。

古人以车代步，马多为有车的富家所养。孔子讲：“有马者借人乘之。”冯谖说孟尝君“狗马实外厩”。直到民国，山东的富户门前都竖有拴马桩，有的用穿鼻石直接砌在墙壁上。高大豪华的宅院，再拴上几匹马，显得十分气派。至于其他家畜，更是山东人的家常生业。曾参家养猪，曾父烹猪以存教，与孟母如出一辙。

齐鲁人民同树果六畜在庭院内共处了几千年，对它们倾注了太多的辛劳和感情，也得到了丰厚的回报。他们用人的情感去挖掘树果六畜的文化意蕴，体味出人生哲理、社会人伦和道德价值观念，使树果六畜成为人的文化载体和符号，并以此显示人的主动立场和主体地位。

古代山东人从树果六畜中引发和体味出为人处世的哲理和原则，并将其纳入日常生活的吉凶祸福之中。

像“十年树木，百年树人”，“取其所长，弃其所短”，“前人栽树，后人乘凉”，“尊客面前不叱狗”等成语，都是各阶层人们体味出的处世哲理。山东人从远古就有着逢凶化吉的思维方式和行为习惯。招风之桐，三公之槐特别受人青睐；桑与“丧”谐音，一般不栽在门前；男女婚姻，要看属相是否相和；梨不分着吃。这些都反映了脆弱的小生产者对“凶祸”的恐惧，对吉祥、美好生活的向往，并在被动、命定意识的背后，透露出一种以自己的智慧、进取来主宰生活的主动意识。

五、齐鲁饮食文化

在中国博大精深的饮食文化宝库中，有一颗璀璨耀眼的明珠，她就是素有“天下第一家”之称的中国孔府饮食文化。应该说，在中国食苑艺术中，与文化渊源最密切的，大概要属孔府饮食文化。孔府饮食文化在孔子饮食思想的直接影响下，历时二千五百余年，传承70多代而长盛不衰，自成体系。这可以说是中国饮食文化发展史上的一大奇迹。

1. 孔府“佳宴”

人类的饮食活动是建立在人类生存意识之上的，但是饮食文化的形成与发展却并非仅仅基于生存的因素。孔府饮食文化则是由于几千年来儒家思想在中国占统治地位的特定的社会历史、文化背景影响下形成的。确切地说，孔府饮食文化是借饮食活动的种种形式，来反映中华民族对儒家文化的尊崇与传承的思想意识。孔府饮食文化形成的根本原因在于它有完整系统的饮食理论体系。

孔子两千多年前的饮食言论，是后世孔府饮食文化形成的根本所在。孔子有关饮食的言论主要被记录在《论语·乡党》中：食不厌精，脍不厌细。食而，鱼馁而肉败，不食。色恶，不食。臭恶，不食。失饪，不食。不时，不食。割不正，不食。不得其酱，不食。肉虽多不使胜食气。惟酒无量，不及乱。沽酒市脯，不食。不撤姜食，不多食。祭于公，不宿肉。祭肉不出三日。出三日，不食之矣。食不语，寝不言。虽蔬食菜羹，瓜祭，必齐如也。席不正，不坐。觚不觚，觚哉……我们可以看出，这是一段完整地关于饮食要求的论述，它从食料的选择、食品的加工、烹饪的火候、食品的卫生标准以及进食过程中的食量、酒量、礼仪规矩等，都一一作了详尽的规定。孔子的后代，在历时两千多年的繁衍发展过程中，始终把先祖的饮食训导奉为圭杲，无论迎迓“圣驾”举行的华筵，还是节日宴欢、日常膳食，无不以此为标准。

孔府又称为“衍圣公府”，是孔子嫡系后裔承袭居住的地方，其浓厚的文化背景堪称天下第一。这里是名副其实的“道德文章”、“诗礼传家”的府第。在这种历史的氛围中，无论是宴饮的礼仪规格还是菜点的命名，或是从规格讲究的祭孔活动到“衍圣公”的日常饮食活动，无不赋予一定的文化内涵，由此形成了孔府饮食文化独特的美学风格。孔府菜的命名就是最好的佐证。如“一卵孵双凤”、“诗礼银杏”、“怀抱鲤”、“带子上朝”等。其中许多菜点的形成和流传本身就颇具传奇色彩，因而带有浓厚的文化痕迹。

事实上，孔府饮食文化虽然形成于素有“道德文章”之誉的“圣人”府第，但是其真正的创造者却是无数不见经传的庶民百姓，是他们的辛勤劳动和聪明才智创造了灿烂辉煌的孔府饮食文化。

值得一提的是，在孔子的饮食思想中，提倡科学饮食，强调食养效果，重视饮食的时与节、量与度。在孔子看来，食是养怡人生、保健身体的根本所在。孔子的后代亦以此为要旨，从食品、菜肴的制作加工到食物的配合以及饮食的环节，都非常讲究。食品有荤有素、有软有硬、有干有稀、有酸有甜，五味俱全。

孔府的饮食活动，不仅重视饮食品种的内容和质量，而且还非常看重饮食活动中的艺术审美意义。如孔府的高摆席面，四个高摆饰品点缀其间，高摆上嵌有与席面相吻合的“龙凤呈祥”、“万寿无疆”等吉祥用语。餐具与饮具不仅美观典雅，而且排摆的高低有序、错落有致。至于食品的造型，或形态典雅，或寓意隽永，或生动形象，其色、香、味、形、器、质的艺术配合可谓巧夺天工、登峰造极，具有很高的艺术价值和美学内涵。毫无疑问，饮食活动发展到高水平，应该是内容与形式的高度统一和完美结合。美味可口的食品只有赋予恰到好处的表现形式，才能增加食的意趣，提高食的境界。孔府饮食文化恰恰表达了这样的一种意境，它融饮食活动的实用价值与艺术欣赏价值为一体，使孔府饮食文化达到了一个至善至美的境界。

总之，孔府饮食文化是以儒家思想所具有的民族精神和气概，历时数千年，纵横南北中，兼收并蓄，博采众长，融宫廷饮食、贵族饮食、地方饮食、民间饮食、家庭饮食为一体，充实发展成为独具一格的孔府饮食文化。可以说，孔府饮食文化是中国饮食文化各个层面的集中表现者。它既是一种饮食活动，又是一种文化现象。她是中国饮食文化史，乃至世界饮食文化发展史中绝无仅有的珍贵的文化遗产。

2. 鲁菜

鲁菜，又叫山东菜，历史悠久，影响广泛。是中国饮食文化的重要组成部分，成为中国八大菜系之一，以其味鲜咸脆嫩，风味独特，制作精细享誉海内外。

鲁菜

山东古为齐鲁之邦，地处半岛，三面环海，腹地有丘陵平原，气候适宜，四季分明。海鲜水族、粮油畜生、蔬菜果品、昆虫野味一应俱全，为烹饪提供了丰盛的物质条件。庖厨烹技全面，巧于用料，注重调味，适应面广。其中尤以“爆、炒、烧、塌”等最有特色。正如清代袁枚称：“滚油炮（爆）炒，加料起锅，以极脆为佳。此北人法也。”鲁菜还精于制汤。汤有“清汤”、“奶汤”之别。《齐民要术》中就有制作清汤的记载，是味精产生之前的提鲜佐料。俗称“厨师的汤，唱戏的腔”。随着历史的演变和经济、文化、交通事业的发展，鲁菜又逐渐形成了济南、胶东两地分别代表内陆与沿海的地方风味。

烟台是一座美丽的海滨城市，山清水秀，果香鱼肥、素有“渤海明珠”美称。“灯火家家市，笙歌处处楼”，是历史上对烟台酒楼之盛的生动写照。山东风味独特的海鲜菜。以烟台为代表，仅用海味制作的宴席，如全鱼席、鱼翅席、海参席、海蟹席、小鲜席等，构成品类纷繁的海味菜单。青岛不仅有景色秀丽的海滨风光供人游览，也有佳肴供人品尝。青岛也以善烹海鲜驰名，基本属于福山风味，但又不乏本地特色，口味注重清淡、鲜嫩，讲究花色造型。山东菜正是集山东各地烹调技艺之长，兼收各地风味之特点而又加以发展升华，经过长期的历史演化而形成的，20世纪80年代以来，国家和政府将鲁菜烹饪艺术视作珍贵的民族文化遗产，采取了继承和发扬的方针，从厨的一代新秀在茁壮成长，他们正在为鲁菜的继续发展做出新的贡献。

第五章

吴越文化——一个尚文的部落

燕赵尚武、吴越尚文，这是历史传统，也是现实性格。由于吴越地区气候温和，土地肥沃，沟渠纵横，得天独厚的自然条件为吴越文化的形成准备了充足的条件，这是一种独具特色的东南沿海区域文化。

一、吴越文化的渊源

吴越地区是中国文化的主要中心之一，河姆渡文明是中华文明的源头之一，从新石器时代就有人群在创造着文明，而从越王勾践“卧薪尝胆，三千越甲可吞吴”，到“商圣”范蠡传下“人无我有，人有我精”的商战秘籍……数千年前发生在“古越国”的故事，如今依旧在中国家喻户晓。数千年来，吴越地区创造了丰富的文化艺术形式，同时加上江南好风光，成为华夏文化的一个重要的据点。吴越文化区依托于长江三角洲与杭州湾沿岸，北临长江天堑，西望鄱阳平原，南界福建，东濒苍茫大海，它包括今苏南、浙江省及安徽省长江以南部分。

苏州园林

这里河流密布，湖泊众多，气候适宜，土地肥美，其自然、人文景观堪称全国之最。在该区内，有以云海、温泉、奇松和怪石闻名天下的黄山。四大佛教名山中的九体山、普陀山都在本区内。“上有天堂，下有苏杭”，苏、杭二州堪与天堂媲美，其中尤以苏州园林和杭州西湖最具风采。

吴、越二国史实见诸文献，始自春秋。《春秋》、《左传》、《国语》等史书都有载。吴，即勾吴，是古越族的一支，其开国之君是泰伯。越即越族，也是古越族的一支。夏少唐时，越受制于吴。公元前515年，吴王阖闾即位。吴王阖闾都于姑苏，越王勾践都于会稽，这是史书上都注明了的。然而在这以前，吴、越的文化中心又在何方。

关于吴都的地望，文献上记载是周太伯奔吴，初居梅里，后居姑苏，此两地皆在苏州、无锡之间，属太湖地域。但我们发现苏州、无锡一带的商周时期文化遗存没有非常明显的商周文化因素，而宁镇地区长江北岸沿江地带以及安徽的部分地区却发现大量的西周时期的周文化因素与当地土著文化结合而形成的吴文化遗存。如南京的锁金村、安徽的屯溪等地。这说明吴文化的早期活动中心不在太湖流域的苏、无，而是在宁镇及安徽一带。

西周时期，吴越文化的疆域泾渭分明。到了春秋时期，宁镇地区的吴文化面貌产生了明显的越化，而太湖地区吴文化因素也多了起来。这些变化体现在墓葬中。宁镇地区的土墩墓中，西周时期的墓葬中出土有大量青铜器，这些青铜器多与中原地区的青铜器类似，而到了春秋时期，特别是春秋晚期，青铜器就极少见了。到了春秋时期的墓葬中，虽然瓷器增多了，但几乎不见豆了。西周时期的炊具为鬲，到了春秋则以釜、鼎为主，极少见鬲。由这些变化看，中原的因素明显减少，而越文化的因素则逐渐增多，并最终占主导地位。这说明越文化对吴文化进行了大量渗透和同化。如此强烈的变革只能是越族人的入侵所为。这与史书上所言吴越之乱相符。

在太湖地区也可找到吴文化的踪迹。吴国于春秋早期开始进入太湖地区，并向东部挺进，于春秋晚期占有姑苏并以此定都。在考古学上的体现就是春秋时期，太湖地区的青铜器增多。在太湖地区武进、无锡、苏州、昆明等地都有发现，这些青铜器具有吴文化的特点，时代都在春秋晚期。青铜器这种贵重物品只有贵族才用得较多，往往是上层贵族的标志。太湖地区在春秋晚期出现大量吴文化特点的青铜器，说明吴国的统治者已于此时入主该地。那么吴人何时定都姑苏?从目前的考古发现看，应在春秋晚期，可能为吴王阖闾时。吴国虽然在姑苏建都较晚，但吴、越两国的文化都早在春秋前期就已交融。吴文化的始创者应是周人，太伯奔吴与当地的土著融合，蛮夷化，形成了吴文化。当地的土著属何种系，据文献记载应属谁夷的一支，他们与邻近的古越族人有矛盾，彼此争战不休，其结果当然是文化的互相渗透。

唐朝灭亡后，中国进入了五代十国的混乱时期，地方割据，战乱频生。南方九国之一的吴越国位于今天的浙江全境以及苏南和闽北的一部分。从公元886年开始，钱氏家族在这一地区近百年的统治。钱氏父子鼓励农耕、修筑水坝、兴佛重教。在五代十国中，吴越国是国运最长久，人民最安宁，经济最繁荣的国家。而杭州，这个唐朝版图上的三等小城，也在这短短几十年间一跃成为十余万人家的大都会，被称为“东南第一州”。公元10世纪初，中国进入了历史上最混乱的时期。此时大唐王朝气数已尽，各地盗匪猖獗，兵变频繁，农民起义如火如荼。乱世之中，英雄迭出，公元852年，一个男婴在一户普通的农户家出生了，谁也没有想到，几十年后，正是这个不起眼的男婴在江浙一带成就了一番霸业，建立了南方九国之一的吴越国，成为后来吴越文化的创始者——钱镠。

公元975年，宋与吴越联军攻破南唐首都金陵，南唐灭亡，吴越国归宋成为了历史的大势所趋。钱镠，吴越的末代国王，他内心矛盾痛苦来到先王陵庙，跪拜以泣，然而为了国家的前途，为了百姓免遭战争之苦，他决定赴汴京朝觐，一个安定富饶的吴越国完整地回归了大宋，钱镠再没有回来，但他纳土归家的功绩却被永远地载入史册。

吴越文化已经不仅仅是历史，它还在创造未来。而海派文化已经成为吴越文化的一个新的亮点。成为吴越沪文化三足鼎立的局面，三者各有特色。

二、江南好，风景旧曾谙

“江南好，风景旧曾谙，日出江花红胜火，春来江水绿如蓝。能不忆江南？”这首白乐天的《忆江南》把江南的风光勾勒了一道轮廓，就如一幅水彩摆在阿拉（我们）面前。

1. 吴地苏州

男儿何不带吴钩，收取关山五十州。

落日楼头，断鸿声里，江南游子。把吴钩看了，栏杆拍遍，无人会登临意。

原来在古人眼里，温柔多情的吴地先民还曾以好斗、勇猛赢得过赞许。他们佩戴着弯弯的刀具，与人搏杀在荆棘草莽之间的波涛汹涌的江湖之上。他们虽然拿的是锋芒内敛有一个弯弯的弧度的刀具，却因长度上的限制，必得要短兵相接，也因此更需要勇气。虽然披发文身，赤膊上阵，全不像中原人那样披坚执锐，千里逐鹿，但他们出没于河湖港汊，奋不顾身、勇往直前的样子也一样让人闻风丧胆。

但是，现在吴地苏州的一山一水一草一木，无不透着女人味，无不是精品，细致而且精巧。像苏州人的个性，细处着眼，处处是景。

苏州总是下着濛濛小雨，草木被浸润的透绿，小桥运河充满水的灵气，苏州的姑娘也是这样，双目含水，灵气十足。

苏州的花也是含蓄的，像栀子、白玉兰，像腊梅。每年四月，看到身穿蓝布衣的苏州姑娘，挎着篮子，袅袅婷婷从小桥上走下，嘴里轻轻吆喝“啊要玉兰花”，真是江南中宁静风致中的动的精灵。

苏州七步一桥，三步一水，水草青葱，桥身雅致，很多桥只能步行，沿着水岸信步走去，走过一两座小桥，看苏州人家在青石板铺就的巷子中不紧不慢地从水井中提水，或一老人坐在大的樟树下听着评弹，再浮躁的心情也会安静下来。也许你没有意识到，你正在走的这条巷子里，曾经住着唐伯虎或是俞平伯，或正是戴望舒在诗中提到的那悠长悠长的雨巷。

如此宁静含蓄的苏州，无怪余秋雨先生称之为白发苏州。它比杭州小巧，比无锡细致，少了南京的帝王之气的压抑，而比徽州显得清朗，又没有上海的嘈杂。

在这样的寒山寺畔江枫桥处，虎丘上下石湖串月之旁，沧浪亭边网师园中，优哉乐哉，难道不正是千求万求而不可得的那种宁静致远的境界吗?

两千多年的建城历史，已经把苏州推到了一个十分古老的位置。但事实上今天的苏州却在古老中透着更多的清纯亮丽。小家碧玉、小桥流水与园林萃秀、亭台楼阁相映成趣，把整个苏州打扮得如同天堂。

苏州被誉为“鱼米之乡”。苏州自然条件得天独厚，土地肥沃，湖荡众多，气候适宜，物产丰饶，以水稻、小麦、油菜籽、棉花为主要农作物，尤其是水稻，质地优良，种类繁多，有香粳米，鸭血糯等名品。渔业发达，有各类淡水鱼和虾蟹之属，以太湖银鱼、吴江鲈鱼、常熟鲥鱼、阳澄湖大闸蟹最为著名，称鲥鱼、刀鱼、河豚为“长江三鲜”，称银鱼、梅鲚、白虾为“太湖三宝”。水生植物也极其丰富，有莲藕、茭白、茨菇、菱角、芡实、莼菜、荸荠等。此外，如碧螺春茶、虎丘花茶、洞庭红橘、白沙枇杷、乌紫杨梅也闻遐迩。

苏州美丽的园林，不应仅仅成为游客喜欢苏州的理由。因为这里的每一处空气似乎都让人在不知不觉中呼吸到某种富足闲适的气味。当城市的每一条街道每天都变换着不同的容颜刻意吸引男人和女人时，这个城市正在创造一分新的辉煌。环顾这座已有两千多年历史的城市，苏州人的精明，苏州人的勤劳，苏州灵秀的山水，苏州独特风情，仿佛只是在今天才有了诱人的魅力。于是，观光的、投资的纷至沓来，苏州的未来真是无可限量。

世间事总是有长有短，有利有弊。苏州也不例外，有人说苏州是一个被女性化了的城市。苏州山温水软美人如玉，女性并不能作为其缺陷来看。而我们发现苏州尽管美不胜收，但它还缺少一流人才施展才能所需的舞台。缺乏良好的商业氛围以及文化功底。吴越文化滋润下的苏州人精明而灵巧，是否也该警惕这些不足呢？

2. 杭州的温山软水

杭州是南宋和五代时期吴越国的都城，这是两个偏安一隅的王朝。据记录，在六大古都中，只有杭州和南京才不断被司天监里的风水官指出有飘忽的五彩王气出现。这种所谓的“王气”不知是真是假，它为山水清雅的西子湖平添了一道镀金的灵光。

杭州，一个南宋的城市。谈起了杭州，就不能不谈西湖，就不能不谈杭州的女人。

大凡江南有水的地方，因了水的氤氲，城市都会带有些许的阴柔，而正是因为城市的阴柔成了这些城市的女人性格，可是唯有杭州，无论杭州男人们是如何辩解，这个城市的性格确是因为女人而成就。杭州是女性的，杭州属于女性，而一个西湖更是占据了这个城市温柔的全部。

中国最女性化的城市当然是在江南水乡，其中最典型的又是杭州。

杭州西湖

提起杭州，我们首先想到的是女人，西施啦、白娘子啦、苏小小啦、冯小青啦。即使想到男人，这男人也是女人气的“小男人”，比如许仙。

“湖山此地曾埋玉”，杭州这“天堂”似乎是由女人，而且是由“名女人”和“好女人”构筑的。

同样，提起杭州的景物，我们也会联想到女人：平湖秋月是女人的含情脉脉，苏堤春晓是女人的妩媚动人，曲院风荷是女人的风姿绰约，柳浪闻莺是女人的娇声嗲气。“云山已作蛾眉浅，山下碧流清似眼”，这难道不是女人的形象吗？

的确，杭州的花情柳意、山容水貌，无不透出女人味儿。难怪晚明才子袁中郎要说见到西湖，就像曹植在梦中见到洛神了。此外还有越剧，那个曾经只由女人来演的剧种，也不折不扣是女性化的。杭州，从风景到风俗，从风物到人物，都呈现出一种“东方女性美”。

尽管苏州与杭州都地处吴越之地，但这二者也是各有千秋。如果说苏州是水墨画，那么杭州便是仕女图。苏州那地方，不大可能有敢爱能爱、为了爱不惜牺牲生命的白素贞，也不大可能有爱憎分明侠气冲天的小青蛇，顶多只会有“私订终身后花园”或“唐伯虎点秋香”。这大概因为虽然同为女性，也有大小不同。“上有天堂，下有苏杭，杭州西湖，苏州山塘。”杭州西湖虽然没有武昌东湖那么大，好歹也要比苏州山塘和园林大气。

所以苏州的女人有好心肠，杭州的女人却有好身手。一出“水漫金山”，让多少女性扬眉吐气！在一个有男尊女卑传统的国度里，有这样一座尊崇女人的杭州城，最应该拍案叫绝的。难怪鲁迅先生要对雷峰塔的倒掉大喊“活该”了。

古谚说，英雄难过美人关。雄才大略的帝王是不会选择杭州做自己的首都的，因为他们深知美丽的西子湖对于政治来说是可怕的，它将轻而易举地形成巨大的诱惑力，把他们身上的雄心壮志和血气棱角统统消磨殆尽。而御驾天下的帝王之尊一旦没完没了地沉湎在佳山丽水中寻欢作乐，便意味着王朝的丧钟已经敲响，亡国的日子已经不远了。鲁迅说：杭州是一个消磨意志的地方，在这里人很容易失去斗志。同为江南名都，南京充满了博大与明朗的神秀之气，而杭州则显得过于柔媚，有如一个小家碧玉的绝代名姝。山外青山楼外楼，西湖歌舞几时休。

朱熹就曾评论说："把杭州作为首都就像在一间大房子的角落里坐视四方，外面的世界难以响应。"与人生价值体现在一本厚厚的支票簿，一长串阿拉伯数字和符号的人生相比，杭州人是一个比较"随意"的群体。当年郁达夫移居杭州时，鲁迅曾予以劝阻，担心其在西湖这温柔乡里消磨了斗志。

在富庶的长江三角洲，杭州远在最南部，是被边缘化了的城市，就连本省的宁波也成了计划单列市，在经济上已经超过了杭州。还有一个温州，也不怎么正眼看杭州，而杭州呢？是否还是认为"坐吃西湖山不空"？

3. 绯色秦淮

有人说，南京是一个文化过剩的城市。同样是六朝古都，南京在遗留下满城帝王将相霸气的同时，却挥洒不去凝结在这个城市的风流佳话。这个城市曾经造就过顾恺之、李煜、吴承恩、吴敬梓、曹雪芹等名士，但更多时候，提起南京，我们想的是李香君、柳如是、董小宛、陈圆圆等"秦淮八艳"和史湘云、薛宝钗这样的"金陵十二钗"。

当然在我们的记忆中还有那位唱"玉树后庭花"的宠妃张丽华和伴随李后主写"一江春水向东流"的小周后。

没有排外情绪的城市总能让人呆得自在些，南京就是如此。外地人可以大大方方地在市场上跟当地人一起用"官话"讲价；也可以伏着路边的小摊自管自地喝鸭血粉丝汤，而绝不会从周围人群中听到诸如"京派"、"海派"那般优越感十足的逆耳的话语。南京人很知足，他们不在乎别人说自己的城市经济发展缓慢，中山路新街口地段和山西步行街一片的繁华对他们部分人来说已经是可望而不可即的了；南京人也不喜欢跟人炫耀什么，老祖宗留下的东西城南城北到处都是，每天来来往往司空见惯了，懒得挂在嘴边叨个没完没了。总之，比上不足比下有余，无论是优势还是劣势，南京人都用一颗平常心把它们收容在了一起。

南京是个怀旧的男孩子，气质婉约，虚怀若谷，繁华过尽的怅惘之中依然气宇轩昂，举头白眼望青天。

和许多历史文化名城一样，南京亦是文人墨客凭吊抒怀之所，然而从“王谢堂上燕”到“秦淮月下人”，从“顺宫花草埋幽径，晋代衣冠成古丘”到“雕栏玉砌应犹在，只是朱颜改”，从鸦片战争的和约到抗日战争的屠杀，这里总有那么一股感怀之情。那种凝重、沉静的气氛，让人无论如何也无法跟着旅游团走马观花拼命地赶。

南京的景适宜用心去体会。与静默的景物无言相对立，任记忆的翅膀无风而动。不必慨叹玄武湖水日益的孤零沉静，唯有岸边黑色的水鸟伫立最高的枝头，摇摇晃晃地与人相伴，沉默而执著的金陵只是以这种姿势在守口如瓶间，让灰飞烟灭的往事弥漫在空气里，涤荡着凡尘与浮躁。也不必怅惘雨花台下雨花石的难觅踪迹，滴滴泣血珠子早已隐化成英雄们肃穆凝固的神情，跟人们诉说着曾经的故事。在所有的故事都演完了，相信英雄们依然灵魂不死，积年的灰尘，层层落下，闪着金色的光化。

秋雨的季节是最能勾画南京的季节，云烟一遍遍过眼，一场场昨日旧梦，在细雨中扑扑而落，无论梧桐叶如何摊开片片的小手掌，也无法承载厚重的悲喜。在这座隐性的城市，它的历史就像一座华丽宠妃的坟墓，所有不堪思忆的繁华都成了最绝妙的传奇的背景。

说美人与说英雄不一样，英雄容易说，但没人说得清“秦淮八艳”容貌如何美丽，没人说得清“金陵十二钗”怎样绝色。形容一个女子如何漂亮，无非国色天香，沉鱼落雁。可是人们偏偏只记住了秦淮八艳这几位。秦淮八艳有别于历史上的其他美人，也许在于她们不像中国历史上其他的美人那样，专门是为帝王准备的。她们不承担亡国祸水的罪名，却留下了光艳的美名。在爱情方面，她们享有较别人更多的自由，她们有选择的权利，换句话说，一般的男人可以爱她们，她们也可以爱上一个普通的男人。秦淮八艳和西施相比、和赵飞燕相比、和武则天相比，更多一些平民百姓的人情味。当然，秦淮八艳的真正意义，关键在于她们有不做亡国奴的骨气，在于她们很好的文化素养和不同凡响的政治见识。外在的美可遇，内在的美难求，时穷节乃现，只有到了国破家亡的最后关头，才能看得出一个人的节操。秦淮八艳是一面镜子，桃花扇底看前朝，通过这八位不同凡响的风尘女子，人们看到的是中国文化的颓败，是中国男性知识分子的虚伪和装腔作势。像钱牧斋和侯方域，都是名噪一时的大才子，这些才子都是先唱高调，最终却失节投机，走到他们平日所鼓吹的理想的反面去了，爬得太高，跌得就重。倒是秦淮河边的八位小女子，轰轰烈烈地唱了一曲正气歌，活活羞煞男子汉大丈夫。

南京不是一个浪漫的城市，南京的历史又似乎不缺乏浪漫的爱情故事："秦淮八艳"、"江南才子"，夜游秦淮，文德桥畔赏月赋诗。梨花似雪春如烟，春在秦淮两岸边。十里秦淮的一大绝景就是女色，这些款款生情的娇娥争妍斗艳朝歌暮弦，使得江南的富贵红尘分外妖娆。参加科举考试的场所贡院和高等学府夫子庙一带，是勾栏瓦舍人烟凑集的闹市区，也许是士子如云的缘故吧，周围烟花青楼随处可见，南边为"南曲"，属艺妓所在地，北边为"北曲"，为娼妓所在地。文人雅士们在这里"夜夜长留明月照，朝朝消受白云磨"。柔美的流莺在金粉楼台上呢喃，秦淮河打开了她温香彩丽的石榴裙，从里面飘出习习诱人的春风。中国历史上曾出现过许多名妓，像南齐杭州名妓苏小小，唐代徐州名妓关盼盼、长安张红红、霍小玉，北宋汴梁名妓李师师、谢天香，南宋扬州名妓张惜惜，明代开封名妓杜十娘、苏州陈园园，清代北京名妓小凤仙、苏州赛金花，等等。"以花为貌，以鸟为声，以月为神，以柳为态，以玉为骨，以冰雪为肤，以秋水为姿，以诗词为心"，这些沦落风尘的青楼粉黛，不仅仅因为是绝代佳人才引起人们的注意，实际上她们中的许多人都具有独特的品性和才华。"一个女性低垂的双肩好像垂柳柔美的线条，她的眸子如杏实，眉毛如新月，眼波如秋水，皓齿如石榴子，手指如春笋。"在林语堂的妙笔下，女人总是天然就有着许多的美质。他所描绘的这种林黛玉似的弱风扶柳般的女性把我们带到了秦淮河畔。董小宛、李香君、莫愁女们的爱情最后还不是明珠投暗，后有史学家分析南京人性格中的缺陷：过分中庸。所以杜十娘不是南京人，烈女也多出自安徽。

南京古老文明的摇篮——秦淮河

因为那曾经夜夜笙歌的“十里秦淮”，早就氤氲了这个城市的潮湿与缠绵。而由这万古多情之水孕育的南京女人，也就注定有别于历史上的其他女人。所以有人说，南京的女人总有一种想让人征服的气质，是那种让男人英雄气短、抛弃江山也在所不惜的气质。

正如南京这个城市既有江河湖水这样大开大阖的景象，又有溪涧幽谷这样娓娓道来的景致作衬托的精致完美，南京的气候亦是变换迥异，夏天热得像个大火炉，冬天冷得似个大冰窖。

三、欲把西湖比西子

“上有天堂，下有苏杭。”苏州以其古朴幽静的园林和风月无边的太湖著称，杭州则以仙女般美丽的西湖而闻名。西湖是杭州城内气丛生的源泉，它积蓄生气催发万物，使周围人物荟萃、英才辈出，四方财富汇聚。

水与山不同，山是刚毅的，尤其是北方的山；水是阴柔的，尤其是南方的水；山是阳性的，水是阴性的；山是尚武的，水是崇智的，也难怪于“仁者乐山，智者乐水”。

杭州西湖位于浙江省杭州市西郊。它曾是与钱塘江相通的浅海湾，由于长期泥沙的淤塞而衍变成湖，再承受山泉和溪流的补给，最终形成今日举世闻名的旅游湖泊胜地。以西湖为中心的西湖风景名胜区是中国十大风景名胜区之一，“天下西湖三十六，其中最好是杭州”。西湖自古以来就是著名的游览胜地。在旖旎的西湖景色中，最有名的当属“西湖十景”和“西湖新十景”，人称“西湖双十景”。西湖十景之名源出于南宋西湖山水画的题名。清朝时康熙皇帝为十景亲笔写了景名，并刻石建碑；乾隆皇帝时又对十景一一题诗。这样，自南宋开始得名的“西湖十景”一直流传至今。外地人来西湖往往有两种玩法：一类是怀幽古之思情，看历史的西湖、文化的西湖。西湖的传说太多了，从白居易到苏东坡，从苏小小到秋瑾，西湖边铺的每一块石头，几乎都沉淀了诗歌和故事。另一类是纯粹的看西湖景，一池悠悠然的水，一片悠悠然的山，加上苏堤白堤上悠悠然随风摇摆的柳条，再匆忙的游人也变得心平气静，脚步也从容起来。西湖风光之美，真是“古今难画亦难诗”。

西湖风光

西湖三面群山，根据岩性差别和山势高低，可分为内外两圈。外圈有北高峰、天竺山、五云山等，峰峦挺秀，溪涧纵横，是西湖泉水最多地带。内圈有飞来峰、南高峰、玉皇山、吴山、葛岭、宝石山等，山势较低，多洞穴，著名的有烟霞、水乐、石屋、紫来等溶洞。

西湖不仅揽山水之胜，林壑之美，它更因众多的历史文化名人而生色。中国历史上的民族英雄岳飞、于谦、张苍水、秋瑾等，都埋骨于西子湖畔，他们的英名和浩然正气长留于西湖的青山绿水之间。古代的诗人画家，如著名的白居易、苏东坡、柳永、吴昌硕、黄宾虹、潘天寿等，都与西湖结下不解之缘，留下了“水光潋滟晴方好，山色空蒙雨亦奇；欲把西湖比西子，淡妆浓抹总相宜”等千古流芳的名篇华章。西湖也因他们的题咏和描绘而更负盛名。

西湖之美，自古难言。“山色湖光步步随，古今难画亦难诗”，宋人汤促友的两句诗早已指明这一点。然而，西湖之美，却又人人可得。“西湖天下景，游者无愚贤，深浅随所得，心知口难传。”苏东坡这几句诗，道出了西湖的慷慨与宽宏。只要你愿意与她“相亲相近”，她总会给你几分美的享受，美的乐趣，只不过要看你如何与她“相亲”，如何与她“相近”罢了。一言以蔽之，欲领略西湖之美，惟“品”之或能得其一二。

“水光潋滟晴方好，山色空蒙雨亦奇。欲把西湖比西子，淡妆浓抹总相宜。”

苏东坡诗的前两句，寥寥十四字而将西湖胜景和盘托出：水光山色，晴好雨奇；后两句以天才的比喻将西湖人格化，遗貌取神，舍偏取全，避实取虚，将绝色美景与绝代佳人联系在一起。西湖山水神韵无论晴雨雾雪，无论浓妆淡抹，尽在不言与想象之中。而且，我国女性向以东方人特有的秀美著称于世，苏轼的妙喻，实际上也正是着眼于此而对西湖作出了高度的概括的全面写照和评价，无怪乎这首诗被公推为前无古人，后无来者的西湖千古绝唱，他对西湖的定评则被赞誉为：“除却淡妆浓抹句，更将何语比西湖？！”

西湖的秀水幽山，千百年来曾倾倒过多少墨客骚人。他们各逞所能，创作了大量诗、词、曲、赋、文、联、剧、画、字、印，乃至神话传说，民间故事，工艺珍品，名点佳肴，它们无不是西湖山水滋养哺育之下的精神文化产物。反过来，它们又泽润山水，美化山水，传播山水，使山水之美得以诗（艺术）化，在诗化中得到升华，即所谓“文化地生辉，地以文益秀”。尤其值得一提的是，华夏名山胜水何止千万，像西湖山水那样自唐以来，被文学艺术史上几乎所有的大家写入诗文书画连篇累牍的却是绝无仅有。所以有人提出，西湖山水的文化甚至可以作为一门独立的学问即“西湖学”来研究。

自从苏东坡将西湖比作西子（西施），西湖便与女色有了瓜葛。西施虽说是越国的巾帼英雄，对于吴国的吴王夫差讲却是“祸患”。后来，南宋群君臣耽乐湖山，终至亡国，西子湖又成了祸根之一。在“女色亡国论”被奉为金科玉律的封建时代，西湖误国已成铁案。其实，兴亡衰变与湖光山色红粉佳人有何相干？岳坟正是西湖的英雄气所在，西湖山水占尽妩媚，并非全是儿女情长，而是节侠、红粉和睦相处，相得益彰。怡荡迷离之外，同样也有使人齿牙尽裂、侠气骤升的一面。爱山爱水与爱国爱家原本是相通的。正因为此，生前最佩服岳飞、于谦二少保、死后与他们一同埋骨湖上的明末抗清英雄张苍水（煌言），兵败被执，坚贞不屈，临刑前，遥望南山，还要无限深情地道一声：“好山色！”明清之前，一般人都把西湖比作美人，湘湖比作隐士，鉴湖比作神仙，而明清之际的张岱则认为：余以湘湖为处子，眠眼羞涩，犹及见其未嫁之时；而鉴湖为名门闺淑，可钦而不可狎；若西湖则为曲中名妓，声色俱丽，然倚门献笑，人人得而亵之矣。人人得而亵，故人人得而轻慢。在春夏则热闹之至，秋冬则冷落矣；在花朝则喧哄之至，月夕则星散矣；在晴明则萍聚之至，雨雪则寂寥矣。故余尝谓，善读书无过董遇“三余”，而善游湖者亦无过董遇“三余”。乍一看，张岱竟将西湖比作“曲中名妓”，岂不太唐突西施！但接着往下读，作者的微言大旨就渐渐明晰起来了。张岱指出，人欲逛西湖，无非是当成狎妓那样，热闹一番，喧哄一阵，亲热一刻，如此而已！这自然不贬低西湖山水的身价，而是借评说游湖揶揄调侃，讽世刺俗。接着，张岱就西湖山水的性情怎样，风味如何，西湖最真美的面目究竟何在，提出自己的见解。

西湖山水是客观存在，应当也必然有客观的审美特征和价值，而人们尽可按自己的理解、按自己的口味去游赏和品味西湖山水，去寻觅和占有属于自己的那一份西湖山水的真善美。

四、江浙气质

江苏和浙江文化都是从吴越文化衍生而来，现实文化性格也是比较相近，所以将江苏人和浙江人誉称为“江浙人”。燕赵尚武，吴越尚文，这是历史传统，也是现实性格。江浙人有很强的人文传统。中国文化南移以后，江浙一带的大学问家、大文豪层出不穷。

有人说江浙文人占据了五四以来中国现代文学的半壁江山，这一点也不夸张，近现代“江浙出文人”，已成为众人的共识。我想大家和我一样，也一直在思索这个问题，亦如为什么德国人出哲学家，而法国人多思想家。

丹那在《艺术哲学》中说：“法兰德斯人的气质的确是在富足的生活与饱和水汽的自然界中养成的，例如冷静的性格，有规律的习惯，心情脾气温和安定，稳健的人生观，永远知足，喜欢过安乐的生活，讲究清洁和舒服——主要特征后果深远，连城市的面貌都受到影响。”一方水土养一方人，是不是浙江特有的地理环境、人文氛围和时事风云造就了这种奇怪的现状呢。

1. 东南财税地

“东南形胜，三吴都会，钱塘自古繁华。烟柳画桥，风帘翠幕，参差十万人家。云村绕堤沙，怒涛卷霜雪，天堑无涯。市列珠玑，户盈罗绮，竞豪奢。重湖叠山献清嘉，有三秋桂子，十里荷花。羌管弄晴，菱歌泛夜，嬉嬉钓叟莲娃。千骑拥高牙，趁醉听箫鼓，吟赏烟霞。异日图将好景，归去凤池夸。”多情浪荡子柳永这首才情并茂的《望海潮》，把江南充斥着巨大财富的美景描绘得令人神往不已。这些美丽的文字甚至引发了一场战争——统治着北方茫茫旷野的金国海陵王完颜亮读这首词后，周身热血沸腾，夺取江南这一人间天堂激发起来的勃勃野心不可扼制地张扬开来，他立即下令调集强悍的女真骑兵部队杀奔南方，并亲自担任这支浩浩荡荡的南征大军的统帅。唐王朝天宝二年（公元743年），正值以迷恋美色与音乐在历史上出尽风头的唐明皇统治时期，大臣韦坚将满载着江南各地特产的几百艘漕船运到了长安。风和日丽下悬挂着鲜花大绸花的漕船各自标写着自己的郡名，广陵郡运来的是锦镜、铜器、海味，丹阳郡运送来的是京口统衫缎，晋陵郡运送来的是折造宫端绫绣，会稽郡运送来的是瓷器、罗绢、吴绫、绛纱，宣城郡运送来的是空青石、纸、笔、黄连，吴郡运送来的是方丈绫等，此外还有杭、婺、衢、越等州运送来的上等黄白状纸、上等案纸等等，琳琅满目美不胜收。从这件事情足以看出早在隋唐时期江南就已成为整个中国最富饶的一块沃土。两宋以后，人们更是以“苏湖熟，天下足”来盛赞吴越经济。元朝时，遭受长期战争破坏的北方经济处于停滞状态，而南方则相对稳定，“南盛北衰”的局面继续发展。“上有在堂，下有苏杭”，成为人们对于吴越经济，吴越文化的最好赞语。

天下三分明月夜，二分无赖在扬州。江南富贵红尘使我们不但想起了扬州艳惊天下的琼花，也使我们想起了“骑鹤下扬州”这个典故。拒说有三个秀才被扬州繁华的瑰姿深深地迷住了，当他们互相提及一生最大的愿望时，一人说“我要是能够天天骑着黄鹤到扬州城里去就好了”，另一人说“我要是能够天天腰缠十万贯钱到扬州城去花就好了”，听完两人的话，剩下的一人接嘴说道：“我要是能天天腰缠十万贯钱，然后骑着黄鹤到扬州城里去花就好。”这则典故把人们对江南那种微妙而深刻的向往之情刻画得入木三分。杭嘉湖地区在四千多年前就已发展蚕桑业，经多代的经营商品经济得到了发展，为吴越文化的进一步发展提供了契机。

吴越之地具有重商的传说。明清之际，吴越之地是中国资本主义萌芽最早出现的地方。资本主义萌芽的出现在当时的文学作品中也有充分的反映，如明朝冯梦龙所著的"三言"——《喻世明言》、《警世通言》、《醒世恒言》，凌梦初的"二拍"——《初刻拍案惊奇》、《二刻拍案惊奇》，在这"三言"、"二拍"中，对明代中后期江南资本主义萌芽产生发展的景象有过细致的描述。经过历史积淀，吴越人养成了重商抑农的传统，他们办企业、重教育，使吴越之地成为近代、现代、当代中国最富裕的区域之一。

2. 江浙人文薮

"东南财税地，江浙人文薮。"没有人会怀疑这句传唱已久的俗语中掺杂有水分，这句话里装载着富甲天下的经济、灿若星河的文人群体，以及丰腴润丽的青山媚水。时至今日，江南地区仍然保持着在文化领域强劲的风头，中国与文化沾边的精英人才大都出自于这里。有人俏皮地调侃作为政治中心的北京，说在北京乘公共汽车，不小心一脚踩下去就会踩到几个处长。而在江浙一带乘公共汽车，一脚踩下去则有可能踩到几个文人或者是准文人。当年披着黑色长袍的意大利传教士利玛窦像只黑乌鸦飞到了中国，他在全面考察了明朝强盛的状况之后，得出的结论是："在世界上建立一个强国的基础就是文官制度。"不言而喻，他指的是在科举考试基础上形成的文官制度。南宋以后，中国科举考试的主角无疑是江南人。后来两宋之交的黄河文化的南移，为吴越文化上注入了新的血液。浓厚的文化氛围，在潜移默化中使人们在心理上产生崇尚文化和文人的心理。这从历代出于浙北的进士和状元人数就可得到印证。试举一例，1580年到1706年，长达120多年的时间里，共历明清两朝，朝廷共产生了39名状元，其中江苏、浙江人为32名，占总数的82%。

江南以出才子闻名。江南才子不仅出状元，还出书画家和哲学家，号称江南四大才子的唐寅、祝允明、文徵明和徐祯卿中，唐、徐两人和他们的老师沈周、学生仇英被称为画坛吴门四家，开创了吴门画派，影响了中国书画的发展历程。以王阳明为代表的心学，开辟了儒学发展史上的新历程，打破了程朱理学一统天下的局面，为以后明末清初和五四新文化运动两次思想启蒙提供了必要基础。宋明清三代，吴越出现了多个学术流派，如永嘉学派、阳明学派、浙东学派、泰州学派，还有就是以“风声、雨声、读书声，声声入耳，家事、国事、天下事，事事关心”闻名的东林学派。

从浙江名文人的分布来看，绝大多数集中在浙北（杭州、嘉兴、湖州、绍兴）平原上。周作人、俞平伯、叶圣陶、柳亚子、夏沔尊等大家等都生于此地，以嘉兴一地（辖海宁、桐乡等）为例，除前面提到的徐志摩、穆旦、茅盾以外，尚荟萃了王国维、丰子恺、吴世昌、朱生豪、金庸等名家。

江浙除了这么多的文人才子，可见这绝不是种偶然现象，而是有着其历史的必然。

从浙江的地理环境来看，气候适宜、平川广野、河流湖泊构成了浙北最大的地理特征。相对于西南峻嶙、塞外流沙、北疆飞雪等，这里真可算是天堂了，由于世代生活的安逸于是便有了“江南是女人的江南”的说法。的确，浙北确实是消磨人意志的地方，从北宋南迁苟安杭州不思进取，“西湖歌舞几时休，只把杭州作汴州”可知。浙北绝对是富庶的地方，在衣食无忧的前提下，才会有感物伤事，以文消遣的闲情逸致。造化钟神秀，浙北优越的地理环境造就了江南女子的柔美、江南男子的秀气和文人气质。

再看浙北的历史文化氛围。从文化学的角度看，浙北属于吴方言区和吴越文化圈，这里浓缩了吴越古文化的积淀，吴越争霸的恩怨，西施入吴、卧薪尝胆、子胥弄潮的传说。至今仍沉淀在当地人的思维中。

另外，魏晋南北朝时期，我国历史上开始了第一次民族大迁徙，处于相对安定的吴越之地，吸引了大批文人的到来。他们的到来，活跃了江南的文化空气，形成了文人云集，文教日盛的壮观景象，这些文人经常聚会，以文会友。其中最为出名的是王羲之，谢安等人的兰亭之会。文人集会，对整个社会文风的形成发展有着潜在的影响，全社会习文之风大盛。如陶渊明、谢灵运、刘勰、王羲之、王献之、顾恺之，祖冲之等名人学士共同形成了吴越之地人文昌盛的局面。

当然，还有一个重要的原因是“时势造英雄”。近代以来，浙江一方面是民主思想的自然和缓慢演进，一方面是西学东渐和列强入侵的洗礼，一方面太平军的建设性和破坏性的双重效应。尤其是在20世纪20年代，各种矛盾更加激化，不少浙江人深深为民族的命运担忧。用手中的笔为民族的复兴呐喊。不少人还纷纷留洋寻找真理，秋瑾、鲁迅、周作人、沈泽民、丰子恺、徐志摩等均有过留洋经历。在浙江绍兴名人蔡元培任北大校长期间，在北大国学院汇集了浙江的许多名人。随着时局的不断变化和个人经历的不同，浙江文人的文笔、文风也日益呈现多元化的特质。

3. 浙江文人气质

曾有人说，鲁迅出在浙江绝对是不正常的。言下之意，他认为浙江文人的气质应该是徐志摩型的。正所谓“仁者见仁，智者见智”，我们不妨从闭和开、情和理、静和动三个方面来看一看浙江文人的气质的特点。

（1）闭和开的交替

浙北处在苏南浙北水乡文化圈，与南京相比，有相对的封闭性，虽然南京在地理意义上亦可算是江南，由于历史上多次北方王朝南迁，作为都城的时间也较长，因而，南来北往客，北语与吴语的长时的交融，语言已明显脱离吴语，风俗习惯也是南北皆有，如北方人嫌南京菜太甜，而南方人嫌南京菜太辣等。而浙北东濒大海，北靠太湖和苏州，西有浙西大峡谷，交往相对只在吴越文化圈，除南宋一代有北人南迁外，少有大规模移民（移出或移入）情况，因而这个文化圈的相对独立性较强，这与浙北的富庶和安逸是分不开，文人不用为了生计而奔走他乡，也缺乏离家的勇气。浙江文人对浙江的归属感极强，其作品大多数以家乡为背景的，如鲁迅、茅盾的小说，又如金庸的故乡情节。而开放性一方面是内部的开放，这从水乡典型的民居建筑中可以体现；另一方面是近代以来，浙江作为沿海省份，被迫打开了大门，时世动荡，北上上海和北京成为时尚，尤其是随着日本人侵占浙江，不少文人开始过着逃难的生活，丰子恺是其中的代表。

（2）情和理的交融

在大多数人的印象中，浙江人富于感情，善于文学创作，而理性不足，少有思想家、政治家和军事家，更有甚者，居然还嘲笑浙江文人的肤浅。有人说，从民间三大爱情传说来说，有两个与浙江有关，分别是白娘子与许仙和梁山伯与祝英台，这充分说明了情感因素在浙江人思维中的重要性。事实上，浙江历来不乏思辨的理性的人，理学家王守仁、思想家黄宗羲、数学家李善兰，在现任的1000多位两院院士中，浙江籍的就有200多位，近1/4。政治家也不乏其人，蒋介石便是典型的代表。在文人中，浙江不仅有徐志摩的新月诗风，有戴望舒的雨巷情结；也有丰子恺的哲理小品，鲁迅的深邃思想。而鲁迅三弟周建人则以写科普文章见长。浪漫主义和现实主义共存，而以现实主义为主则是浙江文人的总体概括。

（3）静和动的互制

在大多数的外地人眼中，浙江人是一个相对内敛的群体，相对来说，具有火暴脾气和冲动的人很少，因而浙江文人的文风应该是相对平和安逸的。但这绝不是绝对的，我们且先不去说鲁迅，就说丰子恺，在其早期作品中，充满的是天真烂漫的童心和深广祥和的佛心，但在国难当头之时，却写下了极富战斗性的《还我缘缘堂》等文。

是啊！任何有责任感的文人都会有这样一种激奋的，浙江文人又怎会例外。再说金庸，一副儒家风范，却有着深刻的武侠情怀，其武侠小说在刀光剑影中最终给人的却不是一种无谓的骚动，而是一种对文化的解读和沉思，因为他的小说是以中国数千年传统文化作支撑的。以动制静，这也是其高明之处。因而鲁迅作品的嬉笑怒骂，而周作人作品的和风细雨，均是浙江文人的两种流派。

五、吴越风土人情

在风土人情方面，吴越地区可谓风光独特，江南的各个城市都是非常有韵味的，尤其是绍兴和苏州，代表了吴越文化的两大中心。绍兴城号称古越老城，城中小河、石桥，一派水乡小城的味道，而苏州的水乡和绍兴又有所区别，如果说绍兴的水乡像一个少妇，那么苏州的水乡就是一个少女，两者的味道是不一样的，需要自己去感受。另外，苏州还有一个著名的“姑苏城外寒山寺”，以一首诗闻名，能够体现吴越地区静谧而安详地文化气息。苏州园林不仅是风景区，同时也是体验中国建筑艺术的好去处，苏州园林的小巧、自由、精致和写意也体现着中华文化的那种和谐意味。

在民俗方面，浙江北部的蚕俗和苏南水乡的服饰是流传至今比较有特色的物事，体现了吴越的桑蚕丝织的艺术特征。吴越文化区的工艺美术，犹如百花盛开，争奇斗艳。中国三大名锦，占有南京云锦和苏州宋锦两项。苏州刺绣为中国四大名绣之一。每每到了七夕乞巧节，江南地少男少女望着天边的银河，在瓜棚下倾听牛郎织女的绵绵情话。

1. 丝绸之府

苏州丝织手工业由来已久，旧记吴绫和楚绢、蜀锦、齐纨、鲁缟并称。北宋元丰间城中便有轩辕宫之设，祭祀机神之外，兼作机业议事之所。自宋及清，宫廷均在苏州设织锦院或织造等官府工场。苏州自北宋起，就是全国丝绸生产和贸易中心，至明清时期，郡城“家杼轴而户纂组”，“织作在东城，比户习织，专其业者不啻万家”。苏缎、宋锦、漳绒、缂丝等精美品种，闻名海外，号称“日出万绸，衣被天下”。苏州丝绸以织工精细、色泽鲜艳、图案雅洁著称。丝织业的繁荣，也为苏州发展刺绣、戏衣、服装、制扇、装裱诸业，提供了价廉物美的原料。

苏州刺绣屏风

苏绣图案典雅，色彩秀丽，针工精细，与湘绣、粤绣、蜀绣合称为我国四大名锈。刺绣发迹在苏州。相传孙权的姬人赵夫人，能在方帛上绣出五岳、河海、城邑、行阵等景物，当时人称为“针绝”。以后历代相传，便成为一种妇女特有的艺术。特别是苏州城西30公里、濒临太湖的光福乡，乡村每家妇女，除养蚕外，都娴熟这种艺术。刺绣的原料有缎底、凌底、纱底等不同，有用绒、用线、用发（实际多用黑纱代）等绣法。近年来，苏州刺绣厂又创造了“双面异绣”，使苏绣艺术登上了一个新高峰。

2. 江浙民居

与凝重的北京四合院相对比的是活泼的江浙民居。江南水乡的民居以苏州、杭州最具代表性，物产富足的江南，住宅规模和布局也很有特色。住宅外围的墙壁高大、粗犷，因为南方的房子大多是较高的二层楼房。另外，南方的民居经常房房相连，中间的风火墙隔断，是为了防火的考虑，江南潮湿的气候使通风格外重要，因此江南的住宅常于建筑与垣墙之间留不超过一米的间隙，用来拔风采光，效果颇好。庭院的面积不大，再加上高高的楼房，使一宅中采光通风口天井显得分外高深。但不论建筑规模大小，江南民居都体现出一个与北方民居的明显区别，就是雕刻装饰极为繁多，却极少彩画，墙用白瓦青灰，木料则为棕黑色，或棕红色等。与北方的绚丽色彩相比十分淡雅。浙北与苏南位于太湖流域，这里气候湿润，无严寒酷暑，惟夏季有一段湿热的梅雨季节。在这种良好的自然条件之下，房屋的朝向多南或多东南。这一地区民居都为木架承重，屋脊高，进深大，防热通风效果好。另外在平面的处理上尽可能采用置小天井及前后开窗的做法，门窗基本采用低的槛窗及长格扇窗。

江浙民居

江南的匠人心灵手巧，利用多变的地形，使流水在房屋之间畅漾。水路、街巷呈不规则的网状履于民居之中，与之相映成趣，形成了江南民居别于北方民居的独特风味。由于土地珍贵，屋宅内外的空间都得到了很大的利用，因为绝大部分民居出门见水，所以几乎每家门外都有一个小小的埠头。主妇每日洗衣、洗菜、淘米等都在这里，来往的小船也可在这里停泊。和水路相比，街巷显得十分狭小，有的仅容一人一牛并走。高高的垣墙夹着曲折的街巷，造成了曲径通幽的意境。

江浙民居无论是造型还是平面处理，变化繁多，质量普遍很高。江浙民居以不封闭式为多，平面与立面的处理非常自由灵活。悬山、硬山、歇山、四坡水屋顶皆应用。被称为“东方威尼斯”的苏州临河建筑，淡雅的水边景色是那么柔和幽静，又隐含微微漂浮、潺潺流动的意态。多少画家、诗人来此描绘吟诵“日出江花红胜火，春来江水绿如蓝”的江南景色。

3. 苏南陶器

陶器是苏南著名的手工业产品。由于历代劳动人民运用智慧，积累经验、不断地发明创造，使质量逐步提高，在我国历史上留下了辉煌的一页。著名的陶都——江苏宜兴丁蜀镇，生产的日用工艺陶瓷，技术精湛，造型优美，犹如百花丛中盛开的艺术鲜花，光彩夺目，逗人喜爱。紫砂茶壶，是陶都珍贵的工艺产品，已有上千年的历史，早就驰名中外，享有天下“神品”之称。古人对名手制壶，视为“贵重如衍璜”、“珍重比流黄”、“价疑琳”，觅汤一壶，赛过无价之宝。紫砂茶壶之所以名贵，主要有七绝：一、茶无浴汤气，色香，味皆蕴；二、夏天泡茶，隔日不易馊；三、冬天泡茶，沸水注入不炸裂；四、茶壶久用，不放茶叶，仍有茶香味；五、传热缓慢，壶热而不烫手；六、壶盖严密，倒茶无落“帽”之忧；七、壶色和谐不褪，久用越发光亮。“茗荧莫妙于砂”，紫砂壶妙就妙在紫砂泥料有着特殊的性能。紫砂泥料蕴藏于深岩之中，开采后又经人工精选，故有“岩中岩”、“泥中泥”之称。泥色红而不嫣，紫而不姹，黄而不骄，黑而不墨，质地细腻且含有砂性，经高温烧成，仍具有较好的透气性能，得天独厚的紫砂陶土，使茶壶、茶杯产生了独有的功能。制作紫砂茶壶，工艺十分讲究。在长期的劳动实践中，艺人们创造的制壶技艺，各有风格，成千种茶壶方圆非一、器型各异，有讲究线条的茶壶，古色古香，清新悦目，有注重浮雕装饰的茶壶，多姿多态，以壶传艺；有富于生活情趣的象形茶壶，形态逼真，见壶生景；还有集文字、书法、绘画、篆刻诸艺术于一体的茶壶，字随壶传，壶随字贵。优美的紫砂茶壶，在我国工艺美术产品中放射着灿烂的光芒。

4. 惠山泥塑

泥塑相传于孙膑，据说他为研究阵法，便捏制泥人兵马布阵，泥塑就流传下来。惠山泥人尤为出名，盛于明、清二代。惠山有黏土，土质细腻，可塑性强，适于泥塑之用。三四百年来“惠山泥人”驰名中外。惠山地区居民家家善彩塑，户户做泥人。惠山泥人有深厚的群众基础。它取材于神话故事、民间传说和江南人民的日常生活，宣扬正义，反对邪恶，表达了劳动人民的意愿、爱憎和对美好生活的向往。许多造型生动的泥塑作品，如“惠山大阿福”、“我爱北京天安门”等，就具有独特的艺术风格，受到群众的喜爱。惠山泥人厂泥塑作品千姿百态，年产300多种，600万件，产品畅销全国各地及世界60多个国家和地区，每年接待成千上万的外宾参观。这一古老的民间世术将在四个现代化建设中大放光彩。1958年，郭沫若同志去无锡时，曾挥笔题诗：“人物无古今，须臾出手中，衣冠千伐异，肝胆一般同。造化眼前妙，流传城外雄，集中人数百，童叟献神功。”高度赞扬惠山泥塑工人的创造精神。

5. 吴越戏曲

吴越两地戏剧传统绵长，剧种、曲种多样，声腔、唱调丰富，剧作、剧论高超，作家、艺人辈出，是吴越文化的重要组成部分，在中国戏曲史上具有重要地位，尤其以越剧、昆曲和苏州评弹闻名。唐时，越州即有参军戏。皆当时文士所作，其词为五、六、七言。今尚存《罗口贡曲》六首。南宋，主要演出诸宫调及杂剧，曲艺则数鼓词。其时，会稽城乡演出活动频繁，陆游晚年回会稽里居所写诗中，多有咏及。当时，已有本地的“村伶”，村伶还组班演出。这种演出，为不误耕作，多在夜间，极受农民欢迎。戏文入元，与北曲元杂剧对称而名为南戏。明嘉靖、隆庆年间（1522—1572年），昆腔由吴中一带迅速传播到江浙各地。万历年间（1573—1620年），昆腔大见流行，越中士大夫纷纷组成家班、女戏，声势颇盛。以后家班几经更迭，有的演员在脱离家班后，加入民间班社。其时，演出重视伴奏及服饰、化妆，且部分使用灯彩布景。明末，兴调腔，其时，目连戏自成一系。由于各种原因，吴越两地的很多剧种也已失传，现在流传较广的是昆剧，越剧，绍剧和莲花落等四个剧种。

吴越文化博大精深，吴越风土人情丰富多样，在这里我们不是作简单罗列，而是想做出这样一种味道，一种读者喜欢的感觉：这里并不是资源库，而是一个文化的驿站。

六、吴越有佳肴

吴越美食可谓是天下闻名，无论是杭帮菜，还是淮扬菜，都体现着这一方水土的人情风貌。尤其是淮扬菜，号称天下四大名菜系之一。

吴越文化区地处江南鱼米之乡，物产丰富，饮食文化水平较高，中国著名八大菜系，此区独占苏菜、徽菜两项。苏菜具有咸甜适中，浓淡适度、酥烂可口、清香腴美、色泽和谐、清丽多姿的特点。徽菜以烹制山珍野味而著称全国。

“江南忆，最忆是杭州”，如今人们对杭州的认识已经不仅仅局限于西湖、龙井、钱塘潮等美景，而且还有以“食有肉，居有竹”为文化底蕴的雅致新派杭州菜。“吃在苏州”，为人所向往。苏州人讲究饮食，正餐小食，无不力求精美，出落得清新秀逸，淡雅隽永。名店名厨，工艺更是精巧细致，由刀工而调味，乃至烹制技艺中炖、焖、煨、焐的用火，都恰到好处。苏邦名菜更是不胜枚举，以松鼠鳜鱼、千层鳜鱼、煮糟鲭鱼、清汤鱼翅、碧螺虾仁、三虾豆腐、响油鳝糊、细露蹄筋、西瓜鸡、荷叶粉蒸鸡镶肉、黄焖鳗、太湖莼菜汤等较为常见。旧时“甜出头咸收口”，今则甜味已减，以清淡为主调。菜肴以外，卤菜、面点、糕团、炒货、酱菜等也为人津津乐道。

其中，杭州菜源远流长，它与宁波菜、绍兴菜共同构成传统的浙江菜系。近年来，杭州餐饮市场发展迅速，涌现出许多在全国有相当知名度的菜肴。这些新菜博采众长，精工细作，无论是在做功还是色香味上，都超越了传统的浙菜，成为全国八大新菜系之一。

杭州菜以做河鲜为主。杭州地处钱塘江下游，水产资源较为丰富。但是受粤菜的冲击，海鲜的比例有所增加。真正的粤菜在杭州是叫不响的。杭州人喜欢吃杭粤结合的菜，杭州菜的刀工加上粤菜的口味，也就是所谓的“新派杭菜”。

杭帮菜最早可以追溯到距今一千多年的南宋，当时临安作为繁华的京都，南北名厨济济一堂，各方商贾云集于此，杭菜达到鼎盛时期。据了解，杭州菜历史上分为“湖上”、“城厢”两个流派。前者用料以鱼虾和禽类为主，擅长生炒、清炖、嫩熘等技法，讲究清、鲜、脆、嫩的口味，注重保留原汁原味。后者用料以肉类居多，烹调方法以蒸、烩、氽、烧为主，讲究轻油、轻浆、清淡鲜嫩的口味，注重鲜咸合一。

杭州菜系不属于传统的八大菜系，却博采各大菜系之所长，尤其近年来，以“南料北烹”、“口味交融”风靡大江南北。杭州素有“鱼米之乡，丝绸之府、文化之邦”的人文地志，自唐宋以来一直为江南重要的政治、经济、文化中心。南宋时更曾建都在此（当时名为临安）。杭州菜兼收江南水乡之灵秀，受到中原文化之润泽，得益于富饶物产之便利，形成了制作精细，清鲜爽脆、淡雅细腻的风格。

一方水土养育一方人。杭州地处江南水乡，气候温和，当地人饮食口味偏清淡，平日喜食鱼虾。所有这些，决定了杭帮菜肴注重原汁原味，烹饪时轻油腻轻调料，口感鲜嫩，口味纯美，色、香、味俱全。“清淡”是杭州菜一个很重要的特点，这也符合现代人的饮食趋势。有人说，判断一个吃的“段位”高低的标准很简单——用盐的多少。盐多味重，自然是原料本身无味或有异味，一般人日常饮食大多如此。而真正的美食家推崇的却是原料本身的味道。浙江兰溪县人，明清之际著名文学家李渔同时也是个美食家。在他所著的《闲庭偶寄》中说：“从来至美之物，皆利于独行（独味烹制，不加配料，少加调料）。”杭州菜的烹调重视配料调味，目的是为了突出主料之本味，切忌喧宾夺主。

此外，杭州菜咸中带甜，在口味上南北交融，讲究“二转一清”，即转油，轻浆与清淡。杭州菜又称“京杭大菜”，当时贯穿南北的京杭大运河使北方的烹饪方法传入杭州，因此杭州菜的口味比较能为北方人所接受。它不像苏州菜那么甜，也不像上海菜那么浓重。

杭州的素菜很有名，讲究时令性。比如吃杭州菜一定要点笋，笋被杭州人认为是“蔬菜中第一品”，笋的吃法就很有讲究。春夏之交食春笋，比如杭州名菜“油焖春笋”；夏秋之交食鞭笋；十月之后食冬笋，如名菜“虾子冬笋”。又如杭州西湖的特产莼菜最为有名。以其做的“西湖莼菜汤”色泽悦目，清香奇异，具有清热消渴、解百毒的作用。

杭州菜中也有很多乡土气息很浓的菜。比如现在杭州的“怀旧菜”，像咸豆烧肉、咸鱼肉丝、糖醋排骨、炒酱丁等，被杭州人称为“妈妈的菜”。

今天，杭帮菜受到大众欢迎，是在它师承各帮，守成中创新，总结中提高，继承中发展。杭帮菜的创新表现在多个方面，如菜品、配料、工艺、口味、烹饪上的改进。进入新的世纪以来，杭帮菜在大江南北也越走越远，名声越来越大。许多经营杭帮菜的品牌餐馆纷纷走出杭州、走出浙江，到上海、北京、江苏、广东，乃至香港、台湾开设连锁店，有的还准备趁中国加入WTO之际走向了海外。

第六章

荆楚文化——能文亦能武

说起荆楚文化，人们会联想到那工艺精湛的青铜器，绚丽多姿的漆木器、纹彩斐然的丝织品、神奇瑰异的缣帛画……当这一件件美奂绝伦的文化珍宝在你脑海里依次显现时，一股民族自豪感定会油然而生；每当听到那奏响世界的编钟古曲，或者观看那倾倒天下的编钟乐舞时，我们都会为祖先的伟大创造而激动得热血沸腾！

一、凤凰涅槃

两千多年前，一个被贬谪的诗人在沧浪江边对一位渔父说："举世皆浊我独清，众人皆醉我独醒。"后来面容憔悴的诗人抱着石头投江而死。投江的诗人就是楚国的屈原。

战国末期杰出的政治家和爱国诗人屈原

楚国从建国到灭亡，有八百多年，是中国古代延续时间最长的诸侯国之一。楚人的始祖，因为年代久远，已经湮没在古老的神话和传说当中。

夏、商时代，汉水流域和湖北荆山一带，生长着许多叫做"荆"、"楚"的灌木，据说"楚"的正式国号和族号就与这种灌木有关。

楚国最兴盛辉煌的四百多年，是在荆州一带。荆州，相传是大禹治水定天下后，划分的九州之一。《三国演义》洋洋一百二十回，其中七十多回都与荆州的战争有关。

如今，烽烟散尽，古城里的人，过着波澜不惊的生活。

荆州古城的历史中，最辉煌最激动人心的时代，在两千多年前的战国时代，当时，这里是楚国的所在。

纪南城是楚国都城的遗址，在荆州城的北边。方圆大约五公里，是荆州城城址的三倍多。

公元前689年，楚文王迁都到了这里。文明的灿烂阳光，从江汉平原的西部照到东部，从汉水的西边照到东边。

当时，关系到国力昌盛的铜矿的开采、铜器的铸造，也都有蒸蒸日上之势。

铜器铸造的方法，楚人是从中原学来的。他们不抱偏见地去学，因而能博采众长；不受拘束地去创新，因而能独具一格。楚式铜器纤丽而充满幻想，庄严中见精巧，富丽中见雍容。

史书记载，楚国国君楚庄王不理朝政，一天，一位大夫求见，请庄王猜一个谜。大夫问："有一种鸟，连着三年既不飞也不鸣，这是什么鸟呢？"庄王回答："三年不飞，但一飞肯定冲天而起；三年不鸣，一鸣必然惊人。"

在这个故事里，士大夫以鸟提醒庄王，庄王也借鸟表达自己不鸣则已、一鸣惊人的雄心。这鸟，就是楚人心目中至真、至善、至美的凤。

楚人崇拜凤。鹿、虎、龙等这些在一般人看来高贵的形象，都成了凤的陪衬。在楚人眼里，凤是通天的神鸟，只有得到它的引导，人的灵魂才能飞登九天，周游八极。凤又是先祖的化身，它无处不在，飞不鸣扬灵动，华贵伟岸。

以凤自喻、三年不飞不鸣的庄王，后来果真显出非凡气魄。他整顿吏治，安内攘外，"并国二十六，开地三千里"，使楚国跻身春秋五霸之列。

楚国先后灭掉了近60个小国，基本上统一了中国的南部，并在面积、人口和兵甲的数量上，居于列国之首。当秦国崛起于关内的时候，楚、秦形成东西两强。

楚人尚赤，因为他们认为自己是日神的远裔，火神的嫡嗣。楚人始终倾心于红色。

时间一直没有冲淡这火红的颜色，反而随着岁月的流逝，愈发浓烈。楚国漆器，最动人心魄的就是黑红两色，两千多年了，风云消退，他们却依然绚丽灿烂。

鼎盛时期的楚国，面积近100万平方公里，人口有500万，占战国时期中国总人口的四分之一。纪南城里，熙来攘往，一批中国历史上赫赫有名的人物涌现在楚国：道家老子、农学家许行、天文学家唐昧、阴阳学家南公、兵家范蠡、杂家伍子胥，还有音乐家钟子期、文学家屈原、宋玉等等。

楚国的纺织工艺很先进，在纪南城出土的丝织品，无论衣裤，还是丝带，每平方厘米的经纬达140根，比今天降落伞的密度还要大。薄如蝉翼，轻若烟笼。

讲究生活，乐于创造，楚人的日常用品，也非常精美。

楚国登上强大和繁荣的顶峰，成为战国七雄中的强者。等到怀王即位，楚国已开始了其衰落的进程。偏听偏信的怀王，毁了楚国与齐国的联盟，亲手断送了遏制强秦的最后一股力量。

战国末期，秦朝军队如决堤之水，势不可挡。公元前223年，秦国灭楚国。

就在天下归一的盛赞之中，一个预言悄悄在民间传开——亡秦必楚！

十五年后，楚人项羽在强秦的暴政下，举起故国火热的旌旗，推翻了秦王朝。项羽最后败在同是楚人的刘邦手里。乌江畔，英雄末路，无颜再见江东父老的项羽，举刀自刎。

楚人刘邦得了天下，把国都建在长安，千里之外的楚地，成了他梦里的故乡。在那首著名的《大风歌》中，刘邦唱道：“大风起兮云飞扬，威加海内兮归故乡，安得猛士兮守四方。”

二、“天上九头鸟，地上湖北佬”

“天上九头鸟，地上湖北佬！”这是外省人对湖北人的评价。湖北人还有一个自己的说法：“奸黄破，狡孝感，又奸又狡是汉川。”以此比喻湖北人精神、狡猾、强悍。

“九头鸟”源于神话《山海经》中的“九头凤”。传说此凤有九个脑袋，特别聪慧精明，具有旺盛的生命力，楚人崇凤，所以此凤备受楚人崇拜。九头鸟之于湖北人，实际上是具有一定贬义的。但是近年来，随着市场经济的发展，信息时代的来临，人们的价值观念发生了变化，提起九头鸟，人们由过去的揶揄与嘲讽变成了某种褒意。

湖北值得让人一提的地方很多，荆楚之地江湖交叠，山清水秀，自古就多奇人异事。古有神农氏，我们尝百草的祖先；李时珍，湖北黄冈蕲春人，中国著名医学家，《本草纲目》的作者；屈原，湖北宜昌姊归人，战国时期楚国著名爱国诗人、政治家，楚辞创立者；毕昇，湖北黄冈英山人，中国四大发明之一活字印刷术发者；王昭君，湖北宜昌秭归人，中国古代四大美女之一，极大促进中西文化交流，为民族团结做出卓越的贡献；闻一多，湖北黄冈浠人，现代著名爱国诗人；李四光，湖北黄冈人，著名地质学家，地质力学创始人，为发展中国石油勘探做出卓越贡献；董必武，湖北黄安人，无产阶级革命家、中国共产党的创始人之一；伏明霞，“跳水皇后”，相信有很多香港人都认识吧！还有李大双和李小双，湖北仙桃人，是湖北值得骄傲的体操运动员；还有任贤齐，祖籍湖北武汉的江夏区。

湖北不仅名人多，有名的景点也不少。首先就拿省会武汉来说吧，武汉是中国的“光谷”，这里交通便利，素有“九省通衢”之称，也有“武汉三镇”一称，也就是说，武汉被分为三个区，即东南方向的武昌区，西方向的汉阳区和北方向的汉口区。武汉既大又古，在荆楚历史上是个响当当的地方。三国英雄在这里留下了许多浩气长存的故事，历代文豪洒下了千古绝句的遗墨。

还有黄鹤楼。黄鹤楼建于三国时期，本是用于战争的瞭望岗楼，但诗人们在这里面对浩瀚长江，逶迤蛇山，总难把腥风血雨的厮杀入怀，俯瞰的全是苍茫大地，悠悠江水。当年李太白曾站在楼上遥望好友顺江而去，酒中挥笔：“故人西辞黄鹤楼，烟花三月下扬州，孤帆远影碧空尽，唯见长江天际流。”

黄鹤楼乃千古登临之地，崔颢、李白、白居易、陆游等曾留下不少脍炙人口的诗句，崔颢的诗更是被推崇为题黄鹤楼的“绝唱”。关于黄鹤楼的吟唱，大多是轻松、明快的，因为这里毕竟是传说中的仙人驾鹤之地，纵然黄鹤已杳，仍有白云悠悠，“黄鹤一去不复返，白云千载空悠悠。晴川历历汉阳树，芳草萋萋鹦鹉洲”。在此地，纵有感伤，也不过是归思、乡愁、别情，“日暮乡关何处是，烟波江上使人愁”。

黄鹤楼

然而，在这“烟花三月”，在这荆楚形胜地，毛泽东却没有赏春的雅兴，而只对黄鹤楼发出对古人的忧思。毛泽东的39首公开发表的诗词中，大多是气势磅礴之作，沉郁苍凉的只有两首，《菩萨蛮·黄鹤楼》就是其中之一。那是1927年春，大革命失败前夕，在一个阴雨天，或许是为了排解心中的郁闷，他一任风吹雨打，由位于武昌都府堤的中央农民运动讲习所信步走到江边，倾听涛声，然后沿着蜿蜒的蛇山小径，登上黄鹤楼。为黄鹤楼写下了一种别样的“绝唱”，一种苍凉、悲怆的“绝唱”。

毛泽东心情苍凉，登黄鹤楼而赋诗：

茫茫九派流中国，沉沉一线穿南北。烟雨莽苍苍，龟蛇锁大江。

黄鹤知何处？剩有游人处。把酒酹滔滔，心潮逐浪高！

站在黄鹤楼上，俯瞰长江，可以看到著名的武汉长江大桥。武汉长江大桥是建国初期前苏联修建的，也是长江上的第一座大桥。

与黄鹤楼遥相对应龟山上的古琴台，现有伯牙抚琴的雕像。春秋时期的俞伯牙在此鼓琴曾使六马仰秣，而他认为只有在江边偶遇的樵夫钟子期是自己的知音。子期亡故，伯牙悲绝而摔琴。追溯千古的浪漫情怀是古琴台里无数游客的心声。武汉历史上音韵之发展绝非虚事，有从曾侯乙墓出土的国宝编钟为证。

武昌农民讲习所

江汉路一线耸立的100多幢欧式楼房在诉说着世纪初武汉作为中国商埠口岸的繁荣。英国人修建的江汉关钟楼是纯粹的欧式建筑，但牌匾上“江汉关”三个字却是地道的国货，英国人为此付给了书法家500两银子。历经百年沧桑的江汉路至今仍是华中地区重要商贸地，各色货物琳琅满目，价廉物美，刚上市的春装有的就打到了六折。

曾侯乙墓编钟

而生于此、长于此的武汉人，就像武汉夏季的天气，特点中都带有一个“热”字。很热情，爱看热闹，“热”过了头，就爱发脾气，火气大。武汉人说话的声音大，说得好听是热情，说得不好听，有点粗鲁。武汉的女孩嘛，因为武汉被分为三个区，所以三个区的女孩的特点也各有不同。武昌是“教育区”，所以武昌的女孩较文静、保守；汉口是“商业”区，所以汉口的女孩很时尚、开放；而汉阳因为夹在武昌和汉口中间。所以汉阳的女孩则有武昌和汉口女孩的共同特点。

因为武汉人有了这样一些特点，故“天上九头鸟，地上湖北佬”便成了国人对荆楚之人的印象。

三、唯楚有材

“唯楚有材，于斯为盛。”这是岳麓书院门首的一副对联，然而这副对联不仅是对楚人的总结，而且是一个挺有分量的概括。

楚人多才，最属屈原，不有屈原，岂见离骚。

长江流域同黄河流域一样，很早就孕育着古老的文化。楚民族兴起以后，成为这一地域文化的代表。至春秋时代，楚国迅速发展壮大，兼并了长江中游许多大小邦国，成为足以与整个中原相抗衡的力量。楚庄王为春秋五霸之一，一度有“横则秦帝，纵则楚王”的说法，意谓秦、楚二国，最具统一全国的可能。

楚民族在其发展过程中，不断与中原文化进行交流。春秋战国时代，北方的主要文化典籍，如《诗》、《书》、《礼》、《乐》等，也已成为楚国贵族诵习的对象。《左传》记楚人赋诵或引用《诗经》的例子，就有好多起。但另一方面，楚文化始终保持着自身强烈的特征，与中原文化有显著区别，因而楚人长期被中原国家看作野蛮的异族。

而楚人自己，在不愿承认周王室权威的时候，也往往自称：“我蛮夷也。”（见《史记·楚世家》）

从地理上看，南方的经济条件较北方具有一定的优越性。《汉书·地理志》说，楚地“有江汉川泽山林之饶；江南地广，或火耕水耨，民食鱼稻，以渔猎山伐为业，果蓏蠃蛤，食物常足”。由于谋生较为容易，就可能有较多的人力脱离单纯维持生存的活动，投入更高级更复杂的物质生产。所以至少在春秋以后，楚国的财力物力，已经明显超过北方国家。据历史记载，楚是春秋战国时拥有黄金很多的国家。屈原《招魂》中描绘楚国宫廷内极其奢华的享乐景象，当然也须有雄厚的物质基础。同样因为在南方谋生比较容易，途径也多，不需要组成强大的集体力量以克服自然，维护生存，所以楚国也没有形成像北方国家那样的严密的宗法政治制度。

丰富的物质条件，较少压抑而显得活跃的生活情感，造成了楚国艺术的高度发展，这是楚文化明显超过中原文化的一个方面。楚辞，既是楚文化土壤上开出的奇葩，又代表了楚文化的辉煌成就。楚文化尤其楚国艺术的一般特点，如较强的个体意识，激烈动荡的情感，奇幻而华丽的表现形式等等，也都呈现于楚辞中。

“楚辞”之名，首见于《史记·张汤传》。这种诗体具有浓厚的地域文化色彩，如宋人黄伯思所说，“皆书楚语，作楚声，纪楚地，名楚物”（《东观余论》）。西汉末，刘向辑录屈原、宋玉的作品，及汉代人模仿这种诗体的作品，书名即题作《楚辞》。这是《诗经》以后，我国古代又一部具有深远影响的诗歌总集。另外，由于屈原的《离骚》是楚辞的代表作，所以楚辞又被称为“骚”或“骚体”。

楚辞是楚文化的产物，具体说来，又离不开伟大诗人屈原的创造。《离骚》是屈原自叙生平的长篇抒情诗，他的情感和思想都熔铸其中。因此评价《离骚》与评价屈原是分不开的。它的主题，一是抒发了作者的“美政”理想和深沉。故谓“不有屈原，岂见《离骚》”（《文心雕龙·辨骚》）。

“江山代有才人出，各领风骚数百年。”地处荆楚之地的湖南也是一个人才荟萃，群星璀璨的地方。南宋建炎三年间，福建崇安（今武夷山市）人胡安国及其季子胡宏由湖北迁到湖南，避居衡阳一带，著书立说，并创建了碧泉书院，聚徒讲学，从而开创了湖湘学派。后来，胡宏的学生四川绵竹人张拭把胡氏父子之学传到长沙岳麓书院，并使岳麓书院成为湖湘学派的基地。随着时代的变迁，湖湘学派所开创的学风并没有因为历史长河的变迁而中断，相反，在“千年学府”岳麓书院这一文化摇篮里茁壮成长，至明末清初产生了伟大的思想家王夫之，晚清时又出现了“开一代风气”的代表人物魏源，他们都是岳麓书院的学生。

岳麓书院

然而，人才难得，大批人才的涌现，毕竟要经历一个较长时期的培养和痛苦磨炼的过程。待到中国历史跨入近代以后，楚地更是人才辈出，大有长江后浪推前浪之感。道光二十年后，湖南人争先恐后，高才四举，以致有“中兴将相，什九湖湘”之称。岳麓出身的魏源、陶澍、郭嵩焘、曾国藩、胡林翼、左宗棠、唐才常等，都曾叱咤风云。

湖南人才随着历史变奏的加快，知名人物风起云涌。以毛泽东、刘少奇、任弼时、彭德怀等为代表的湖南籍巨星繁多，他们交相辉映，光照环宇，其丰功伟绩更令国际社会所瞩目。著名历史学家谭其骧赞叹道：“清季以来，湖南人才辈出，功业之盛，举世无出其右。”

近代湖南人才群的出现，并非偶然。

湖南在近代中国社会地位的变化，促进了湖南人才的迅速增长。自古以来，各统治者都将北方作为政治、经济、文化发展繁荣的中心，而地处长江以南的内陆省份湖南则开发较晚，掉队落伍。但到明清之际，随着社会的发展进步，外来文化的渗透，皆影响着中国社会，东南闻风而变，北方的中心地位开始动摇，特别是经济和文化思想方面，南方地位举足轻重，大有后来居上之势。湖南是东南沿海与北方往来的必经之地，也是新旧两种势力和文化思想争夺的中间地区。湖湘人由此分析比较，择优除劣，除旧更新。他们渐渐地走出省门，北上东下，向全国发展。湖南人才的产生和增长，亦源于此。

时势造英雄。激烈的战争，好比一座大熔炉、大学校，锻炼了湖南人，教育了湖南人。

湖湘文化的熏陶，为湖南近代人才群的崛起提供了充实的思想内涵和精神养料。湖湘文化，作为湖南这块土地上产生、形成与发展起来的区域性文化，从南宋开始，在各省区中就列居先进行列，进入近代更富有生气和生机。崇尚实学、讲求经世致用的湖湘学风，引导三湘人士走向实际、实用、实干的经世致用道路。古代四大书院之一的岳麓书院，是培养人才的摇篮。岳麓书院对湖南和中国的作用，就好比说到牛津、剑桥之于英国，哈佛、耶鲁之于美国一样。岳麓书院承载经世致用的学风，送走了一批又一批莘莘学子。陶澍、贺长龄、魏源、曾国藩、左宗棠、胡林翼、刘蓉、郭嵩焘、曾国荃、罗泽南、刘长信等近代湖南人才群体的核心首脑和风云人物，都曾就读岳麓书院这所千年学府。

政治精英人物的扶植和荐举，为湖南近人才群的涌现提供了最直接的条件。湖湘显贵人物“己身富贵不忘桑梓”，他们总是在宫廷里扶植与举荐同乡贤才。

民主革命时期，一批湖南人更是饮誉中外，名传千古，黄兴、宋教仁、蔡锷、陈天华……其中黄兴被时人尊为“民国元戎”，与孙中山并称“孙黄”，成为辛亥革命闻名遐迩的一代英豪。

从五四运动前后到新民主主义革命时期和社会主义革命与建设时期，湖南更是涌现了一大批党政军领袖人物，如毛泽东、刘少奇、任弼时、林伯渠、彭德怀、贺龙、罗荣桓、陈赓、陶铸、胡耀邦等。著名的革命先烈还有蔡和森、何叔衡、邓中夏、郭亮、毛泽民、毛泽覃、杨开慧、黄公略、左权、王尔琢、段德昌、向警予……

新中国成立后，授衔的十大元帅中，湖南有3位（彭德怀、罗荣桓、贺龙）；十员大将，湖南有6位（粟裕、黄克诚、谭政、萧劲光、许光达、陈赓）；57员上将，湖南人有19位（王震、杨得志、萧克、宋任穷、杨勇、李涛、苏振华、甘泗淇、邓华、朱良才、李志民、宋时轮、陈明仁、钟期光、唐亮、陶峙岳、傅秋涛、彭绍辉、李聚奎）；100多名中将，湖南人占45位。这些安邦治国兵马戎机的将帅们，用勇武与智慧向人们展示了色彩绚丽的湖南。毛泽东的老师和岳父杨昌济说：“湘省士风，云兴雷奋，咸同以还，人才辈出，为各省所难能，古来所未有……自是以来，薪尽火传，绵延不绝。近岁革新运动，湘人靡役不从，舍身殉国，前仆后继，固由山国之人气质刚劲；实亦学风所播，志士朋兴。夫支持国势原不限于一地之人，然人才所集，大势所趋，亦未始无偏重之处。”杨先生也真是把准了湖南人的脉搏。

天时、地利、人和。近代湖南，群星灿烂，天下似乎成了湖南人的家。“湖湘弟子满天下”不是湖南人的自诩，而是湖南人的精神感化了别人，使他们也沾染点湖湘精神。

四、鲜红的湖湘

湖南属于楚地，楚人尚武，湖南人具有勇武好斗的性格。不过，古代相当长的时间内，湖南军事人才并不多见，甚至寥若晨星，湖南人的军事天才难以尽情发挥，湖南的军事力量形成一股大气候并影响中国社会，那只是近代以后的事。

在湖南人的历史里总有唱不完的英雄赞歌，他们勇武，他们刚烈，他们浪漫，他们豪放，他们为了真理头可断、血可流、信仰不能丢，他们坚忍不拔、气冲霄汉，用血与火照亮历史，撼人心魄。

楚湘文化初始带有一种悲壮、忧郁的色彩，也透露出中国最早知识分子骨子里的参政意识和修身、格物、齐家、治国、平天下的抱负和雄心。

屈原投江的身影无疑成了历史上一个硕大的感叹号刻在了湖南人的心中。屈原虽非生于湖南，但被放逐湖南，自沉于汨罗，和西汉的贾谊一样，湖南是他们的“伤心之地”，所以历代湖南人对他们怀念不已。

千百年来，人们在屈原的祭日——端午节，虔诚地为这位失意的英雄招魂。

近代史上，最令人尊崇者，当首推谭嗣同，可以说谭君开启了近代湖南的慷慨悲歌之风。唐才常把湖南比作古之燕赵，日本之摩萨，认为振兴中国唯湖南，救中国唯湖南。这未尝没有一定的根据和缘由。

这位湖南浏阳人，是为中国近代革新事业而流血牺牲的第一人。他是晚清思想界的一颗流星，以其璀璨夺目的人格光辉照亮了中国中世纪的漫漫黑夜。他的牺牲如同闪电，撕裂了沉沉压顶的乌云，在撼人心魄的雷鸣中奏响了近代国人人格新生运动的序曲，也为现代未来的人格雕琢留下了一个永恒的启迪。

以重经世致用与奉程朱理学正宗为特征的湖湘学风至清咸丰年间相当兴盛。湘军人士生于湖南，自然也深受湖湘学风的熏陶。湘军统帅曾国藩尊程朱为“亚圣”，主张“笃守其说，莫之或易”。以后在戎马倥偬之中，他犹取《理学家传》等书被览，对程朱理学的虔敬态度终其生而不改。

湘军，从1853年开始组建，至1864年攻陷天京（今南京），曾国藩将其解散为止，在近代中国的历史舞台上活跃了12年之久，在大清王朝镇压太平天国农民起义军中扮演了重要角色，挽救了清廷即将覆亡的命运。然而，湘军不仅征服了太平天国，而且对近代中国社会各个层面也产生了深刻而巨大的影响。

到同治时代，地方大吏几乎都为湘军中人物所占据。两江总督、江南提督两职非湘人莫属。到光绪末年，朝廷一兵一卒，一饷一粮都要仰给于督抚，各省督抚各专其兵，各私其财，不知有国家而自知有疆国，各省与中央关系已处于一种游离状态，以至康有为把当时18行省比做18个小国。

湘军的崛起与成功，更大大地强化了湖湘人的“尚武精神”。“城中一下招兵令，乡间共道从军乐”。本来从军征战，危险莫测，是常人避之不及的事情，但湖南人却趋之若鹜，争先恐后，当兵参军成了湖南人一门显赫的职业。

一百多年前，来中国数次考察的德国人李希霍芬，这样描述湖南人：“中国的军人主要出生此地，尤其是很多的官员也生在湖南。忠实、正直；强烈的自我意识加上粗犷、反抗心更是该省居民的性格特征。中国军队的主要兵源来自湖南。相反，在银行业，商业界则看不到湖南人。”

的确，刚烈英气的湖南人生就一副军人的坯子，湖南成了高素质军人的渊数，投身军队成了湖南人的一种时尚。近代以来，重大军事事件几乎都有湖南人的影子。于是，“无湘不成军”、“绍兴师爷湖南将”这些市井民谣便纷纷传开来了。不仅如此，湖南军人由军事而政治，把个近代中国闹得沸沸扬扬，湖南人成了包打天下的主儿。

五、汉韵楚风

荆楚风俗具有丰富性，体现在形式多样，种类繁多，构造复杂，色彩强烈等方面。以下将从饮食、居住和服饰等方面对楚国风俗作一简要介绍。

战国时期的各个方国中要数楚国饮酒的风气最盛。在楚国最具传统特色的酒是香茅酒。楚人向周天子进贡，祭祀神灵都使用香茅酒。楚人有两种饮酒方法，“冻饮”和“酎清凉”，“冻饮”是将冰块置于酒壶外使之成为冻酒，“酎清凉”则是将酒壶浸入冷水中使之成为凉酒。这都是楚人在夏季的饮酒方法。1978年湖北随州曾侯乙墓出土了两件冰（温）酒器，这种器物是由两种容器组合而成，里面的方壶形容器是盛酒的，每个方壶中均有一把铜勺，外面的方鉴形器在夏季里用来盛冰或凉水，在冬季则用来盛热水。

楚人的建筑样式和居住习俗呈现出多姿多彩的风貌，楚国都城的建制和布局同北方一样基本上采用大城套小城的双城制。楚都纪南城呈长方形，城垣周长15 560米，城内东南部为宫殿区，存有台基84座，并发现城垣土墙遗迹和护城河古河道。宫殿区北部的手工业作坊遗址，再往北即城的东北部则为商业区。楚王宫的正门之一名为“茅门”，通过茅门后便是楚王治朝的朝堂。王宫内既有空间宏大的“高堂”又有曲折相连的“曲屋”，既有进深幽远的“邃宇”，也有小巧精致的“南房”，这些由大小、高低、长短、层楼、结构、繁简不一的宫廷建筑组合在一起，这样便形成了一个气势磅礴、宏伟壮观、错落有致的建筑群体。最能反映出楚人的建筑特点和工艺水平的，还不是都城内的宫殿建筑，而是游苑区的行宫和高台建筑。历代楚王建有大量有行宫供他们游乐，楚成王建有“渚宫”，是建在郢都南面的水中州土上的一座行宫。楚灵王时建的章华台是楚国层台建筑中的杰出代表。

在屈原的《九歌》中写到杆栏式建筑，其特点为一楼架空，二楼居住，以竹木结构为主。杆栏式建筑是楚国民间的主要建筑形式。这种民居建筑式样在我国南方的土家族、苗族中仍然沿用。南方水乡，渔民多生活在水上，以船为屋，称为“船屋”。“船屋”在屈原《涉江》中提到，有屋宇、梁柱、轩版和窗棂等设施。

服饰方面，不同的民族，有不同的装束。楚人的衣着具有地域色彩，历史上曾冠之以“楚服”和“楚制”的专称。与中原民族相比，楚族性格活泼，无拘无束，富于创新精神，敢于别具一格、表现个性，这种民族性格和精神也推动了楚族在服式上不断地推陈出新。

从服饰史的角度看，目前东周时期楚国的服饰资料发现最多，不仅有大量的绘画、造型资料，还有一批难得的实物，为我们从一个侧面了解楚文化提供了丰富的资料。

我国传统的服饰有两种基本的形制，即上衣下裳制和衣裳连属制。在楚国，这两种服式是交互使用的。古制上为衣，下为裳。楚国的衣有单衣，有夹衣。有面无里的衣称为单衣，楚人称为褋，屈原《九歌·湘夫人》：“遗余褋兮醴浦。”夹衣是面和里夹合而成的。马山一号楚墓出土有夹衣的实物。按照季节分，夹衣可分为春衣和秋衣，马山一号墓中，秋衣写作緂衣，并有实物出土（緂衣）。按照《说文》的解释：“裳，下裙也。”马山一楚墓中出土了两件单裙的实物；另外在信阳楚墓的漆瑟漆画上和曾侯乙墓钟架铜人身上都可见身着下裙的人物形象。

裙的实用功用是遮羞，而不能防寒。裙内穿夸。古代文献中所说的夸是“胫衣”即穿在两腿上的筒套，今所见楚墓出土的夸的实物实际上与裤差别不大，两裆不相连，在背腰处开衩，类似于现在小该穿的开裆裤。正因夸有开衩，虽可防腿部严寒，但不能蔽羞，因此，在夸上要加穿裙。夸是裤的雏形，在马山一号楚墓发现了一件长裤，这是目前我国发现的时代最早的一条裤子实物。

衣裳连属制的服装的典型代表是“深衣”，它对我国古代服装的影响最大，古代的衫、袍都采用这种衣裳边属制，一直到现今的连衣裙也是衣裳连属制。深衣是先秦时中原的服饰，也是楚人的主要着装，长沙楚墓出土的木俑和漆卮上彩绘人像以深衣为主。

袍服也是衣裳连属的服装，是长可及脚面并有絮有丝棉的冬季服饰。楚庄王的主要服装就是“绛衣博袍”。袍与深衣的区别是，深衣曲裾，袍为直裾。直裾长袍是楚人在深衣的基础上创新的一种新的民族服装。马山一号楚墓共出土了7件袍，这七件袍又可分为三个形制。第一种形制，正身和双袖斜裁下裳正裁；第二种形制为正裁，两袖平直；第三种形制也为正裁，但两袖特长。

楚人的冠式有獬冠、高冠等。獬冠形状前高后低，为模仿獬角形状做成，由于楚文王十分喜好戴獬冠，引得楚人竞相效仿。高冠因高耸于头，故而又被楚人称为切云冠。楚人大诗人屈原就以戴这种高冠而为荣。楚人除戴冠外，还戴帻，帻是用于束发的专用头饰，马山一号墓中出土有一件帻的实物。

服饰是衣裳的有机组成部分。楚人使用的服饰主要有佩剑、佩玉、花卉及带钩。佩剑是男性的主要服饰，剑是古代防身与进攻的主要武器。楚国男性喜佩剑与楚人尚武的风俗是分不开的。剑也可能是纯粹的装饰品，如《说苑》记楚襄城君始封之日“带玉剑”。在特殊的场合，佩剑还具有宗教的意义，如女巫降神时佩剑的主要目的在于“避邪”。

以花草作为佩饰是楚人佩饰的一个鲜明的地区性特点。《离骚》云：“扈江离与辟企兮，纫秋兰以为佩。”男女佩饰香草，除起装饰作用外，还可以香气避邪、男女相悦。除此之外，楚女还以佩饰花草研末制成的香囊为俗尚，如马王堆汉墓出土的丝织危中有饰花香囊，绣绩香囊和绣罗锦底香囊，当系楚俗遗风。

发式除了产生美观效果外，还是民族识别的最重要的标志。见于考古资料楚人发式主要有四种：第一种发式是把长发于颈后结束，自然下垂。江陵马山一号墓的2号木俑头上的长发梳向脑后，用带束成一支，下端自然松开下垂，头发并未加以编结。信阳长台关一号楚墓的两件木俑的长发在后脑束拢，自然下垂。第二种发式是长发在脑后梳拢，并编结成长辫自然下垂腰间。这种发式见于荆门包山二号楚墓出土的木俑。第三种发式是脑后挽譬。长沙陈家大山楚墓出土的人物龙凤帛画上的女子便是这种发式。长发在脑后部挽成的譬用丝带扎紧，使之向后突出，末端略向上翘。第四种发式是垂譬。这种发式是把头发梳向脑后，编成为一束，在发束的下半段较膨大。

此外，楚人崇尚的一些主要的民俗风习是崇巫重祀，尊龙崇凤，尚武、尚左、好细腰等，在此不一一细述。

六、才饮长江水，又食武昌鱼

记得毛泽东曾有词云：“才饮长江水，又食武昌鱼，万里长江争渡……”说的就是湖北的武昌鱼，武昌鱼实际上不是产在现在的武昌，而是古代的武昌，即现在的鄂州境内的梁子湖。该湖湖面辽阔，直通长江，江水可倒灌。由此使湖水水质好、饵料丰富，便于武昌鱼的生长繁殖。武昌鱼属鳊鱼的一种，又名团头鲂。体形呈扁平状，重一市斤左右或二三市斤，肉质嫩白，含丰富的蛋白质和脂肪。属名贵淡水鱼类。毛泽东的一句“才饮长江水，又食武昌鱼”，让武昌鱼名扬天下。

武昌鱼分红烧和清蒸两种口味：红烧香，有味道；而清蒸则更嫩而鲜。湖北菜系由荆南、襄郧、鄂州、汉沔四大风味流派组成。荆南风味擅长烧炖野味和小水产，鸡鸭鱼肉蛋奶蔬果粮豆合烹，用芡薄，味清纯，注重原汁原味，淡雅爽口；襄郧风味以家禽为主料，杂以鱼鲜，精通红扒熘炒，入味透彻，汤汁少，软烂酥香；鄂州风味以加工粮豆蔬果见长，讲究烧炸煨烩，特色是用油宽，火功足，口味重，乡土气息浓厚；汉沔风味以烧烹大水产和煨汤著称，善于调制禽畜海鲜。

用武昌鱼可以烹制出数十种不同风味的鱼菜，如清蒸武昌鱼、花酿武昌鱼、蝴蝶武昌鱼、茅台武昌鱼、鸡粥奶油武昌鱼、红烧武昌鱼、杨梅武昌鱼、白雪腊梅武昌鱼等，其中尤以清蒸武昌鱼脍炙人口，清香扑鼻，肉嫩味鲜，已是驰名中外的上等好菜。

湖北武昌鱼

武汉人请客，特别是招待外地客人，总要安排几道具有武汉特色的名菜佳肴表示主人好客的盛情。其中以武昌鱼为主要原料的菜肴，如清蒸武昌鱼或红烧武昌鱼、花酿武昌鱼、杨梅武昌鱼等，是必不可少的。现在还有方便的包装成品武昌鱼出售。

那么，“武昌鱼”有什么来历呢？这要从历史故事讲起。公元221年，割据江东的孙权见曹丕代汉称魏帝，刘备亦在蜀称帝，遂作称帝的准备，自公安迁鄂（今鄂州），取“武而昌”之义，改鄂为武昌。公元229年，孙权即帝位，改元“黄龙”，迁都建业（今南京）。公元265年，吴国末代君主孙皓又自建业迁都武昌，扬州诸郡百姓溯流供给武昌帝室、官僚消费，劳役烦重，怨声载途，甚至有人劫持吴主庶弟孙谦，抗议迁都加重了民众负担。左丞相陆凯乃上流引童谣云：“宁饮建业水，不食武昌鱼；宁还建业死，不止武昌居”，极力要求还都，孙皓终于返回建业。这段史实使“武昌鱼”的名声大振，以此事入典的诗词历代多有，著名者如南北朝时诗人庾信所作《奉和永丰殿下言志十首》：“还思建业水，终忆武昌鱼。”唐代诗人岑参《送费子归武昌》：“秋来倍忆武昌鱼，梦着只在巴陵道。”宋代诗人范成大《鄂州南楼》诗：“却笑护乡垂钓手，武昌鱼好便淹留。”伟大的无产阶级革命家和诗人毛泽东《水调歌头·游泳》中的“才饮长沙水，又食武昌鱼”，可谓典故活用，更使武昌鱼扬名天下。仔细品味这些诗词佳句，可知“武昌鱼”本来是对古今武昌地区所产鱼类的泛称，包括了鲫鱼（细头鱼）、鲍鱼，鳊鱼，鳜鱼（鳜鱼、鲫鱼）等肉嫩味美的上等品种。

黄鹤楼前江中有回流，漩涡波纹呈梅花形，俗称“梅花水”，据说其中所产鲤鱼味最鲜美。同治《江夏县志》载：“鲤鱼三十六鳞，惟黄鹤矶头鲤鱼王十七鳞，其味肥而美，立冬后腿鱼者喜买之。他省呼之曰‘楚鱼’。”近读徐明庭先生辑校的《武汉竹枝词》，其中清末范籍《春日武昌杂咏》有诗称：“吾庐天地不曾租，绝好闲官事又无。浇酒洲边告鹦鹉，年来食饱武昌鱼。”这里的“武昌鱼”，也印证了上面的推测，一个闲官，无事就到鹦鹉洲边喝酒、吃鱼，当不至于总是吃的一种鱼吧，可见是泛指。或问，既然是鱼类泛称，为何不称“汉阳鱼”、“汉口鱼”，偏偏要称“武昌鱼”？这是因为：（1）有上述建业一带童谣在先，人们作诗引用现成的典故；（2）武昌长期以来是湖北乃至两湖地区的政治中心，又有黄鹤楼那样的千古名胜，历代政要、墨客骚人来湖北，总要落脚武昌，吃到武昌的鱼。当他们写诗吟咏武昌时，很自然地就用“武昌鱼”来指称武昌地名或泛指在武昌吃到的鱼。现在作为湖北著名品牌的“武昌鱼”，是后来经过科学鉴定而命名的。

20世纪50年代初，我国鱼类学专家、华中农学院教授易伯鲁等通过对梁子湖（由武昌县即今江夏区和鄂州市共辖）所产编鱼进行观察、鉴别，发现了三个编亚科鱼种，即长春编、三角编和团头鲂类，前两种鱼广泛分布于全国各地江湖，惟团头鲂系梁子湖独有，故命名为“武昌鱼”。团头鲂与三角编同属鲂，但据易伯鲁的研究，团头访有几个主要特点：（1）团头鲂吻端纯圆，同三角编比较，口略宽，上下曲颌的曲度小；（2）团头鲂的头一般略短于三角编；（3）团头鲂尾柄最低的高度总是大于长度，三角编尾柄的长度和最低高度几乎相等；（4）团头鲂的中室是最膨大的部分；（5）团头鲂腹推和肋骨13根，三角编却只有10根；（6）团头鲂的体腔全为灰黑色，三角编为白色，带有浅灰色色素。这种鱼确实具有肉嫩味鲜等优点，加上毛泽东诗词的名人效应可资利用，武汉饮食行业便将其作为名菜推出。但是普通的市民并不能辨别上述这些特点，常常把所有的编鱼都认作武昌鱼而介绍给外地来的客人，客人们也便一面品尝着清蒸编鱼或花酿武昌鱼、杨梅武昌鱼，一面吟咏着“才饮长沙水，又食武昌鱼”的诗句，高兴地感谢主人的盛情。

第七章

巴蜀文化——天府之国

巴蜀地区是中国文明的重要起源地之一，是长江上游的古代文明中心，巴蜀文化是中国文化不可分割的重要组成部分。四川人创造了巴蜀文化，巴蜀文化反过来又影响了四川人的风俗习惯和人文精神。随着时代的发展和文化本身的演变，巴蜀文化经历了数千年的深刻变革，有许多文化因素已被历史的浪潮所淹没，但它的基本文化形态、人文精神和民风民俗却长期保留，并以此区别于其他各种各样的地域文化。

一、金山丽水蕴含宝英

站在贡嘎山上俯瞰祖国西南，有一处地方崇山连着峻岭，隔断地平线，像重重屏障环围，形成封闭的盆地，又有河流连着大江，绕过青峰，冲出峡谷，将盆地内外紧密连接……这就是有着“天府之国”美誉的四川盆地。

乐山大佛

1. 巴蜀文化的摇篮

位于中国西南部的巴蜀文化区，是指以四川盆地为中心，兼及周边地区而风俗略同的地区，它的腹心地区大致与今日四川省和重庆市的区域相当。

从世界地图上，我们可以看到一个有趣的现象：巴蜀位于东亚大陆腹地的“两河流域”——黄河与长江之间，而与巴蜀同纬度的西亚的美索不达米亚则位于西亚“两河流域”之间的肥沃新月地带，还有同纬度的北非尼罗河谷，它们都有相似的地理条件：土地肥沃，水源充足，物产丰富，都是人类古代文明的生长区。

在盆地地貌图上，以华蓥山、龙泉山为界，我们可以用笔划出盆地内部西、中、东三个部分：

西为川西冲积平原，是四川全省仅有的大平原。其中以岷江、沱江冲积成的成都平原为最大，为盆地中农产最盛、人口最密区域，古称“华阳之地”，是巴蜀古文明兴起的一个重要区域。

中为龙泉山与华蓥山之间的川中方山丘陵，已辟为梯田、台地，是全省最大的农业区。

东为华蓥山以东的川东平行山谷，这里的川江两岸是古代巴人活动的主要地区之一，也是巴蜀古文明兴起的另一个重要区域。

巴蜀地区因地形多样，物产丰盈，资源丰厚，自然条件十分优越，自古以来即为农业富庶之区。成都平原，古称“广都之野”，适宜于亚热带常绿阔叶林生长，这里自古即是山清水秀，葱茘绿郁，夏无酷暑，冬无严寒，适于农耕的美丽富饶之地，故有“天府之国”的美称。

今天的重庆市和四川省境内大小河流约有1300余条，东部盆地所有水系都由南北两方汇入长江，呈树枝状水网，流聚于盆底的最低部，全盆地的河流皆汇聚于长江，这是巴蜀文化具有强烈向心力的地理原因之一。

巴蜀地形复杂多样，含盆地、平原、丘陵、山地、高原、高山诸种类型，大致可划分为东西两部分。

长江三峡之巫峡

东部盆地四面环山，冬季寒潮不易入侵，夏季焚风现象显著，具有冬暖、夏热、春早，无霜期长，雨量充沛，湿度大，云雾多，日照少，秋季多绵雨的特点。“西蜀天漏”就是形容盆地多雨的特征。重庆市因云雾多而被称为“雾城”。西部高原地形复杂，海拔悬殊，因而气候变化很大，有多种类型，具有干雨季分明、日照充足。巴蜀东部和西部不同的地形和气候，带来这里生物圈内的兼容性和多样性，其植物种类比整个欧洲还多，是珍稀动植物的宝库。资源植物约有4 000多种，其中珍贵的有古老的珙桐、连香树和水青树，有水杉、银杉、冷杉、云杉、银杏等高大乔木，有古老的铁树——苏铁，有各种杜鹃和花楸，不同时令开不同颜色的山花，烂漫幽香。还有箭竹、水竹、方竹、筇竹等40多种竹类灌木层，是珍贵动物大熊猫食用的“粮仓”。不同门类的野生植物中蕴藏着极为丰富的经济资源，其中单是各种中草药就有约4 000种，川贝、虫草、川连、川芎、天麻、巴豆、巴戟天、蜀椒等药材，多年来驰誉中外，至今在全世界的中药市场上，仍以“川广药材”为其美称。巴蜀动物资源十分丰富，有脊椎动物1100多种，占全国总数的40%以上，列入国家保护的珍稀动物有55种。举世闻名的大熊猫，今天主要生息在四川境内西北部的几处自然保护区内。金丝猴是栖于树上的“金发女郎”，它的法国名称叫做洛克塞尔安娜猴，是用一个俄国金发女郎的名字命名的。扭角羚是森林、灌丛和草甸之间的游民，角似羚羊但扭曲似牛，头似马但嘴有羊胡须，肩似驼但尾似鹿，被美国著名动物学家夏勒命名为“六不像”。还有小熊猫则是大熊猫的亲密伙伴。从历史渊源上看，它们都是一百万年到几百万年以前的古老动物，曾共同经受过第四纪冰川的严峻考验。优越独特的生态环境为巴蜀农业文明和城市文明的很早兴起创造了十分有利的条件。至今，巴蜀还受着这样优越的自然条件和生产条件的恩惠。

良好的生态环境，是巴蜀文化生长、繁衍的温床，它不但造福于历史，而且造福于今天，还将继续造福于未来，直至永远。

国宝大熊猫

2. 巴蜀形局

今天的重庆市和四川省古称巴蜀，历史上范围还要大些。大致说来，盆地西部和中部地区称为蜀，盆地东部（即习称的川东）地区称为巴，而整个盆地连同周边地区则又通称为蜀。不过，巴蜀的地域范围并不是一成不变的，它有一个历史演变过程，这个过程是与巴蜀文化区以及历代行政区划的变动大体上相适应的。在战国以前的历史文献里，巴与蜀是分称的，不论在地域范围、人类群体，还是在古国、古族等方面，巴、蜀之间都有着清楚的分野。到战国时代的文献中，才开始出现巴蜀合称的记载，从地域相连的角度反映了巴与蜀文化和人类群体的交流融汇。巴国最初立国在汉水上游一带，西周春秋时沿大巴山北缘向东发展，战国时代南移长江流域，溯江而上进入川东今重庆地区，从此重庆地区便成为了巴国大本营的所在。殷墟甲骨文中和西周甲骨文中多次出现有关“蜀”的记载，殷周甲骨文中的蜀，指的是以成都平原为政治经济文化中心，北边包括汉中盆地在内的古蜀国。正是这个古代蜀国，曾在商代创造过高度发达和辉煌的三星堆文明。公元前316年，巴、蜀统一于秦后，秦在巴、蜀故地分置了若干个郡，而分别以巴郡和蜀郡为中心。这样，以巴和蜀分别作为川东、川西的政治经济中心的这个格局连同巴和蜀的名称，便一同保存了下来。隋唐以后，巴和蜀虽然不再是郡、州、道的行政区划名称，但一直作为地区的代称在各种场合被广泛地加以使用，以致成为地域、人群和文化最重要的标志，直到今天。

“四川”这个名称，始见于宋代。宋真宗咸平四年（1001年）设益、梓、利、夔四州路，治所分别为今成都、三台、汉中和奉节。这四路，一般称为川峡四路，简称为“四川”。在宋徽宗大观三年（1109年）的诏书中就正式使用了“四川”一词，这是目前所见到的将“四川”作为行政区划略称的开始。元代在宋代的川峡四路基础上设四川行省，简称四川省，省治成都。从此“四川”一名沿用下来。1998年3月行政区划调整，将四川分为今重庆直辖市和四川省。

盆地的特殊地理环境，对巴蜀文明的发生、发展和演变带来强烈影响：一方面，盆地四周有高山屏障，自成一个地理单元，古称“四塞之国”，历史上“蜀道难，难于上青天”，使它的文化面貌具有显著的地方性，即古人所谓“人情物态，别是一方”。另一方面，由于盆地的地理位置正处于我国西部高原和东部平原的过渡地带，处于北方的黄河流域和南方的长江流域的交汇地带，这种东与西、南与北的交汇位置，又促成了巴蜀先民很早以来就致力于突破群山封锁、开拓对外交流的奋斗，使得巴蜀文化虽不可避免地具有农业文明的封闭性和静态性，但它又明显地具有对外努力开拓的开放性。在巴蜀地区，不仅由于环境的多样化和兼容性带来山林竹木、瓜果药材、北粟南稻、桑蚕漆蜡等应有尽有，更重要的是促成了巴蜀人巧思勤作、不畏艰险、勇于开拓、兼收并蓄等传统的形成。只要跨出盆地，东出三峡，便与楚文化的孕育地江汉平原山水相通；北越秦岭、大巴山，便与秦陇文化的中心关中之地岭谷相连；走近西北，则与横断山脉的“藏彝走廊”路途相接。所以，司马迁说：“栈道千里，无所不通”。先民们以世世代代的努力突破了四周山地的阻隔，打通了若干条对外通道，促成了与四方的交通和经济文化的交流，形成巴蜀文化善于兼容和开放的明显特点。

蜀文化造就了四川人，巴文化造就了重庆人。蜀文化与巴文化不能分家，四川人与重庆人在文化血缘上有割舍不断的联系。巴文化与蜀文化是一脉相承的。

二、九天开出一成都

七十多年前，朱自清曾告诉当时的世人——“据说成都是中国第四大城”。几年前，《新周刊》出了一本专辑，主题就是“中国第四城”。这本力捧成都的专辑着实让成都的百姓们兴奋了好久。

有一套“老城市”书画集，是请各地的知名文人撰文并配以各地的老照片而成书，主要描写各地的历史旧貌和风土人情。《老北京》、《老上海》、《老天津》、《老西安》、《老苏州》、《老杭州》、《老重庆》

等十余册陆续出版，唯独久候不见《老成都》的出版。

也许，《老成都》的姗姗来迟是因为成都在中国的城市之林中实在太特别，有太多可以描写和渲染的东西而令作者无所适从；或者，有太多的人想写成都，长争久恃而不决；或者，有资格写成都的当地文学界人物太多，令人难定伯仲。

1. 九天开出一成都

“九天开出一成都，万户千门入画图。”此诗句出自李白的《上皇西巡南京歌十首》，唐代长安为京都，故位于其南的成都是为“南京”。李白这极尽赞美的评价，令人想象出当时成都的繁荣盛世。

“古今沿革，有时代性；山川浑厚，有民族性。”（黄宾虹：《九十杂述》）今天，翻开建城已2400多年的成都的历史画卷，人们莫不惊叹于她历史上那些辉煌而令人骄傲的华章。

“成都”之名的来由有多解，其中一个最权威的解释应该是“成都”二字表示“蜀族居住之地”。“成”与“蜀”二字的古蜀音相近可通，而“都”在古蜀语中即“地方”。

蜀人的初民“资阳人”，生活在旧石器时代的晚期，距今在数万年到十万年之间。

一万年前，川西平原已经成为古蜀族的活动中心。治水先祖大禹相传就出生于川西岷山的蜀族某部落。“蜀”字在殷周时代的甲骨文中已有记载。殷末周初，蜀已走上了中原逐鹿的政治舞台。蜀，是周武王伐纣时的“西土八国”中之一。

四千多年前，来自岷山深处的古蜀人来到山下的平坝（即川西平原）并定都于此。

成都郊区的广汉三星堆，是四千多年前古蜀国的城邦遗址。

古蜀国的几个著名王朝蚕丛（蛰居山地）、柏灌（迁居平川）、鱼凫（猎渔为生）、杜宇（开创农耕）、开明（治水定邦），都以川西平原为中心。蜀开明帝时，正值中原地区的春秋中期及战国后期。

二千三百多年前，统一的秦国将四川并入版图，并在巴蜀设郡。当时，“秦之迁民皆居蜀”。

二千三百多年前后，西南先民开拓的南方丝绸之路（蜀身毒古道，“身毒”即印度）从成都入云南、至缅甸、达印度，并转中亚而往欧洲，比西北的丝绸之路要早二百多年。

二千二百六十年前后，蜀郡太守李冰在成都西部督师营造举世闻名的“都江堰”水利工程，泽惠千秋万代成都人。

都江堰是中国最古老的水利工程

最早的“天府”之誉，本是赞美秦汉时期的关中（今陕西汉中）。关中没落之后，遂改秦成都为“天府”至今。

楚汉相争时，刘邦夺取天下所恃的经济来源主要在巴蜀。诸葛亮在《隆中对》中说：“益州（成都）险塞，沃野千里，天府之国，高祖因之而成帝业。”西蜀历来是富庶之地，安乐之乡，易守难攻的险固之所，为历代统治者所重视。所谓“天下未乱蜀先乱，天下已平蜀未平”，道尽了蜀地数千年来的治乱形势。

西汉前期，四川的经济实力已位居全国之首，正如《华阳国志·蜀志》所说，那时的成都“家有盐铜之利，户专山川之材，居给人足，以富相尚，……汉家食货，以为称首”。

东汉时，成都是首都长安之外的“五大都”之一。当时成都人口已有

39万，与京城长安的人口已不相上下。《后汉书》说："蜀地沃野千里，土壤膏腴，果实所生，无谷而饱，女工之业，覆衣天下，名材竹干，器械之饶，不可胜用。又有鱼盐铜银之利，浮水转漕之便。"

四川在汉代就已开始了全世界最早的天然气开采和利用，并有了最早的盐井。汉代的成都更是全国的织锦中心，当时的蜀锦驰誉天下。

三国蜀汉时，成都是蜀国都城，那时的成都"田畴辟，仓廪实，器械利，蓄积饶，朝会不华，路无醉人"。

唐代是中国古代历史上的中兴时代，而当时"大凡今之推名镇，为天下第一者，推扬、益"（卢求《成都记序》）；或者说"扬一益二"（司马光《资治通鉴》）。

唐朝的成都"土地沃美，人士俊义，一州之望"，已成为全国最大城市之一。"人富粟多，浮江而下，可济中国"（《新唐书》）。

在唐代，成都还是全国的造纸中心，"益州麻纸"是官方指定的公文用纸。

到了宋代，成都出现了全世界最早的纸币"交子"。当时四川人口占南宋的近四分之一，而财赋收入更占南宋的三分之一。时人曾有"蜀亡则宋亡"之叹。

四川称省始于元代。成都从此就一直是四川省的省城。成都作为城市之名，首先在战国前期的古蜀开明帝时代。从建城到今天一直使用原名而不变的大城市，在中国只有成都一个。

"锦江春色来天地，玉垒浮云变古今"。穿过时光的隧道后，今天的成都融传统文明与现代文明为一炉，既是历史文化名城，又是西部经济重镇。成都绚丽的历史为今日城市现代的躯壳赋予了不朽的文化灵魂。

2. 万里桥边多酒家

成都无疑是中国一座历史悠久的都市，也是中国西部最具发展前景的城市。而在"都"、"城"和"市"三者之中，尤值得一提的是成都的"市"。多半是因为历史和自然的原因，成都的市场氛围毫不逊于其文化氛围，而成都的市场文明又和当地的地域文化过从甚密、相得益彰。

由古至今，成都人在商品市场方面的探索，从来就没有落后过。人们从成都至今还保留下来的许多地名和街名中，不难感觉到成都今夕的市场曾经有过多么的兴盛和繁荣：骡马市、盐市口、牛市口、羊市街、珠市街、糖市街、打铜街等等……还有好多好多。

今天的整个成都市区几乎就是一个硕大无比的市场，但凡临街傍道之处，差不多全是林立的商场店铺，颇有些像香港的铜锣湾、尖沙咀和旺角。与全国主要城市作比较，每十万人所拥有的店铺数量，成都大大超过了上海、广州、深圳等大型商业城市而居全国之首。就连近年才兴起的外商投资的大超市、大卖场等，成都也夺了头魁。成都人乐得在此起彼伏的新店开张打折活动中来来往往。

任何事物只要与交易有关，在成都就一定能火起来。新中国的第一支股票“蜀都股份”曾于1980年底诞生在成都。君不见成都今天的股市、彩市、球市、楼市、报市、邮市、书市、花市、药市、茶市、酒市、衣市、宠物市乃至麻（将）市等等，哪一样不是轰轰烈烈！

成都的球市，是中国球市的根据地和晴雨表。本来并不喜好运动的成都人痴迷足球的本质原因实在令人费解。或许，他们并不是在真正欣赏足球运动和足球艺术，而是陶醉于球市的热闹，或者跌宕于球市的商机。

成都的楼市，其竞争水准在中国的西半部堪称第一，与许多沿海城市相比也毫不逊色。这里的大盘不多、好盘却不少，楼质精良、盘名典雅。成都的住区，融入了成都人对文化和艺术的精致和细腻，加上媒体的渲染，成都楼市的热闹程度与广州、深圳不遑多让。

成都的餐饮历史悠久。三千多年前，成都就有了酿酒工艺，这里的“水井坊”被称为“中国白酒第一坊”。全国历次名酒评选结果，川酒少则占三成，多则占四成。据说四川的面条，竟有多达260种做法。成都的餐饮业林林总总，花样之多、性价比之好，全国无一城可望其项背。所以，某作家笔下写道：“成都人饮食之精细、口味之刁钻，为世所罕见。”据说，几年前麦当劳初到成都探路时，也怕斗不过川菜，竟借口“此地不适合麦当劳”而遁走。无独有偶，听说驰名中外的北京“全聚德烤鸭”在成都的分店不久前歇业。原因很简单北京人太低估了成都人的口味和成都人烹鸭的水平。

成都的茶馆举世闻名。文献载，清末时成都有街巷516条，而茶馆竟有454家。1935年时成都更已有茶馆600家，每天茶客达10万之众。今天成都的茶馆更开出了国际水平，高档茶室的精美水准和文化品位竟可媲美五星级宾馆。

成都的服装新潮、大胆而领先。成都人在穿着方面的成就，绝不输给开埠更早的广州和上海。大凡外地人到成都，都目不暇接于街头的成都人和衣着服饰，有如游走在花丛之中。

成都的糖酒，以一年一度的全国糖酒会而著称。每年的成都糖酒会，好比广州的交易会。凡遇会期，成都便人车拥塞、宾馆爆满、物价随涨，使外地人对四川这个盛产食糖和名酒的西南省会顿生敬慕。

成都的媒体也不甘落后。横看全国，像成都媒体这般火暴的，可能只有北京、广州两地。成都的报业竞争激烈，炒作之风盛行，多半是因为成都人太需要茶余饭后的“作料”。成都人的嘴因爱好美食而吃出花样，因爱好神侃而道出名堂。

成都之所以各类市场蓬勃及至“泛滥”，实在因为成都人那优哉游哉的生活方式对商业有着太多的需求。《菜根谭》中说：“天地有万古，此身不再得。人生只百年，此日最易过。幸生其间者，不可不知有生之乐，亦不可不怀虚无之忧。”成都人绝对最懂得在人生每日的忧与乐中寻求刺激和满足。

都市百姓的传统玩法听川戏、坐茶馆、养宠物、搓麻将、下馆子、集古玩、看热闹，都市人们的现代玩法健身、跳舞、郊游……，成都人无不大精其道。成都的“市”，实在是成都人玩出来的，侃出来的，休闲出来的，消费出来的。所以，才会永“市”不衰。

3. 篷门今始为君开

历史上的成都曾经有过辉煌的时代，今天的成都也并未落后于这个时代。若以政治经济地位论，成都曾为西南局之首府，在西部开发中位居战略重地，机场吞吐量也排在全国第四，更被媒体誉为“中国第四城”。在国务院批准的城市战略规划中，成都还是“三个中心（科技、商贸、金融）、两个枢纽（交通、通信）”。成都有她为自己骄傲的理由。

从文化的意义上说，成都在中国的地位或许比“第四城”还高。上海尽管经济上遥遥领先、西安尽管也历史悠久，然论及传统的地域文化与现代的商业文化结合之深，断不及成都。

余秋雨曾经用一句无以复加的话语来褒赞过成都——“中华文明所有的一切，成都都不缺少”。成都真可谓“得天独厚”。然而，成都的缺陷也是十分明显的。当人们更多地在注意成都的优势时，成都的确需要清醒地了解，正是因为这些“得天独厚”而产生的“天府心态”和“盆地意识”，导致了成都今天和未来发展的某些劣势。

首先，与沿海大城市相比，成都毕竟位居中西部。对于“入世”之后的中国来说，业已成为投资主体之一的外商资本肯定更加青睐沿海城市，在那里，人员的进出和物流的进出都更加便捷，运输成本也就更有优势。今天苏州和杭州这两个城市在经济上的崛起，十分令人关注。同是休闲文化城市，东部的苏州和杭州正在春风得意、绝尘而去。

其次，成都尽管堪称大都市，但绝对还不是而且短期内也难以成为一个国际大都市。本土文化的过于厚重，使成都游离于国际文化之外，很难与上海这类国际化城市竞争，甚至重庆的国际化程度可能都比成都高。

第三，也是最为重要的，乃成都人的某些意识缺陷。当今的经济世界正在发生着许多新的变化全球化时代、快吃慢时代，网络信息时代等等。在这种新的形势下，成都人这个文化群落可能由于其禀赋中的惰性、保守和自傲等特质而失去许多机会。

例如，成都人少些雄心和壮志、豪情与大气。在强凌弱、大欺小、快吃慢的竞争时代，必须做强做大，而闲适主义的成都和成都人，多小富即安，不富亦安，不求大成。他们似乎觉得，能够在西南或者西部一隅“雄起”足矣，何必去拔什么头筹、行什么使命。

又如，成都人绝少外出发展。在四川以外的地方，人们碰到的成都人，十之有九是出来游玩的闲云野鹤，而绝少是到外埠创业发展的。据说全国部分城市做过调查，成都人的“本地化率”（祖辈久居成都而不外迁者所占总人口之比例）在全国城市中为最高，并遥遥领先。

再如，成都人安于舒适而不重速度。“在重庆建一公里路的成本在成都可以建七公里路”所产生的负面结果使成都人太有优越感，成都人的速度感和品质观也就由之而弱化。而在“涅”艰境中图谋新生的重庆，正以咄咄之势重新崛起。在不久前的一次全国餐饮百强选拔中，重庆那从川菜中剥离出来的“渝菜”餐馆竟以八比三的战绩大胜川菜，这似乎成了警醒成都人的一个不容轻视的信号。

固然，成都也需要创造和保持她自有的特点。以商业、旅游、会展、餐饮、房产、传媒等第三产业为主的成都，其实可以创造一种更符合未来人性化城市生存和经营的模式。成都就是成都，成都就应该是一个与众不同的成都。成都将因为她的与众不同而保持她的独特的魅力。

未来的成都或许是迅速崛起的一个特大型城市独居于西部诸城之首；或许与重庆兼收并蓄、并驾齐驱，共同组成长江上游经济区；或者创造特点，成为中国内地第一个最适合移民居住的生态型城市；或者蓬门大开，成为中国中西部一个不可替代的国际大都会。

三、自古文人多入蜀

“自古文人多入蜀”一语沿自“自古词人多入蜀”。四川一直就是我国的文化盛地。三国时期，诸葛亮“两表”耀千秋；唐代的诗仙李白、诗圣杜甫等大批文人云集于此；宋代，苏洵、苏辙、苏轼一门三父子；现代的文学泰斗巴金、大文豪郭沫若均出自此地。

成都地区自古以来物华天宝，地灵人杰。成都人却从来崇文不尚勇，此地多出也似乎只出诗人、文人、高士或学者。因为过于重文，这个少有的历代古都竟没有多少帝王之气，只是在街名地名中还依稀可以感到昔日皇城的存在。就连成都唯一的名山青城山，也是以“幽深”而不是以“雄奇”著称于天下。

古往今来，在成都休养生息和挥洒诗文的杰出文人“彬彬辈出”。成都人物的历史长廊，几乎全都由文人占据。从屈原、宋玉开始到李白、杜甫、苏轼、陈子昂、白居易、陆游……自古文人多入蜀。“初唐四杰”中的王勃、卢照邻，唐代著名边塞诗人高适和岑参，画圣吴道子，诗仙李白、诗圣杜甫、伟大的现实主义诗人白居易，唯物主义诗人刘禹锡，著名大诗人元稹、李商隐，宋代的苏轼、黄庭坚、陆游、范成大等等，都曾在成都游历和定居，并且都留下过许多流芳百世的华美诗文。其中，杜甫在四川期间曾写诗四百余首，有多半作于成都的草堂。

明代何宇度在《益部谈资》中说：“蜀之文人才士，每出，皆表仪一代，领袖百家。”成都人司马相如便是四川古代文化史上第一个最著名的文学家，汉武帝在读其《子虚赋》后竟惊叹“朕独不得与此人同时哉”，他与才女卓文君的爱情故事也广为传诵。成都人扬雄是西汉末期人，乃中国古代著名的文学家、哲学家和语言学家。晋时有著名史学家、文学家陈寿，著有《三国志》为前四史之一；唐代大诗人李白诗名千古传扬；宋代苏洵、苏轼、苏辙父子三人同时位列唐宋散文八大家。唐代著名女诗人薛涛也是成都当地人，中国古代文学史上十分著名的“两表”诸葛亮的《出师表》和李密的《陈情表》都写于蜀中。

外埠入蜀者中之名人也有许多，汉景帝末年的蜀郡守、大教育家文翁，其在成都城南修建了一所郡学，称为“文学精舍讲座”，以石为室，号称“石室”，这就是成都著名的石室中学的前身。史家评论说：“至今巴蜀好文雅，文翁之化也。”蜀汉王朝丞相诸葛亮，还有南宋时大史学家李焘（《续资治通鉴》），明代的大才子、多产作家杨慎（号升庵）有各种著述四百余种，比西方著名的多产作家巴尔扎克还多三倍。在“蜀道之难，难于上青天”的那些年代，有这么多文人齐聚远离京城和中原的地方而寓居成都，实在令人称奇。还有，现代文学巨匠郭沫若、巴金、李劼人、沙汀、艾芜，当代文坛怪杰魏明伦、流沙河也都是成都人或川西蜀地人。这些名流大家足以为四川增色。成都在文化上有如一个“国中之国”。

但若问四川有没有大思想家、大理论家，他们会默默不语的。齐鲁文化有大思想家孔子和孟子，儒家学说影响了中国几千年；中原文化有道家鼻祖老子、庄子和儒学大师程颐、程颢；江浙文化有以王阳明为代表的儒学大师和黄宗羲、顾炎武等思想家；湖湘文化有以王夫之、曾国藩为代表的思想家。

魏明伦曾经与余秋雨笑谈：你们上海文坛圣者巴老，是我们四川老乡。还有，黄浦外滩的上海市长巨大塑像，也是我们四川人陈毅啊！共和国十大元老，四位说川话。四川人文武全才，文到魁首，武到元戎。

众所周知，大画家张大千是四川人。但世人罕知，还有一位四川人陈子庄是“凡·高”式的大画家。他生前受尽政治运动折磨，穷困潦倒，沦为街头苦力，死后才被国内外画坛发现其作品的巨大价值。

魏明伦如斯评价李宗吾：“还有一位四川自贡人，幸好只活到花甲之岁得以善终，如果活到古稀之年必定惨死！此人便是‘厚黑教主’李宗吾。他佯狂创建‘厚黑学’，戏言与儒教孔子、道教老子、佛教释迦牟尼并列。其愤世嫉俗的揭露批判影响，以下个世纪仍有生命力。不仅传播全国，还覆盖海外华人社会。”看来四川不仅多才，而且盛产怪才；四川不仅本地产才，还能大大地吸引外地的文人。

四、巴蜀大比拼

如果说蜀文化是“盆地文化”，那么巴文化则是典型的“山地文化”。过去人们认识上有一个误区，将巴蜀文化混为一谈，其实巴文化和蜀文化是有明显差别的。

在重庆和成都都属四川省两大重要都市时，世界上很少有两座城市像这两大城市那样，给我们呈现出如此奇特的面貌：它们同属一个地域，同是一个行政区域仅有的两大城市，相隔也不过几百公里，但两座城市的脾气血性却是迥然不同甚至截然相反的。说气候，重庆湿热难耐成都凉爽宜人；说地形，重庆山重路不平，成都一马平川；说人的性格，重庆人火暴耿直，成都人细致绵软；就连饮茶也相反，重庆人喝的是浓烈苦涩的沱茶，成都人却喜欢喝芬芳袭人的花茶。蜀地的成都人和巴国的重庆人也从来没有停止过对比和较劲。盛产高人奇士的成都人和广出英雄豪杰的重庆人也很爱把自己与对方作对比。

相隔不过数百公里，乘飞机只要半个多小时，巴渝重庆和西蜀成都两地的文化差异却如此之大。自古以来，“巴出将，蜀出相”。巴出雄杰，蜀育英才。巴人武至元戎，蜀人文达魁首。成都从来文人荟萃而鲜见武勇之人，这一点与近旁不远的重庆大相径庭。位于川东山地、两江交汇之处的重庆，原为古代巴国的首府，其文化传承来自于山民、码头而至袍哥，从来就尚武勇而轻文柔，从古巴国蔓子将军、三国时巴郡守将严颜、明末巾帼秦良玉、辛亥革命时的邹容，到共和国十大元帅中四位（朱德、陈毅、聂荣臻、刘伯承），还有四位（彭德怀、林彪、罗荣桓、贺龙）的出生地在湖北、湖南，而古时候这些地方也属于巴国范畴。

古文献（《华阳国志》等）说蜀人“君子精敏，小人鬼黠”，“精敏轻疾”，“其民柔弱”，“民知礼逊”，“民性循柔，喜文而畏兵”，“重利轻义”，“民风尚奢”，“性轻扬，喜虚称”，“少愁苦，尚奢侈”，“器小而易满”；巴人则“质直好义”、“土风敦厚”、“俗素朴”、“重迟鲁纯”、“民刁俗敞”，“无造次辨丽之气”、“性推诚而不饰”。

重庆人胆大、心直、外向，多些叛逆的江湖气而少些规矩和儒雅。成都人聪慧、灵活、内敛，多些守成的市井味而欠些率真和胆识。记得文革前期搞武斗盛行时，四川全境都不得安宁。不过那时，成都的雷声大雨点小，惟重庆玩的是真刀真枪。在重庆的武斗前线，从不见来自成都的雅士；而在成都的武斗战场上，冲锋陷阵者却多是重庆来的好战者们。

成都自古得天独厚，几无旱涝天灾。此地商事发达，四面八方的民众皆以能到成都居住养老而满足。历史上成都也七次遭外省人割据而拥（公孙述、刘备、李特、王建、孟知祥、明玉珍和张献忠）。无论风云如何变幻，成都始终是一个十足的“安乐窝”，成都人总是淡定自若“稳得起”。今天的成都人自嘲是：“吃点麻辣烫，打点小麻将，喝点盖碗茶，看点Y（成都俗语，‘Y’即劣质）录像。”秦汉时关中人说“少不入川”，就是怕年轻人来此地会消磨人生的斗志，销蚀奋进的锐气。

重庆与成都相反，大山起伏、两江环抱。在重庆建一公里路的成本在成都是可建七公里。在以往那些交通十分不便的年代里，重庆人一直在挣扎中生存。苦是苦些，却不乏昂扬斗志，与山斗，与水斗，也就是斗出了重庆人今天特有的刚毅。元代的重庆人在钓鱼城抵抗元军达三十六年而不降。

成都的城与重庆的城大不一样。成都一马平川，无灾无险，筑路和建城都十分容易。成都的城市建设如同成都人的生活一样潇潇洒洒，每年都会新建好些路、改造好些路。然而无论怎么建设发展，成都的城市总显得那么平实和阴柔。即便高楼座座，也显得亭亭玉立。

山城重庆街景

重庆是座山城，出门是山，举目是山。重庆人建房不讲朝向，也无法讲朝向，见缝就插针。也就因为这样，重庆城在钢筋水泥的拼命堆筑之中练就了峥峥阳刚之气。

巴山与蜀水不同的文脉所孕育出来的两座城和两种人竟有几乎全然不同的文化品格，甚至有科学家研究发现成渝两地人群的血质特点也迥然有异。华蓥山和长江养大的重庆人有如高山大川，壮心浩荡；川西坝子和都江堰娇惯的成都人恰似小桥流水，风情万种。重庆似一曲跌宕灼突的山河赋，成都像一首温婉秀丽的抒情诗。成都人太满足成都，哪里都不愿去，走遍天下还是觉得这个“舍南舍北皆春水”、“锦城丝管日纷纷”的成都好。重庆人太不满意重庆，所以总要外出闯天下，天南海北到处都留下了天命艰辛的重庆人奋发的足迹。

虽然重庆与四川已经在行政上划清了界限，但两个地方悠久的历史文化联系和血缘细节是割不断的。巴蜀文化就好比是一棵参天大树，结出了巴文化和蜀文化两个果实。双方谁也离不开大树，谁也不能把树砍掉。

五、旅游溯源文化寻踪

元代的双流人费著《岁华纪丽谱》曾说："成都游赏之盛，甲于西蜀，盖地大物繁而俗好娱乐。"崇尚游乐是巴蜀人的一大特点。所以，巴蜀很早就兴起了旅游习俗，到唐宋时达到顶点。以成都而论，全年固定的游乐活动就有23次之多，或游江，或游山，或游寺，或游郊野，而且往往是群体出游，并与歌舞娱乐、体育竞技、商贸活动结合在一起，具有很丰富的文化内涵。

神奇的九寨沟

巴蜀山川，自古有雄险幽秀之称：峨眉天下秀，青城天下幽，剑阁天下险，夔门天下雄。经过当代的开发，今天更增加了"神奇瑰丽"的特色：恐龙世界的奇，熊猫世界的趣，九寨沟山水的神奇，黄龙山水的瑰丽，西有九寨、黄龙、四姑娘山、贡嘎山，北有剑门蜀道，东有三峡风光，南有蜀南竹海风光和泸沽湖探秘。整个巴蜀景观布局疏密相间，如金线穿珠，珍珠满盆，几乎每个县都有可供旅游的景点。

巴蜀旅游线最大的特色是雄险幽秀的自然景观，往往包含着人杰文昌的深厚的文化内涵。如：剑门蜀道具有丰富的三国蜀汉文化和梓潼文昌文化以及女皇武则天故里的文化内涵；九寨黄龙一线，具有羌族石碉文化、夏禹文化、古蜀岷山文化、三国蜀汉文化的内涵；泸沽湖具有“母系王国”的文化内涵；三峡一线则更是一个古代文化的宝库。这是巴蜀旅游具有经久不衰的魅力之所在。

三国蜀汉文化的中心遗迹是成都武侯祠。武侯祠本是刘备墓、祭祀刘备的汉昭烈庙和诸葛武乡侯祠的合祀之地，但人们都用武侯祠这个名称来代称这几处遗迹。诸葛亮作为中国人民智慧的化身，受到万世子孙的崇敬，“武侯祠”这一称谓，让我们深深领略到其中历史文化积淀的况味。从武侯祠出发，沿着当年刘备入蜀的路线，可以陆续拜谒大邑子龙庙、德阳庞统祠、绵竹诸葛祠、绵阳富乐山和蒋琬墓、昭花费祎庙和剑阁翠云廊，北出汉中可到沔县定军山诸葛墓和武侯祠。一路上我们尽可以领略历史“淘尽千古英雄，是非成败转头空”，铁马金戈变为渔樵江渚的沧桑变化，从中受到启迪和教益。

前后蜀时期是巴蜀历史上繁荣富庶、文化昌盛的又一高峰时代。永陵（王建墓）为我们留下了这一时代的历史见证。永陵石棺上的廿四乐伎石刻是我们了解唐代音乐的极品，从中可体味清乐与龟兹乐相结合，盛唐的霓裳羽衣舞曲在西蜀流传的情况。前蜀和后蜀各有一位花蕊夫人，究竟是谁写下了留传至今的《宫词》，肯定可以引起在旅游中探索的兴趣。永陵是我国历代帝王陵墓中唯一的一座修建和突出在地面之上又已经科学发掘的陵墓，可供游人参观，这更可以引起人们对于帝王陵寝秘密的兴趣。

自古文人多入蜀，每个文人所带来的不同文化的元素在此汇集，三峡成为各种异质文化的展台，成为中华多元文化的一个大容器，而三峡壮丽的三河似乎是诗人才情的酵母，让他们在撞击中闪出诗的火花。三峡风光的雄奇壮丽，举世闻名，再加长江支流大宁河小三峡的青幽神秘，身临其境，自会使人们充分体会到妙如仙境的峡中神韵。三峡库区的考古发掘表明，三峡很可能是人类起源地之一，当我们领略大溪文化的原始意味的时候，自然会引起我们对于洪荒远古的无限遐思。沿岸及上下游的丰富文化遗存，如丰都的鬼城、忠县的石宝寨、涪陵的水文石刻宝库白鹤梁，刘备向诸葛亮托孤的白帝城等，都可以增长我们的知识，启迪我们的智慧。大江大水是巴蜀冲出盆地走向外部世界的活力之所在。当我们巡行三峡之中时，会对巴蜀人为什么从来向往走出夔门做出自身心灵的阐释。

位于长宁县和江安县的蜀南竹海面积有6万余亩，其中还有仙寓洞、龙吟寺等文化景观，既是大自然的奇观，也是邛笮人和僰人等蜀地先民世世代代辛劳的杰作。

岷山是古蜀文化的发源地之一。发源于岷山的岷江，自古称为“江源”，是蜀文化最先发达起来的地方。这里有人间仙境九寨、黄龙和大草原，有巍峨的四姑娘山，有著名的卧龙大熊猫自然保护区和养殖基地，有古蜀文化的大量遗迹，有全国唯一的羌文化风光。游览岷山，不仅可以使我们体味山川的神奇秀美，更可以使我们领略古老的巴蜀文化的千姿百态。

六、蜀居多样川食百味

著名文化大师林语堂先生曾说：“吃是一种民族文化，吃反映的是民族性格。”的确，人要生活就离不开“衣、食、住、行”。人与动物不同，住不仅是遮风避雨，而要住出格调，吃东西除饱腹外，还要吃出味道，吃出花样，吃个舒服，吃出所谓的文化。

1. 蜀居

古代巴蜀是我国古代杆栏式楼居的发源地之一。这种房屋底层架空，用来防水、防潮，也可防备兽类侵袭。西汉时，在杆栏式建筑基础上发展出了高脚或架空木地板的木构架楼居，到东汉就发展为廊院庭园式民居，具有现代四川民居的雏形。到唐宋时期，东汉廊院式民居进一步发展为宅园。明清时期的四川民居经过历代经验和技艺的积累，已显出四川的特色。四合院在四川叫做“四合头”、“三合头”，川东地区叫做“天井”。四川四合院具有南北兼容的特色，比北方的小一些而比南方的大一些，既具有北方封闭型的四合院特色，又兼容南方的敞厅、敞廊和封火墙，有的大型民居还有花园、楼阁、家庭戏台等建筑。“天井”式建筑是四川民居的一大特色，既采光又通风，是纳凉、休息的“共享空间”。大邑刘氏庄园、崇州宫保府、江安夕佳山民居是现存的明清民居的精品。除了各种一般的民居之外，在巴蜀地区还可见到若干各具特色的特种建筑。巴蜀山寨以忠县石宝寨为代表，是世界上具有独特艺术风格的古建筑之一。驰誉中外的合川钓鱼城具有悠久的历史，是南宋名将余斯为抵抗进攻四川的蒙古军队而筑。城周围20余公里，现仍保存内城、外城、一字城城墙和七座城门，有水师码头、演武场、皇城、敌楼、炮台等遗址。与钓鱼城相类似的用于军事防御的山寨目前在四川还可见到二十几座，是巴蜀山寨的又一种类型。牌坊是封建时代为表彰忠孝节烈或功德福寿而建的石坊，一般都具有很高的建筑工艺与雕刻工艺水平。巴蜀地区的牌坊多为明清时期所建，而且数量不少，例如隆昌县城金鹅镇的至今完好的各式牌坊有20余座，包括孝义坊、贞节坊、孝女坊、棂星坊、功德坊、德政坊、报恩坊等，被誉为“牌坊城”。

2. 川茶

巴蜀是我国最古老的产茶胜地之一，川民一直保留了喜好饮茶的习惯。饮茶习俗也是巴蜀文化的一个重要内容。闻名中外的四川茶馆历史悠久，遍布巴蜀城乡和街巷，蜀中饮茶的独特方式和独特的盖碗茶具，不知引起了多少中外游客的兴趣。作为一种文化现象，它体现了古老的巴蜀文化恒定不迁的传统和迷人的魅力，体现了巴蜀人一种特殊的生活情趣。巴蜀是世界饮茶文化的发源地，全世界有关种茶、饮茶、贩茶的最早记载都在巴蜀，西汉时的四川资中文学家王褒在《僮约》中记载了“舍中有客，提壶行酤。……烹茶尽具，已而盖藏”，这是蜀人饮茶最早最明确的记载。西晋时，张载登成都白菟楼，曾写下了全世界最早的一首咏茶诗“芳茶冠六清，溢味播九区”赞叹蜀茶的高贵。所谓“六清”是指古代人所用的六种饮料，张载说成都的芳茶超过了“六清”，居于各种饮料之首，可见魏晋时代巴蜀地区人们饮茶风气之盛。

川茶馆讲究从待客态度，铺面格调，茶具，茶汤到操作技艺的配套服务。其中最能体现这一特色的，便当属“盖碗茶”。“盖碗茶”是成都茶文化最显著的特色。所谓“盖碗”，包括茶盖、茶碗和茶船子三部分。茶船子又叫茶舟，是承受茶碗的茶托子。相传唐代德宗时西川节度使崔宁之女在成都发明了“盖碗茶”，之后大为流行，至今不衰。无论古今，巴蜀都是我国的重要茶叶产地，而且很早就以茶作为向中央的贡品。蒙顶名茶是巴蜀佳茗的代表，“扬子江中水，蒙山顶上茶”的佳句可谓千古流传。

四川茶馆

四川的饮茶之风也缘于其地理条件。四川天然闭塞，古时川民当然没有现在这么幸福，有电视、电话、电脑，那时他们想了解全国形势实在不易，这样一来，近代四川茶馆便首先突出了“传播信息”的作用。川人进茶馆，不仅饮茶，而首先是为获得精神上的满足。在茶馆摆龙门阵的人，能边品茶，边聊天，一样也不耽搁。

3. 川酒

从殷商时期的广汉三星堆文化遗址出土的大量陶制的和青铜制的酒器，表明蜀人饮酒由来已久。在青川战国墓中发现了漆酒器177件，多件漆器上有“成亭”戳记，即是在成都生产的。在新都、荥经、成都、贵州、湖南、湖北远至朝鲜乐浪郡（今平壤）和蒙古诺音乌那，都发现过成都和广汉制作的巴蜀漆酒器。大量使用漆酒器，是巴蜀文化的一个特点。文献上记载，春秋战国时代，蜀王开明氏制成醴酒，属于清酒一类，酒味特别醇厚。汉代巴蜀饮酒之风盛行，各地设有不少酒坊、酒肆。

“（司马）相如涤器，（卓）文君当垆”，这个美好的故事说的就是汉初临邛的事。司马相如，字长卿，蜀郡成都人，少好读书，爱好击剑。因慕战国赵相蔺相如的为人，遂更名为相如。

当时，蜀郡太守文翁大兴教化，选郡中士人送往长安就读，相如亦在其中。学成后回郡从教。文翁病故后，相如也离乡前往长安，不久，又往事梁王刘武。在梁地，司马相如结识了许多著名文人，每日与他们琴书雅案，读酒逍遥，撰成一篇《子虚赋》，为汉代赋体文的代表作，流传一时。

汉景帝中元六年（公元前144年）四月，梁王刘武薨。司马相如只好又回到成都，因家贫无法生存，只得投靠好友临邛（今四川邛崃县）令王吉。临邛地方富人很多，首家应数卓王孙，次为程郑，两家僮仆各不下数百人。卓氏先世居赵，以冶铁致富。秦灭赵后，卓氏夫妇被秦国迁来蜀地，流居临邛。

一日，卓王孙、程郑二人谈及亭中贵客，因为县令好友，按照风俗，应设宴相邀，以尽地方之谊。二人商量，决定宴请司马相如和县令王吉，此外再邀地方绅富百余人陪请。卓王孙有一女，名文君，年方十七，生得聪明伶俐，貌美风流，琴棋书车，样样皆精，不幸嫁了一夫，新婚不久，便因病身亡。文君不甘寂寞，便搬回娘家居住。对于司马相如，文君小姐早已慕名，至相如客居临邛，闻说他风度雍容闲雅，文君就更想亲眼一睹，而此际虽有珠帘相隔，犹可见相如风度神采，果然是一表人才。司马相如一曲《凤求凰》使得文君毅然决定与相如私奔。

卓王孙一夜之间丢失了女儿，派人四处寻找，后来得知，女儿已随司马相如私奔外逃，当时气得暴跳如雷，但家丑不可外扬，只得忍耐。

卓文君随着相如来到成都，总以为他曾在长安作为显官，家中定有些财产。岂知到家一看，除了几间破屋尚可容身外，别无长物。自己也因仓猝外逃，没能多带金帛。但事已至此，只得拔钩沽酒，脱钏易粮，与相如勉强度日。不久，文君随身所戴饰物快卖完了，生活日趋贫苦。文君见此，颇感凄凉，于是对相如说："君贫寒至此，终非长策，不如再回临邛，向我兄弟们借此钱财，也好设法谋生。"

到了临邛，二人暂住旅店，遂向店主打听卓家消息。店家与相如、文君素不相识，便直言相告道："卓女私奔，卓王孙几乎气死，发誓说：'女儿不孝，我不忍杀死，但却一文钱也不给。'"相如听后，心想，卓王孙如此无情，文君也不便再往兄弟处借钱，我不如与他女儿抛头露面，就地开一家酒肆，损他尊严，丢他脸面，直到他情愿拿出钱财来！主意拿定，遂找文君商量。至此，文君也没更好办法，只得依了相如。相如当即将马车卖了，当做资本，租借了房屋，置办了器具，悬挂了酒旗，选了一个吉日，酒店便开张了。

酒店开张后，文君淡妆浅抹，当垆卖酒。相如也脱去长衫，换上短衣，与所雇的三个酒保忙里忙外，招待客人，生意做得还颇为红火。

相如、文君得了许多财物，立即关闭了酒肆，购置了车马，又返回了成都。

二人一到成都，立即购田产、盖房舍、辟园圃，成了当地一富翁。

后来，司马相如应征入朝，做了词臣，成为我国历史上著名的文学家。“文君酒”因此而走红。

繁华的成都春熙路

彭州和新都汉代画像砖上的“酿酒图”，成都凤凰山汉墓陶酒罐上刻的“甘酒”二字，都展现了巴蜀酒文化的盛况。唐朝以后，巴蜀酿酒得到长足发展。唐代成都的“生春酒”是有名的贡品，剑南的“烧春”是今日中国名酒“剑南春”的上源。成都市水津街明代前期全兴酒坊遗址的发现，不但填补了中国白酒生产早期历史的文物空白，而且为川酒的连续发展历史提供了实物证据。巴蜀自古多美酒，今天以五粮液、泸州老窖、剑南春、全兴大曲、郎酒、沱牌曲酒这六种国家名酒为代表的川酒，享誉全国，而巴蜀也获得了“名酒之乡”的美称。

4. 川菜

在巴蜀的民俗风尚中，饮食文化是享誉世界的极有特色的一座宝库。川菜是中国八大菜系之一，素来享有“一菜一格，百菜百味”的声誉，它历史悠久，源远流长。据史书记载，川菜起源于古代的巴国和蜀国。自秦朝至三国时期，成都逐渐成为四川地区的政治、经济、文化中心，使川菜得到较大发展。早在一千多年前，西晋文学家左思所著《蜀都赋》中便有“金垒中坐，肴隔四陈、觞以清酊，鲜以紫鳞”的描述。唐宋时期，川菜更为脍炙人口。诗人陆游曾有“玉食峨眉木耳，金齑丙穴鱼”的诗句赞美川菜。

四川火锅

在宋代时，“川食”已有相当名气，“川饭店”已经开到了今天的开封和杭州。明清以来，大量外籍移民入川，其中不少烹饪高手把南北各地饮食习尚带入四川，使得天府名厨荟萃，佳肴竞辉，善兼南北各家烹饪之长，形成完整独特的烹饪艺术。早在《华阳国志·蜀志》中，所记蜀人的特点，就有“尚滋味”和“好辛香”。这种多年的传统，使得川菜的最大特点是“一菜一格，百菜百味”，讲究色香味，尤重一个味字。调味浓淡有致，一方面味多、味厚、味广、味浓，另一方面又具清雅淡鲜之长，能融矛盾的热凉两味于一席，具备南北味兼容的特色，把人类的味觉艺术发展到了极致。

川菜在烹调方法上，有炒、煎、干烧、炸、熏、泡、炖、焖、烩、贴、爆等38种之多。在口味上特别讲究色、香、味、形、兼有南北之长，以味的多、广、厚著称，历来有“七味”（甜、酸、麻、辣、苦、香、咸）、“八滋”（干烧、酸、辣、鱼香、干煸、怪味、椒麻、红油）之说。其主要名菜有“宫爆鸡丁”、“麻婆豆腐”、“灯影牛肉”、“樟茶鸭子”、“毛肚火锅”、“鱼香肉丝”等300多种。

川菜制作不仅讲究原料与技艺，还特别讲究调料，这其中，郫县豆瓣、永川（或潼川）豆豉、正路花椒、泡红辣椒（又称鱼辣子）四种不仅是必不可少，而且不可能用其他产品所替代，否则，就无法达到“川味正宗”。川菜历尽千年，迄今已有3000多个品种，数百种名菜。现在川菜不仅走遍全国，而且早已享誉于世界。美国、日本、法国、加拿大和香港地区都有川菜馆，受到各国外宾的好评。在巴蜀饮食文化的百花园中，还有一簇芳香的小花，就是脍炙人口、名满天下的风味独特，品类繁多的小吃。如今可知的四川小吃种类不下500余种，又以成都小吃最为著名，如龙抄手、赖汤圆、钟水饺、韩包子、叶儿粑、蒸蒸糕、小笼蒸牛肉、张鸭子、张老五凉粉、担担面、蛋烘糕等。成都名小吃早在清代就已享尽盛誉。有《竹枝词》说：“日斜戏散归何处，宴乐居同六合居。三大钱儿买好花，切糕鬼腿闹喳喳。清星一碗甜浆粥，才吃菜汤又面茶。凉糕炸糕猫耳朵，吊炉烧饼又窝窝。叉子火烧刚买得，又吹硬面叫饽饽。烧麦馄饨列满贯，新添挂粉好汤圆。”

第八章

滇云文化——白云深处的地方

红色、黄色、蓝色、绿色……是人们脑海中五彩斑斓的云南印象，然而当亲临这片西南边疆的宝地时，却发现这里的一切又都归于纯净、质朴。在这块神奇、美丽的红土地的怀抱中，聚居着26个民族，各民族因所处的自然环境和历史发展的不同而呈现不同的社会文化形态，创造出无数特色鲜明、丰富多彩的民族文化，并以其独特、奇异的生活习俗和传统留下了形态各异、灿烂丰富的民族文化遗产。走进滇云文化，你就在不经意间走进了纳西族的东巴文化、大理的白族文化、傣族的贝页文化、彝族的贝玛文化……走进汇集了神话、歌舞、绘画、古乐的民俗风情。

一、云南黄历

云南，人类重要发祥地之一，千百年来，伴随着中华民族的发展，云南各民族融合、演变、发展，走过了漫长的历史，自战国时期建立滇王国以后，行政建制和区划经过无数次的演变，逐渐形成了今天的云南。

“云南”名称的由来，说法有二：其一，新纂《辞海》注“旧以在云岭之南得名”；其二，《云南通志》载“汉武元狩间，彩云见于南中，谴使迹之，云南之名始此”。

人们更偏爱第二种说法，所以“云南”更多地被解释为“彩云南现”。在云南各地的傍晚，彩霞满天的云景屡见不鲜，有时只一片云就有彩虹的七色，十分难得，就连云南话称云都叫做“云彩”。

云南是人类的摇篮之一，楚雄“元谋人”化石的发现，证明了云南在170万年前就有古人类生息，比北京周口店的“北京人”、陕西蓝田的“蓝田人”早100多万年，是迄今为止发现的中国最早的人类。

大约170万年前，原始人群时期的人类就生活在中国大地上。云南元谋人是我国历史上迄今为止所发现的最早的猿人。公元前300年以前，云南只有以滇池部落、昆明部落为主的大大小小的原始部落，同属西南夷。这时候中原七雄争霸，烽烟四起，因战略需要，楚威王派大将庄蹻入滇，征服了滇池各部落。不料归途被秦军切断，庄蹻率军“变服，从其俗”定居下来，建立了云南第一个王国——滇王国，这是汉族向云南第一次大规模移民，也是中原与边疆经济文化交流的开始。庄蹻等将较先进的文化和生产技术，带进了云南，促进了云南的发展，标志着云南从政治上与内地联系的开始。

公元前221年以后，秦开五尺道，在云南设郡置吏。公元前109年，滇王降汉，汉武帝设益州郡，赐予“滇王之印”，从此滇池地区正式纳入中原西汉王朝版图，中原文化也源源不断传入云南。后来，东汉在保山设永昌郡，西晋至南北朝时期云南直属中央统治，为全国十九州之一。

三国时期，现在的云南及黔西，川西南的部分地区统称为“南中”。公元225年，蜀汉丞相诸葛亮统三路大军亲征云南，他采取“不以力制，而取其心服”的政策，当进入滇西地区洱海（大理一带）时，迅速平定了云南奴隶主贵族发动的叛乱，降服了当地大姓孟获，对孟获“七擒七纵”，使孟获心悦诚服地投降，并发誓永不造反。因此诸葛亮很快平定南中，云南成为蜀汉的一部分。

唐宋之际，云南以洱海为中心，曾建立过南诏、大理等地方割据政权。公元707年，南诏统一洱海地区，继而扩展至云南全境，这一时期，奴隶制经济发达，佛教传入。至公元937年，段氏夺取南诏政权，建立大理国，大理成为当时云南政治、经济、文化中心，并与中原保持密切的经济文化交流。

到了元朝，忽必烈“革囊渡江”讨云南、破大理，在云南建立行省。至此，“云南”正式成为省一级行政机构的名称，结束了数百年割据局面，行政中心也从大理迁到现昆明市。

明朝洪武十四年（1381年），朱元璋派傅友德、沐英平定云南，攻克昆明，灭元朝梁王，在云南建立明朝政权，统治二百七十八年。

明末，以李定国为代表的大西军，曾拥护流亡皇帝永历帝以昆明为根据地为抗击清军。清顺治十六年（1659年）吴三桂进攻云南，永历帝及其随员逃至缅甸。1662年，永历帝朱由榔及其子被吴三桂从缅甸逮回，绞死在昆明金禅寺（今华山西路“逼死坡”），明朝最后一代王朝覆灭。清朝康熙年间，吴三桂的分裂叛乱被粉碎（即历史上的“三藩”叛乱）。清代后期，杜文秀，李文学等先后起义，震撼全省。鸦片战争以后，云南受到帝国主义的威胁与侵略，各族人民奋起反抗。

1911年10月30日（即农历九月初九日）蔡锷率众举行“重九”起义，11月1日，起义官兵在五华山组织了“大中华国云南军都督府，”推蔡锷为都督，李根源参议院院长兼军政部总长，建立民国政府，推翻了清朝在云南二百五十多年的统治，1915年12月25日，蔡锷、唐继尧等领导发动了护国运动，点燃了全国讨袁护国的革命之火。1926年，云南建立了中国共产党组织。1945年12月1日，为反对国民党反动派统治，昆明举行了“一二·一”学生运动，遭当局残酷镇压，4人遇害，制造了震惊全国的“一二·一”惨案。1949年12月9日，国民党云南省主席卢汉率兵起义，云南和平解放，建立了云南省人民政府。

二、云南秘境

云南，以其美丽、丰饶、神奇而著称于世，一向被外界称为“秘境”，吸引着世界各地的游客。

古人用“彩云南现”来遥指这片神秘的云岭高原。云南各民族丰富多彩的风俗民情，是一个活的历史博物馆。每一个民族的衣、食、住、行及婚恋、丧葬、生育、节典、礼仪、语言、文字、图腾、宗教、禁忌、审美，莫不结撰为个性鲜明的文化链；纳西族的东巴文化、大理的白族文化、傣族的贝页文化、彝族的贝玛文化……泼水节、刀杆节、插花节、火把节、木鼓节、三月街……神话、史诗、歌舞、绘画、戏曲、古乐……莫不独具特色，深邃而幽远。

长期以来，云南被认为是历代发配充军的地方，是“蛮荒之地”、“瘴疠之区”。第一次将云南山水全面介绍给外地人的，是我们的祖师徐霞客，而西方人认识云南则是从马可·波罗开始，一百多年前，西方人就已开始探险云南了。

云南是个山地省份，平坝、河谷占土地面积的6%，其余全是山区。云南有北半球距赤道最近的雪山群，如著名的梅里雪山、白茫雪山、哈巴雪山、玉龙雪山、苍山、轿子雪山等，气势雄伟的云岭、碧罗雪山和高黎贡山挟金沙江、澜沧江、怒江形成地球上独一无二的高山峡谷奇观，即“三江并流”。还有中国火山之冠的腾冲火山群和众多的喀斯特地貌、丹霞地貌等自然景观。

云南的河流分属金沙江、澜沧江、怒江、伊洛瓦底江、红河和珠江六大著名水系，有重要河流近200条，多为入海河流的上游。云南又是西南地区高山淡水湖泊最多的地方，古代云南人没见过海，很多湖被称作“海”，大一点的有30多个，如滇池、阳宗海、抚仙湖、洱海、程海、泸沽湖等，还有那些散布于崇山峻岭中数不清的高山湖泊。

“一山有四季，十里不同天。”云南是中国唯一一个一省跨七个自然气候带的省份，即北热带、南亚热带、中亚热带、北亚热带、南温带、中温带和高原气候区，气候差异相当于从海南岛至黑龙江跨过的纬度，所以称之为“十里不同天”。而“一山有四季”是指云南的垂直气候，从山脚河谷至山顶有不同的气候类型。云南中部地区的一些平坝，天气四季如春，以昆明最典型，有“春城”之誉。滇西北地区基本常年为冬季，而南部和西南部边境一带则常年盛夏无冬天。

云南石林

“岭峦涌作千顷海，峰簇栽成万仞葱。”从海拔仅76米的镇南河口溯向高达6740米的德钦梅里雪山卡格博峰，云贵高原以平均每公里6米的节律抬升着，恰是一座绿葱葱的九百里天梯。闻名于世的金沙江、怒江、澜沧江几乎并排地经这里流向远方，险峰峡谷纵横交错，江河溪流源远流长，湖泊温泉星罗棋布，造就了这块神奇美丽的乐土。

悠久的历史，深厚的文化底蕴，独特的自然生态环境。从99世界园艺博览会举办地的省城昆明，到“风花雪月”的大理名胜；从高原水城丽江、神奇的“香格里拉”——中甸，到孔雀曼舞的西双版纳；从“天下第一奇观”的石林、千姿百态的元谋土林，到世所罕见的“三江”并流，江狭水凶的虎跳峡……这些迥然相异的山川景色，如一个天然的自然博物馆，每一位来到这里的游客，都会深深地感受到这是一块博大而充满激情、深邃而富有魅力的神奇之地。

美丽、神奇、丰饶的云南险峰峡谷纵横交错，江河溪流源远流长，湖泊温泉星罗棋布，绵亘的群山巍峨的雄峰，激流奔腾的大江水，蜒蜒潺潺的小溪，广袤无际的森林植被，鲜艳夺目的奇花异草，自在欢快的珍禽异兽，无不显示出这方高原红土地上的独特魅力和勃勃生机。

“一山不同族，十里不同天”，在这块红土高原上，生息繁衍着26个自强不息的民族，由于各自不同的自然环境，呈现出不同的社会文化形态。其中白、哈尼、傣、纳西、傈僳、拉祜、佤、景颇、布朗、阿昌、怒、普米、德昂、独龙、基诺等15个少数民族在婚姻、丧葬、饮食、居住、服饰、节日、礼节、宗教、文体等方面都形成了自己丰富多彩的民族风俗。云南又是民族歌舞的海洋、节日的乐园：彝族“火把节”、傣族“泼水节”、白族“三月街”、景颇族“目脑纵歌”、傈僳族“刀杆节”、纳西族“三朵节”、哈尼族“十月年”……

当您踏上云南高原大地，肥美的沃土，各种资源宝藏就会展现在您的眼前：复杂多样的地形地貌和立体气候，使得云南动植物资源非常丰富，各种植物、花卉的大量分布，使云南享有“植物王国”、“天然花园”、“香料之乡”、“药物宝库”等美誉。茂密的植物资源，为野生动物栖息繁衍提供了条件，形成云南野生动物堪称全国之冠，素有“动物王国”之称。中国有约3万种珍贵植物，云南就占了63%，仅观赏植物就有2100多种；脊椎动物有近千种，其中46种为国家一级保护动物，有154种为二级保护动物。云南省现有的自然保护区占全省总面积的49.4%，位列全国首位。此外，还有无数的地下宝藏，被誉为“有色金属王国”。

现在人们都推崇生态旅游。生态旅游是游览欣赏、探索和认识自然的高层次旅游活动，是人与自然的情感交流。通过审美娱乐的活动，增强生态环境保护意识和责任感，同时在旅游地获得基本的地理、自然、文化、社会、经济、民族、动物、植物等方面的知识，满足各种游客的需要。由于云南生态旅游资源在全国名列前茅（自然旅游景观、人文旅游景观），且有生物多样性特征，因此，云南秘境无疑是生态旅游的最佳选择。众多的少数民族风情，这些都应是你到云南的理由。

三、昆明，你长着谁的脸?

一方水土养一方人，气候占了多半的因素，因为山川地形才造就气候，因为气候才造就水土。

南方以西，一座城市把自己的脸藏到了暗处。

它，如此东方，又如此巴黎；它，一边兴高采烈，一边又伤感颓废；它，一边红酒芬芳，一边又绿茶飘香。

它既复杂又简单，它既理智又感性，它既时尚又落伍，它既浅薄又内涵深厚。

这个城市如果有性格的话，也许只能用平淡来形容。

这个城市的另一种诱惑就在于你不能把它浓缩成一个符号。

它到底像什么，谁也说不清。

但是你能感觉到它的雅致与生动，飘逸和飞扬。尤其是当你置身其中的时候，它无法言喻的魅力就像子弹般将你击中，让你心甘情愿地在其中沦陷。

它的名字叫昆明。

金木水火土五行中，昆明属木。东北人刚烈，山东人豪爽，西北人粗犷，上海人精明，四川人聪明——昆明人一样也不突出。没有大雪，没有大风，没有刺骨的冰刀霜剑，没见过滔天大浪，也没有无垠的沙漠，你怎么刚强暴烈得起来？没有烟雨迷蒙、雾里春秋，没有缠缠绵绵的如麻细雨，如纱雨帘，你怎么温柔得出来？

昆明被誉为“春城”，也即四季如春。四季如春的意思，就是没有冬天，也没有夏秋，没有严冬，那些地里的害虫便不能消灭，细菌便会躲过；没有酷暑，不会热得大汗淋漓，没有热得巴不得把衣服脱得精光，你又能开放时髦到什么程度？

有人说，昆明是一座没有灵魂的城市。是昆明四季如春的气候使然，还有偏居西南一隅地理决定的，不得而知。不过总之，昆明缺乏一种城市情绪，一种使城市迸发活力的进取精神。

昆明人小聪明多，太聪明少，扳着指头算算，昆明人成大事业、大气候的不多。此外，昆明人的性格决定了朋友之间知心的不多。坦诚不足，率真不足，爽快不足，热情也不足。和昆明人相交，总觉得隔着点什么，进不去觉得有半壁城府戒备着，贴不了心，肝胆不能相照，魂魄不能相依，生死不能相依。人情冷暖不能让人凉个透心、热个透身！温吞水呀，就像美丽的春花。没有严冬，就显不出绿上柳枝的盎然春意，那花就显得不那么清新鲜嫩，那么令人耳目一新；同样没有酷暑，又怎能比较和体味春天的柔美和温情呢？这是四季如春的缺憾。

昆明是一个缺少大气和霸气的城市，自古以来如此，城市性格和地域文化决定了的，没办法改变了。故产生了一些典故，比如：昆明天天是春天，家乡宝等等，不胜枚举。大部分人在谈到昆明的时候，说得最多的是：昆明适合养老。一座城市最终给人留下了这样一种感觉不能不说是这个城市的悲哀。滇中坝子里的人，在坝子里待惯了，已经完全适应了这种无所求、无所欲、懒散地过着小日子的生活，这一点和天府之国——四川成都如出一辙。

昆明人向来难以出将帅，难以出振臂一呼应者云集的英雄人物。性情的懒散闲适，又造就了事不关己、高高挂起的心态。几个人聚集在一起，打小算盘的多，做贡献想法的少，最终导致团队精神的丧失，此情此态，在昆明比比皆是。昆明向来不乏聪明绝顶之人，可惜此种聪慧不是用来成就伟业，而是用来算计。常常“老实人”在昆明走投无路，一出昆明却成就了一番事业。

昆明的全部问题和落后，都归结于这种城市和文化的悲哀。所以常常就有哀其不幸，怒其不争之感。只是这种心态注定要遭昆明人打击，因为昆明人既不觉得自己不幸，也不会觉得自己不争。

与昆明城市性格和文化相匹配的就是八卦盛行，充斥着阿猫阿狗的奇闻怪事，市民乐此不疲。因为井底之蛙，所以觉得昆明是最好的，因为觉得昆明是最好的，所以爱好吹牛，因为爱好吹牛，所以就有第几城、几最几最的诞生。昆明，一座农耕文明起家的城市，一个温软阴柔的城市，一个缺乏大气和霸气的城市。

昆明，你长着谁的脸？

昆明与上海相比较，其中有相同，也有差别。

上海是怀旧的。上海的石库门，上海的百乐门，上海的月份牌，上海的滑稽戏，上海的阮玲玉，上海的张爱玲，还有形形色色的在这个城市中存在过或者仍旧存在着的物和人……当怀旧的气息染满这座城市的街道和窗棂的时候，不难看出，这种怀旧是蓄谋已久的，操作者就是这个时代。

昆明也是怀旧的。讲武堂门前的树，华山西路中的石板，北门街的门楼，文林街的老宅子，东西寺横街上的近日楼，点点滴滴散落在这个城市大街小巷的旧日时光，串缀起了昆明遗失很久的一些泛黄的影像。有人说，这个城市是有记忆的。谁说不是呢？时尚是此刻的流行，而怀旧则是昆明永恒的典韵。

上海的怀旧，有时是刻意营造的，而昆明的怀旧，更多的时候则是一种自然地流露。这可能是上海与昆明的区别。

昆明与巴黎相比较，一中一洋，令人产生出别样的感觉。

海明威曾说："如果你够幸运，在年轻的时候待过巴黎，那么巴黎将永远跟着你，因为巴黎是一席流动的飨宴。"出生于南法的德岱在《风来小屋来信》一书的开头曾说："我对喧嚣阴沉的巴黎毫无向往之心。"然而德岱最终还是来到巴黎，并在此终其一生。从古至今，从世界各地汇集巴黎的年轻人都拥有各种梦想和野心。在这里他们曾实现梦想，也曾有过失望，正如利尔克曾说过的："巴黎是一座无与伦比的城市。"巴黎简直就是法国人的骄傲。

显然昆明在中国人心目中还没有那样崇高的地位，即使是这样，昆明也永远是独一无二的。时光仿佛特别眷顾这座城市，它在这里放慢了脚步，于是昆明人的生活一直是一种慢节奏的、很休闲的样子。充足的阳光，干净的空气，使昆明多了许多露天茶座。昆明人爱睡懒觉，但是这并不妨碍茶座的生意。下午两三点钟以后，大大小小的茶楼里，总是会坐着昆明人。他们或三五成群打牌，或独自一人享受午后的宁静，更多的则是谈天说地，消磨时间。仔细端详后，你会发现：他们端在手里的青花或是白瓷的茶盏，他们斜倚在坐椅中散漫的身姿，他们在阳光下眯缝着的眼睛，甚至那各色茶汤中袅袅上升着的热气，都像极了塞纳河的左岸——那个咖啡座林立，"出产"诗人的地方。昆明需要诗人吗？不需要。昆明本身就是一首永远吟哦不完的诗。它的美丽和浪漫，是那些写在纸上的诗句永远无法表达出来的。

昆明的秋天和巴黎的一样，云南大学园内的银杏大道上的黄叶怎么扫也扫不完。傍晚的时候，也总是能够嗅到炒栗子的甜香。

巴黎人用香水诉说对爱情的憧憬，而昆明人则用大把大把的鲜花证明爱情的热烈。昆明是平民的，如果说它雍容，那么这种雍容也是平民的。

昆明与荷兰相比较，永远是鲜花的争妍斗奇。

一座城市可以同一个国家相提并论吗？

答案是肯定的，从某种角度来说，昆明的确可以同荷兰媲美。

众所周知，荷兰被称为鲜花之国，其花卉业非常发达，鲜花出口占全球市场的60%，在24小时之内，荷兰的鲜花可以空运到世界上每一个角落。

无独有偶，距昆明18公里的呈贡县斗南花卉市场不但是目前中国最大的鲜花批发市场、鲜花生产和出口基地，同时也是亚洲鲜花交易最大的市场。

2002年底，斗南建成了昆明国际花卉交易中心拍卖市场，这说明了昆明花卉已经由最初的自发形成和无序发展，走向规范化、国际化的发展道路。

记不清是谁说过这样一句话：城市犹如梦境，凡是可以想象的东西都可以梦见，但是却不能被实现。

说这句话的人，一定没有来过昆明。

昆明的变化是令人炫目的，就像一个正在成长的女孩——同年不变。就变得成熟和优美起来。它崇尚平淡，却不是平庸，因此这个城市和这个城市的人，永不疲倦地汲取着知识，借鉴着来自世界各地的经验，积累着优点、才能、涵养与魅力。

它喜欢变化，也许它有着六个或者六十个别的城市样貌的面具，但面具下的昆明永远只有一张脸孔——也许不够精致，却是这世上独一无二的。

四、彩云之南之真实的云南

云南简称“滇”，战国时期，这里是滇族部落的生息之地。云南，意即“彩云之南”，另一说法是因位于“云岭之南”而得名。古语云“一日长一丈，云南在天上”，她确实离天很近。三百万年前一次强烈的地壳运动，使地处海洋深处的谷地突兀而起，造出了一片峰谷纵横、川流回旋的奇异高原。

在这个美丽的高原上，随处可见迷人的风光。云南瑰丽独特的风景名胜和光辉灿烂的历史文化，无不具有极高的游览、观赏、考察价值。如今，云南“秘境”已向世人敞开欢迎的大门，欢迎来自四面八方的客人。

1. 大理古城

没去过大理的人，认识大理大都源自于两个出处，一是金庸先生的小说，小说中段皇爷的“一指神功”点出了南昭古国的清远神秘，引人掩卷遐思；二是20世纪60年代的电影《五朵金花》随着一曲唱遍大江南北的“蝴蝶泉边来相会”，大理秀美的风光也广为人知。

大理是个历史悠久的地方。早在四千年前，苍洱之间就已经分布着白族祖先的足迹。秦汉之际，这里是四川通往印度的“南方丝路”的中转站，与中原也有频繁的接触。唐代初期，南诏国建都于此，大理一度成为云南政治、经济和文化的中心，虽然其间多次改朝换代，中原也曾几度把战争的烽火烧到这里，但由于大理在地理上偏安一隅，心理上也是远离纷争，千百年来，和平的岁月远远多于战争的日子，在这种自由和安宁的空气下，人们的生活也相当闲适。家家户户都养花种花，庭院内四季花开不断，闲来大家就在花下喝喝茶，聊聊天。门前的青石板路打扫得干干净净的，石渠里的水哗哗地流过街头巷尾。即使到了今天，大理人也依然很有生活情趣。每天早上，街上总是有很多卖花的人，在他们面前摆着一束束清香四溢的兰花，雏菊和百合。妇女们上街买完菜，顺便买上一束花装在菜篮里，带回家作为点缀餐桌的风景。

大理古城

大理给人的感觉是悠闲的，古老的青石板路旁酒楼茶肆林立，没有工业文明的污染，也无现代都市的车马喧嚣，难怪很多外国人一到这里便不想再走，租个房子住了下来，以至久而久之这里形成了一条独特“洋人街”，古城的最高建筑只有6层，其余全是1–3层保存完好的古典建筑，古城的城墙也是精致秀气没有高大雄伟之感。

云南的大理景色迷人。从下关迎宾馆的楼窗望出去，远山如黛，烟岚出岫，雨后的苍山像一幅极尽渲染的水墨画。在这里无论是“风花雪月”的自然特色，还是白族同胞特有的民俗风情，走进大理古城，你便会感觉到作为一个古老文化的发祥地，它确是有着与众不同之处。

明朝徐霞客在游记里对它不厌其烦地描述，感叹大西南有如此规模宏大的城池；威尼斯人马可·波罗也曾把在大理的见闻写得绘声绘色，惊叹鼎盛之时的意大利也不过如此。大理作为一种历史和文化的象征，的确值得人们去进一步的发掘和认知。无可否认，大理古城被人们关注和成为热衷讨论以及不断造访的对象，其原因恐怕正是它所蕴含着的丰富积淀能供人们去驰骋联想。今人把它比喻为“东方瑞士”和“西南的敦煌”，这虽然不无道理，但如此附会却显得十分蹩脚。因为大理是独一无二的，任何比喻都不能概括出它滋生固有的独特……

看苍山游洱海是到大理不可少的节目，“下关风，上关花，苍山雪，洱海月”所组成的“风花雪月”早已是大理自然风光的代表，而崇圣寺三塔及蝴蝶泉边五朵金花的故事也是流传久远。

大理是白族居住地，白族人以白为美，这一点可从当地民居白色的外墙，及姑娘们的服饰上得到体现。而扎梁是大理特有的工艺品，买一两件扎染服饰确实让人觉得物有所值。

2. 到丽江追寻一米阳光

丽江，因地处万里长江第一湾河套地区而得名，纳西语称其为“依古堆”，意为金沙江转弯的地方。几年前许多人还误将其当做一条小江，现在可谓盛名在外，联合国就将其确定为世界历史文化名城。

云南丽江古镇

丽江是我国纳西族主要聚居区，世界东巴文化的中心。东巴教是纳西族的原始多神教，东巴文是世界上现存的、唯一还在使用的象形文字。丽江以风景秀丽著称，有“高原姑苏”之誉。它拥有著名的世界文化遗产“丽江古城”和玉龙雪山国家级风景名胜区，世界自然遗产“三江并流”及具有“蓬莱仙境”之称的泸沽湖。并且毗邻世界著名的香格里拉、历史文化名城大理，成为人们理想的游憩之地和观光中转之地。

这里的旅游资源十分丰富。主要名胜还有云杉坪、黑龙潭、泸沽湖、木府和金沙江虎跳峡等处。被称为“洞经音乐”的纳西古乐是世界音乐史上的活化石，其典雅古朴的风格令人为之神往。

这里的旅游资源十分丰富，是云南省重要旅游基地。古老而神秘的“茶马古道”的必经之地，同“丝绸之路”一样，茶马古道在中华民族发展史上曾经发挥着重要的作用，但随着现代文明的涤荡，这条古道逐渐湮没于历史的尘埃之中。

丽江古城以四方街为代表的大研镇，这座位于玉龙雪山下的古城因四周水环山抱，形似一方大砚，因而也叫大研镇。已有近八百年的历史，位于丽江坝中部，是一个以纳西族居民为主的古老城镇。它以其古朴的艺术风格和科学的布局艺术闻名于世。

古城街市路面用丽江出产的五花石铺砌，雨季不泥、旱季无尘。清澈的玉泉水从城头分成三岔穿街过巷，城内有建于明清时期的大小石拱桥、石板桥300多座。踏着石板铺成的古老街道，漫步镇中心的四方街，只见这里的街巷两侧都是流水淙淙，古镇共有三条小河穿城而过，河上是小桥，河边是垂柳、民居、店堂，使人有疑在江南水乡的错觉。中国的古典建筑，江南的小桥流水，西方的饮食休闲文化在这里完美地结合在一起。整个古城以四方街为中心，大街小巷排列有序，向四方发展。民居全市土木结构的瓦房，古色古香，是留存至今的中国古建筑的一笔宝贵财富。

丽江古城历史悠久，古朴自然。城市布局错落有致，既具有山城风貌，又富于水乡韵味。丽江民居既融和了汉、白、彝、藏各民族精华，又有纳西族的独特风采，是研究中国建筑史、文化史不可多得的重要遗产。丽江古城包容着丰富的民族传统文化，集中体现了纳西民族的兴旺与发展，是研究人类文化发展的重要史料。

位于丽江坝子北端的玉龙雪山，山顶积雪，万古不化，加上周围悬挂的长长冰川，远眺宛如一排巨大的玉柱，立地擎天、耸立在金沙江东岸，为此有人把这种神奇的山川合称“玉璧金川”。

玉龙雪山地处低纬度，海拔又高，主峰扇子陡海拔5596米，气候随着地势而变化，气候的垂性甚为典型，因而当地流行着“一山有四季，十里不同天”的民谣。

玉龙雪山

玉龙雪山景区以雪山景观、古城风貌等为特色，是国家级旅游风景名胜区、省级自然保护区。其景区主体和中心玉龙雪山位于丽江县城北部，山上终年积雪，白雪皑皑，被称为“现代冰川博物馆”和“植物王国”。景区内雄伟壮观，险象环生的大峡谷虎跳峡；风景宜人的万里长江第一湾；被称为“世界植物基因库”的老君山，黎明奇丽的丹霞风光和九十九龙潭；幽雅俊秀的王泉公园及被喻为“云岭第一枝”、“环球第一树”的万朵山茶等景色，组成了一幅幅优美的自然画卷。

而虎跳峡就位于玉龙雪山下，江峡两岸，高山夹峙，东侧的玉龙雪山，西侧的哈巴雪山皆高插云端，银光内烁，只当中午时分，当头的太阳才能射进一线光柱，这里江面奇窄，最狭窄之处仅30多米，汹涌澎湃的江水，狂奔怒冲而来，一块七八米高的巨石——虎跳石，屹立江心，把江水逼向两边飞泻而下，这里峡谷最深处达3000余米，世所罕见。

国家历史文化名城、世界文化遗产，完整保留着纳西族古建筑风貌的丽江古城；辟石建城，凿石为家的奇特古城宝山石城；融汇了汉、藏、纳西、白等各民族建筑风格的文峰寺、普济寺、龙泉寺、玉峰寺、指云寺、福国寺等古建筑群落；被喻为活着的象形文字的纳西东巴文；融各种教派为一体，具有极高研究价值的珍贵壁画白沙壁画；被喻为“音乐活化石”的纳西古乐等人文景观，则令人叹为观止。绮丽的山川与独特的文化相互辉映，使丽江这片古老的土地焕发出迷人的光彩。

3. 泸沽湖边的“走婚”

泸沽湖，位于云南省宁蒗县永宁乡与四川省盐源县左所乡之间，距宁蒗县城76公里。当地摩梭人称为谢纳米，意为母海，因湖的形状如曲颈葫芦，故名泸沽湖。泸沽湖畔村落棋布，当地居民以摩梭人（纳西族支系）为主。

泸沽湖边居住着约5万摩梭人，摩梭人最奇特之处是他们的婚姻习俗。由于历史的原因，在摩梭人中还保留着具有早期对偶婚特点的阿注婚姻形态，保留着母系氏族公社时期的一些特点，他们的成年人都各居母家，男不娶、女不嫁，男女之间只建立一种偶居关系，偶居双方互称“阿注”，并且这种关系可由一方随时中断并再找新的阿注。这种婚姻，在时间上，可长达数十年，也可短到一两天；在数量上，可与一二人结为阿注，也可以与更多的人偶居。结合自愿，解除容易，双方不来往即算解除阿注关系。与此相适应，家庭是由血缘为纽带的母系亲属组成，家中财产均由母系血统的成员继承，子女均留母家，随母姓。男子的身份是舅父或舅祖父。妇女在家庭生活中和生产管理上是主持人，享有崇高的地位。这里一家家长是老祖母，是一种完全的母系社会。他们信奉藏传佛教，打扮也和藏族相近。

泸沽湖

4. 圣洁的香格里拉

“香格里拉”一词，是1933年美国小说家詹姆斯·希尔顿（James Hilton）在小说《失去的地平线》（Lost Horizon）中所描绘的一块永恒和平宁静的土地。是个有雪峰峡谷、金碧辉煌且充满神秘色彩的庙宇、被森林环绕着的宁静的湖泊、美丽的大草原及牛羊成群的世外桃源。而云南迪庆却惟妙惟肖地拥有着詹姆斯·希尔顿书中描写的一切，更加巧合的是，“香格里拉”一词是迪庆中甸的藏语，为“心中的日月”之意，它是藏民心目中的理想生活环境和至高至上的境界。

走进香格里拉不自觉地会对山水自然依恋，而且走得愈深，依恋就愈深，这个地方能够寻觅到那份原始的空静与幽秘，在那雄伟的雪山下，柔情的奶子河流过的地方——迷人的纳帕海，神圣的松赞林寺，祥瑞的香巴拉雪域圣地，牛羊遍布的草原，古老的村寨，田园牧歌式的生活对于远方的客人来说，都充满着无穷的诱惑。

香格里拉

这是一个流传了很久很久的传说，被写在佛经圣洁的纸页中，被刻在古寺斑驳的墙壁上，随着岁月的流逝在世间流传。圣徒们苦苦修炼去追寻的香拨拉（香格里拉）在雪山深处，那是一个没有痛苦、没有贫困、没有死亡、没有嫉恨与仇杀的极乐之乡。那里四季鲜花绽放、那里永远碧水澄清，那是神的居所，那是爱的天堂。

香格里拉，这个曾被遗忘的王国，几年前人们才突然发现这块古老、绮丽、神话般的人间圣地，这就是人们所追求的没有战争、没有种族歧视，没有罪恶的“人间天堂”。

五、“十八怪”与云南人的真实生活

在中国能称“怪”的地方还不是很多，一个地方能称“怪”，说明这个地方的人有个性。与“陕西十大怪”一样，还有“云南十八怪”、“东北十大怪”等。“十大怪”之类是对一个地域民俗的浓缩，最能典型地反映一个地区人的性格特征，它本属于民谚的范围，口耳相传，所以有不同的版本也在情理之中。

这里列举的是“云南十八怪”中最常见的版本：

云南第一怪，鸡蛋用草串着买。

鸡蛋如此包装不易破碎，而且恰似一件奇特的艺术品。

云南第二怪，粑粑饼子叫饵块。

捣一捣再烤一烤，抹点酱还特别香，这种携带方便的可口食品叫“饵块”。

云南第三怪，三只蚊子炒盘菜。

森林里草沟中，枝叶茂盛，养育出的蚊虫个头非同一般。

云南第四怪，石头长到云天外。

石林风光天下绝景，鬼斧神工令人不可思议。

云南第五怪，摘下草帽当锅盖。

用草编织而成的帽子当锅盖不仅捂得严，而且还能给食物一种清香。

云南第六怪，四季衣服同穿戴。

长年温度不变的气候造就了人们衣着的多姿多彩。

云南第七怪，山洞能跟仙境赛。

近年开发出来的溶洞一个比一个大，一个比一个美。

云南第八怪，竹筒能做水烟袋。

这玩意颇具科学性，既保持了旱烟的醇香，又用水过滤了其他杂质，而且声音很好听，“咕咚，咕咚”。

云南第九怪，袖珍小马有能耐。

这里土生土长的牲口个头小，但是能驮能爬山，本事非凡。

云南第十怪，蚂蚱能做下酒菜。

把蚂蚱做成美味，炸得焦黄，张嘴一咬：“咔嚓——”。

云南十一怪，四季都出好瓜菜。

土地肥沃，气候温和，几乎任何时候都能出产任何蔬菜。

云南十二怪，好烟见抽不见卖。

云南人为自己出产的第一流卷烟感到自豪，却也为在自己家门口买不到而感到困惑。

云南十三怪，茅草畅销海内外。

山里的东西样样都是宝，改革开放使它们获得了新生。

云南十四怪，火车没有马车快。

山高路险，常常使现代化的交通工具有劲使不上。

云南十五怪，过桥米线人人爱。

滚烫的鸡汤配之以生肉、生菜和用米浆做成的构成了云南最有名的风味：一种“线”，“过桥米线”。

云南过桥米线

云南十六怪，鲜花四季开不败。

云南气候宜人，四季如春，鲜花四季常开一点也不足为奇。

云南第十七怪，种田能手多老太。

险峻的高原造就了勤劳勇敢的各族人民，其中妇女尤为能干。

云南十八怪，娃娃出门男人带。

这里的汉子爱妻爱儿成为风尚，“模范丈夫优秀爹”在街头比比皆是。

以上就是云南“十八怪”，稍加分析，不难看出，前面十六大怪与云贵高原的喀斯特地貌地形崎岖不平有关。岩溶地形区“地无八里平”，反而小马适应山间小路，爬起坡来比火车、汽车灵活快速。岩溶地形区地表多奇峰怪石，有的山峰直入云端，巍然屹立，地势险要。而地下的溶洞中多钟乳石、石笋、石柱、琳琅满目神奇莫测，尤其鬼斧神工的仙境。云贵高原海拔较高，而且冬季时北方的冷空气因山岭层层阻挡，影响较少，因而夏季不热，冬季不冷，四季如春，常年适合蔬菜的生长，鲜花也常开不败。由于温差小，服装也无需要太太差异与更换。又因为气候温和，林草茂盛，蚂蚱肥美，蚊子个大，甚至可以做下酒菜。也因为气候资源好，山中多珍贵的中草药店材，盛产烟叶，畅销省外，省内反而不易买到。毛草和毛竹资源丰富，人们在生活积累中学会了用毛草包裹在蒸食品更有清香味，用毛草来包裹食品不易破碎，用竹筒做水烟枪、过桥米线是用竹筒裹装稻米烧制加式的风味食品，清香可爱，为人们所喜爱。至于最后两怪，可能与云南部分地区还有母系社会的遗俗，妇女特别勤劳，负责农耕重活，而男人则在家料理家务，照看孩子。当然，这种情况随着社会的发展和进步已不多见。

呵，美丽的云南，祖国的边疆，永远盛开的鲜花迎接着更灿烂的明天！

六、饕餮云南

昆明作为各种地理条件、气候条件齐集的云南省的中心城市，在山川、河湖、平坝的极为丰富的特产支持下，饮食取材之丰富，恐怕是天下首屈一指的。以农业产品来看：从低热河谷的血糯香稻，到高原山区的苦荞青稞，五谷杂粮，无不盈仓；以畜牧产品来看：从牦牛到鹌鹑，何止六畜，乳制品也可以于北方草原媲美；以水产品来看：江河湖泊，各种类型众多，其中珍奇鱼虾比比皆是；高原特有品种，更为别处所无，以森林、原野、动植物资源来看：野菜野果树叶、野生菌类、昆虫青苔，都可入席；以园艺栽培来看：萝卜白菜、珍稀果蔬，本地所有，外来移栽。既得先天之厚，又倚后天之勤，故而饮食材料也就源源不断，真正价廉物美了。

材料丰富基本是自然形态，做法丰富就是文化形态。云南众多的少数民族，各处不同的自然条件与社会条件之中，发展出其犹如百花争艳的饮食文化。昆明为一省之会，也是各少数民族饮食文化营养汇集之会，酸辣为常味，是为民族饮食的特色，是西南地区的共性。

历代移民而成的都市昆明，八方来人带来八大菜系的异香，在这滇中盆地“调和鼎鼐”，诞生出又一饮食明珠——滇菜。

滇菜取材既广，昆明厨师就历来讲个“鲜”字，非鲜不取，鲜而味浓是滇菜的基调。

春城的春天花潮如涌，各种花都是滇菜的原料，苦刺花去其苦涩而留清香，金雀花以鸡茸相拌味清而美，玉兰花烧樱桃肉甜香喷鼻，再加各种初春碧翠的菜肴，春天是品尝滇菜的好日子。

夏而不暑，雨水一来，满山菌子破土而出，二百来种食用菌郁郁而生，瓤青头菌，炒干巴菌，拌北风菌，烧虎掌菌，最妙当然是南国佳味鸡纵菌。四五十种鸡纵菌可自成大席，而所有菌都要吃就不是三天两天能尝遍的，夏天是品尝滇菜的好日子。

入秋，昆明已是远郊近县，果实累累，红烧板栗鸡、松仁鱼米、白玉宝珠梨、琥珀核桃仁，更兼牛肥羊壮，瓜蔬齐熟，如同丰收交响曲，秋天是品尝滇菜的好日子。

冬来不寒，从冰封雪锁的地方来到这里，正见昆明青白蔬菜堆积如山，红白萝卜比赛颜色，冬笋豆蒜是当时，妙的是其他季节的蔬菜照样应市。太极白菜、清炒豆苗、清蒸花菜、打挂菜头，碟上碗中，竟无寒色，冬天是品尝滇菜的好日子。

不论四时，天分寒暑，滇菜总鲜活水灵，热辣腾腾。

滇菜形成自有体系，最迟在清代，到光绪年间，滇菜大馆已有“玉春园”“第一楼”等以“燕翅帮”“蒸炸帮”“烧烤席”为号召，制作各种“三冷荤，四热吃，四座碗，八小碗，十二围碟”或“十大件”售卖，表现自己与外地不同的作料、烧法、火候了。

当时名菜众多，较有代表性的有锅贴乌鱼、酱汁鸡腿、鸡丝虎掌、火夹乳饼、汽锅鸡、炸乳扇、螺蛳汤、炒鸡纵等。其中昆明烧鸭，与众不同，它选用出壳40天左右的嫩子鸭以干松毛暗火焖烧而成其嫩、鲜、清香、不腻，连骨头都嚼得动。玲珑红黄，非其他烤鸭能比。滇菜博采众长而成一系之味，如今借流通之便不止是昆明菜唱主角了。省内各地方的风味纷纷进入昆明，少数民族饮食也来大展风采，滇菜之称为滇菜，其发展至今也是好日子。

云南名小吃，莫如“过桥米线”的推广最为成功，如今大江南北，都见高揭起它的名头，以云南风味为招徕。但不少地方的过桥米线，难免有桔生淮北之憾，要吃正宗的过桥米线，还是得在云南。

到云南之人，无不被推荐首吃过桥米线，而昆明大大小小过桥米线的兼营或专营店，多如牛毛，虽未连锁，至少已连串，它们往往开列从五元到百元一套的过桥米线任君挑选，过桥米线大有从小吃到大餐、宴席发展的意味，不知幸耶不幸。

吃过桥米线必先听一个故事，知道家世，吃起来会因趣味添滋味。相传在滇南蒙自，一秀才在南湖亭中读书，秀才娘子常常弄点他爱吃的米线送去给他当饭，但等出了门、穿小路、过了桥到亭中时，米线已不热，且有点“糊涂不清爽”的意思了。这秀才娘子便琢磨起来，如何解决这保温与清爽的问题？她发现汤若有油封在上面，有若盖盖能保温，佐料、米线等如吃时再放、就能爽口。于是她先把肥鸡、筒子骨等熟好清汤，上覆厚厚鸡油；米线烫好，生里肉片、腰片、鱼片、豆尖、香菜等另放。过长桥到亭子时，将佐料等放入烫熟，再加米线，此时香鲜滑爽兼而有之，与往常全不一般。此法传出，人人争相效仿，因其原要过一桥才吃这米线，就干脆叫“过桥米线”了。

故事有趣，将原来不过是中国食法中之“过桥”一法，巧妙融于米线吃法的缘起中，既为来历，又示吃法，天衣无缝，证明这首创人不简单。过桥米线虽有无数花样，但其根本总在于一汤，以壮母鸡、老鸭、筒子骨熬汤，水与料为六比一，须熬6小时以上才好。汤要滤过，使其清澈，装碗要加味精、胡椒，上面浇鸡鸭油一层。这汤端上时切不可遽尝，因早有不知之人急于喝汤被汤烫伤唇舌食道的笑话，定要小心。

汤来后将各生片缓缓放入，最后放米线就可吃，不懂可让服务员代劳，也可看别人如何做。说到看别人，有人编一个小笑话，可附在这里佐餐。

据说，有一人不会吃这过桥米线，别人告诉他“看旁边人如何就如何”。这人去到餐馆，要米线后看旁边老者下肉片、鱼片，他也忙下肉片、鱼片；下豆尖、腐皮，他也忙下豆尖、腐皮；下米线，他也忙下米线，一切如仪。到要吃时，这旁边食客有个习惯，遇有美食赞叹时，筷子不由自主在碗边轻轻一击后才食，这人以为是必要程序，也忙将筷在碗边一敲才吃。那旁边老者刚吃一口米线，弄得稀里哗啦，一阵忙乱，这人一看，推碗起身道：“这则难学，过桥米线吃不成。”

“先生的妙处实在难学”，初吃过桥米线不可不慎。至于这味道么，“不吃不知道”。

第九章

岭南文化——汇合古今，融贯中西

岭南是指五岭以南的广东，它东接福建，西连广西。岭南文化与以儒家文化为核心的中原文化属于同一文化总体系。岭南文化由本根文化与百越族文化融合，进而与汉文化融合，与西方文化交流而发展起来。岭南文化以远儒性和非正统性区别于其他的汉文化，是中华文化总体系中的边缘型文化。岭南风光与北国风光不同，岭南文化与中原文化不同，岭南的经济发展速度与北方的经济发展速度也不同。

一、不辞长做岭南人

岭南是指五岭以南的广东，它位于中国的南部，北枕南岭，南临南海，东接福建，西连云贵。该地原为百越之地，是商周之交时形成的南越族居住之地。秦始皇时统一岭南，大量移民，经赵佗努力，使中原文化与当地文化得到很好融合。加上以后几次北方移民影响，使岭南“流风遗韵，衣冠气习熏陶渐染，故习渐变而俗几中州”，从而在汉文化中形成具有自身特色的岭南文化。广东兼有山地和海洋两重文化，这使得这里的民众同时具有强烈的兼收性和传统的保守性，这两种因素融会贯通，一脉相承。一方面广东人喜欢展现自己独立不群的个性，常常喜新厌旧地紧跟时代浪潮真抓实干；另一方面他们又对算命、星象、风水、财神爷、黄道吉日等等表示出特殊的兴趣。

由于地处湿热的南方，作物以水稻为主，过着火耕水耨、渔猎捕捞的生活。习俗上，喜食鱼和各种蚌蛤贝类，蛇、虫、鼠视为美食；习水性，善用舟，断发文身，住杆栏式住宅；笃信巫鬼，以鸡足骨卜凶吉。“日啖荔枝三百颗，不辞长做岭南人。”在古老的农耕时代，广东留给中原人的印象是除了这里鲜嫩的荔枝值得一吃之外，不过是个充军或流放之人才不得不去的鬼地方，他们一再冷嘲热讽那些纹身吃蛇的“百越”民族是“射生饮血”的野蛮人。

后来，因为北方战乱和灾荒，曾有大批的中原人进入岭南。在岭南有相对独立的语言文化和行为方式，主要使用粤语、客家话、闽语三种主要方言。粤方言又名广东话、广府话，当地称为白话，以广州方言为标准音，通行于珠江三角洲及沿西江而上的粤西、广西部分地区。客家话又名客话，以梅县方言为标准音，通行于粤东北及东江流域。闽方言又名“福佬话”，随地域不同形成三个分支，分别通行于粤东南潮汕地区、粤西南雷州半岛、海南省汉族居住区域。

由于岭南特殊的地理环境和远儒的文化氛围，培育了岭南人强悍坚韧、敢于冒险、勇于任事、大胆革新、追求自由的精神特质。到了近代，中国被迫开放后，广东人那种敢于为天下先的精神更是得到展现。

近代开始，岭南成为中国人开眼看世界的窗口，成为中西文化的交汇点与碰撞点。代表人物有继承岭南文化经世致用学风的朱次琦、陈澧；制订《天朝田亩制度》，缔造太平天国的农民运动领袖洪秀全；撰写《盛世危言》，倡导重商主义，推动近代“商战”的郑观应。

岭南近代最杰出的改良主义思想家是康有为及其弟子梁启超。他们使变法维新思潮风行天下，策动戊戌变法，期望在中国建立资产阶级君主立宪制。

岭南是中国近代资产阶级民主革命发源地，孙中山是岭南培育出来的中国最伟大的资产阶级民主革命家。《建国方略》集中地反映了孙中山的哲学理论和社会政治学说。

岭南文化具有其独立的特点，在接受汉文化前已形成自身的审美能力和观念，长期与海外交往中吸收融合了东南亚、中近东、非洲、西方、日本的审美观，艺术创造丰富多彩，艺术风格自成一派。

岭南诗歌自唐代张九龄开一代诗风，随后岭南产生不少知名诗人，经宋元明不断成熟，在清初产生岭南诗派，突出岭南传统“雄直”为主的诗风，富开创精神和现实主义风格。代表人物为屈大均、陈恭尹。

岭南绘画也独树一帜，明清时岭南画坛形成富于个性表现，求新求变，讲究技法的独特风格，出现石涛、居廉、居巢等大画家。20世纪初，由高剑父、高奇峰、陈树人等人创立岭南画派，主张“折衷中西，融会古今”，以建立现代化、民族化、大众化的现代国画风格。

广东音乐尤具特色。现在歌坛堪称流行的粤语个就是在此基础上演化来的。广东音乐以其珠圆玉润、婉转回荡的旋律，清新明快的节奏，清脆明亮的音色，短小精悍的结构在中国音乐中独树一帜。代表作有严老烈的《旱天雷》、《倒垂帘》、《连环扣》，何博众的《雨打芭蕉》、《饿马摇铃》、《赛龙夺锦》。岭南音乐中比较著名的还有潮州锣鼓、广东汉乐等。

岭南戏剧剧种繁多，达27种，其中粤剧、潮剧、琼剧、广东汉剧为岭南四大剧种。粤剧以粤方言演唱，吸收融合了地方民歌小曲，后期大胆采用部分西洋乐器伴奏，传统剧目有《一捧雪》、《二度梅》、《三官堂》等所谓“江湖十八本”。粤剧唱腔慷慨激昂和哀怨悲叹兼具，富于表现力和感染力，是岭南的代表性剧种。

岭南民俗中脍炙人口、最有地方特色的是广州岁末花市。广州素称花城，种花历史由来已久，西汉时已是鲜花常开、品系众多，当时已有“自别国移至”的茉莉与素馨。宋时渐有花市出现，到明清二代，广州种花业发展更快，许多农户以种花贩花为生。19世纪中期出现岁末花市，设于市中心地带，规模盛大，游人如潮。花市形成后，一年一度于岁末成市，四乡花农将鲜花集中花市向市民售卖，入夜后尤盛，除夕过后花市即散。

岭南民俗喜早起上茶楼喝茶、吃点心、谈天，谓之“饮早茶”。岭南城乡茶楼密布，每天清晨即开市，茶客络绎不绝。

20世纪末，岭南文化经历了中国改革开放的洗礼，显示出强大的活力。今天，社会经济的发展需要我们站在更高立场更高层面对岭南文化作出总结和评价。因而，现代性审视的要求摆在了岭南文化的面前。

岭南文化是一种较能适应现代化进程的文化形态。广东人的怀旧情绪相对来说比较弱。比如，中国许多地方曾经在20世纪90年代大唱怀旧歌曲，一时间大街小巷重新飘扬起《东方红》的旋律，广东人却没有卷入这个热潮。又比如，北京的文化人为浸漫了过去时光的四合院日益减少而痛心疾首，广东的文化人却很少为南国特色的骑楼日渐消失而大声疾呼。当北京街头冒出许多“知青”饭店，许多过来人大谈黑土地上的经历时，广东的老知青们也搞了一两个活动，却没有多大回响。怀旧，是一种固守，一种被岁月过滤了的纯净。怀旧需要某种经历和情感上的认同，所以，怀旧色彩越浓，越容易陷入自己的窠臼；怀旧色彩淡一些，向前看得多一些，则具有更多的开放性、兼容性和现代性。

广东人具有较为开阔的胸襟，这为岭南文化的兼容性奠定了基础。当改革开放的春风乍起，第一批外商踏上珠江三角洲的土地，在这里获取了非常可观的经济效益。但是广东人并不嫉妒，他们创造了一种思维模式：只要自己能赚钱，不怕别人赚大钱。因而，他们不在乎与香港前店后厂的关系，在经济上采取实用主义立场。开阔的胸襟是兼容的前提，也是现代化的前提。万事锱铢必较，过于计较一己的得失，就难以融入世界性的潮流。

近代岭南文化的融通性的必然结果便是兼容并蓄，择善而从，其现实反映便是古与今，土与洋，中与西的“大杂烩”，近代岭南的思想理论，审美艺术，大众饮食，民风民俗，皆是如此。特别是西方的生活方式和习俗引进岭南，很快与当地生活方式结合起来，传统的与现代的，本土的与外来的、中国的与西方的，随处可见，同时并存，这种融通性在近代岭南思想理论层面表现得最为明确和集中。康有为的思想是“含咀于吾国数千年来之文化，以及印度、希腊、波斯、罗马古哲之懿言，及近代英、法、德、美先哲之精华，损益古今，斟酌至当”而融汇构成的。孙中山的思想体系之建构，也是博采众家之长的，自称“凡一切学术，有可能助余革命之知识及能力者，余皆用以为研究之原料，而组成余之革命学也”。孙中山曾说明其思想渊源为：“余之谋取中国革命，其所持主义，有因袭我国固有之思想者，有规抚欧洲之学说事迹者，有吾所独见而创获者。”开放融通、择善而从的社会心理，使得近代岭南文化在身处激烈的古今中西之争中能够高瞻远瞩，进行合理的文化调适，从而广纳博收，取长补短，焕发出岭南文化的新光彩、新精神。

岭南文化经常处于动态之中。有人批评说，广东人会生孩子，却不会取名字。意思是说，广东人善于创新，却不长于理论总结。但是，广东人对于这样的冠名权倒不很在意。理论总结是升华，但是换一种角度看，它也是束缚。岭南文化乐于为历史写第一稿，而不在乎定稿本上的名字排列。这种品质，为它平心静气与不同文化范式的相处相融作了准备，也为它接受发展中的现代性因素作了准备。

广东要想在新的世纪保持先发优势，以广东为代表的岭南文化要想在历史发展的新阶段依然光彩夺目，就必须在兼容的同时认认真真地进行一番梳理和反思，在现代性的审视中寻找新的动力，寻找新的增长点。

二、香港文化的前世今生

如果说燕赵文化是农耕文明与游牧文明的混血儿，那么香港文化便是东方文化与西方文化的“混血儿”。

香港本属于广东的一部分，自1840年英国占领以后，划地为界，香港从广东分离出去，成为相对独立的地理单元和行政区划。而原本属于岭南文化的香港，由于长期受到西方文化的侵蚀，加上殖民思想的盛行，香港逐步形成有别于岭南文化的特色文化，故而有“香港文化”之说。

香港文化受岭南文化影响较深。广义的岭南文化本来就包括香港地区在内，只是由于历史的和政治的原因，我们的岭南文化概念已基本退居珠江流域。所以，广东与香港在文化上较容易达到融合，形成同构。因而，我们谈岭南文化就不得不谈香港。

香港文化是不中不西，又亦中亦西的复合型文化，这多少与香港的历史有关。在1840年以前，香港和澳门地区是典型的岭南文化的势力范围，因其地小人少，充其量只能称得上是岭南文化中的一滴水。

早在商朝时，珠江流域聚居着一个与中国农耕部落不同的部落，他们善于捕鱼航海，不事农耕。这个部落最早的首领是公孙隅，这个部落被人们称为“百越”，他们的活动范围就在今天的香港和澳门地区一带。

直到现在，居住在香港地区的居民主要都是来自广东岭南地区。他们中国文化的根属于广东文化，现在香港人还说着广东话，香港人还听着广东的粤剧，香港民间流传的各种山歌和传说故事，都与广东沿海的民间文化一脉相承。

所以在19世纪中叶以前，香港文化还不能独立称其为文化，只能称为岭南文化。

自英人占领香港以后，香港进入长期的中西文化的冲突期。这个时期从文化的形成来看，是香港文化的准备期。

鸦片战争是中国近代历史的开端，而鸦片战争的直接结果，就是英国人占领香港。中国近代中西文化之间的冲突，在这里毫无保留地体现出来，战争是文化冲突的最直接体现。英国人刚到香港时，率先传入的是殖民主义文化，与它的军事征服和经济掠夺相响应，形成了外来统治者和本地居民之间的直接对立和长期矛盾。华人与洋人等级明显，互为区别。殖民者通过教育等各种方式灌输殖民主义意识，单是街道地名就有非常明显的殖民地特征，都与“占领”密切相关。比如维多利亚港是以占领香港的英国女王的名字命名的。其他如遮打街、恰和街、渣甸街等等都是以英国殖民主义者的名字命名，上至英国女王，下至港英政府官员，使中国的土地烙下英国人的痕迹。白人的厕所，华人是不允许使用的，就是各个娱乐场所的出入口，洋人与华人也不一样。

香港在20世纪六七十年代的崛起，香港文化也在这一时期逐渐成形。西方人来华，多是先到香港，中国人出洋，也务必中迁香港。西方的新知识、新思想通过这个桥头堡传到中国内地，中国近现代的各种政治风云也在这里集中上演。香港成为消化吸收中西文化的“肠胃”。

香港实际上是中国文化和西方文化之间的过渡。它的政体、社会分层、司法和行政管理都是西方式的；它的市民心理和行为方式却依然有浓烈的东方色彩。从某种角度看，香港在人的现代化方面也是发育得不够的。岭南文化所表现出来的对政治及文化的相对冷淡、关于可持续发展的认识偏差、享乐主义的盛行、封建迷信的再度滋生以及小富即安的自得等等，大多找得到香港影响的痕迹。

香港维多利亚港远景

香港近现代文化的开拓，可以追溯到19世纪末和20世纪初，20世纪60年代以后的事，其明显的标志就是独立文化品格的形成。也就是说，中西文化的融合直接导致了香港文化的形成。

第二次世界大战以后，港英政府调整了对港政策，以自由资本主义代替了殖民主义，进一步完善了香港的自由港政策，自由资本主义文化成了香港的主体文化。同时，在20世纪五六十年代，香港经济迅速起飞，国际大都市的地位日益显著，更加完善了香港的自由性、包容性。在中西方文化融合的基础上，香港文化业已形成。

所以，作为一种地域文化，香港文化性格的形成是近百年的事，它是中西文化融合的产物。香港文化的繁荣，令人想起了杂交水稻的优势。

香港的现代的文艺是在“五四”新文化运动的推动和影响下形成和发展起来的。新文化巨匠鲁迅、胡适和欧阳予倩等，特别是最后献身于香港文化的许地山，直接催生和培育了香港新文艺。鲁迅和其他文艺大师的影响以及来自上海、广州的文化新潮的流入，打破了当时香港文坛的荒凉、沉闷局面，直接促成了香港新文学的兴起。

拓荒时期播下的新文艺种子，在随后发生的抗日战争和国内解放战争的强烈影响下萌芽成长。在十多年里，香港出现了两次由大陆南来文化人组织的推动的文艺高潮。当时由于香港的特殊政治地理环境，大批著名文化人如何香凝、柳亚子、茅盾、郭沫若等先后会聚香江，使香港文艺空前繁荣，两度成为南中国爱国进步的新文化中心。

20个世纪50年代至70年代中期是香港文化最重要的发展时期，而就在同一时期里，香港逐步实现了工业化，经济高速增长。社会的演变牵动了文坛的演变。适应内外形势的变化，植根于香港都市生活、具有鲜明“香港性”的文学艺术兴盛起来；同时，以普通大众为对象、具有浓烈地方色彩的通俗文化大量涌现。最重要的一点是，战后出生的第一代和第二代本地作家、艺术家已经与社会同时成长，他们的学习、生活、工作、事业、家庭、思想感情……都是植根于香港的，他们日趋成熟的各种艺术创作大都带有强烈的本土意识，以他们为主干的一种“本土文化”跟着诞生。上个世纪七八十年代香港的经济、社会继续繁荣稳定，并已发展成为金融、经贸等方面的国际中心，出现了令世人瞩目的“香港现象”。作为物质文化的表现形态，香港的文学艺术在这个时期也显得多姿多彩，并且沿着自由开放、中西交融的轨道，进一步走向多元化。

有人说，香港文化是标准的现代文化，也有人认为它是后现代文化。确实，丰富的物质财富和代表现代文明的社会制度足以说明它进入了现代文化的行列。而香港人内心深处的迷信、肤浅等文化痕迹，却与现代意识格格不入。

香港文化与中国其他地域文化不同，它是在中国土壤上播下西方文化种子的基础上逐渐形成的，所以其文化个性上有中西方文化交相融合的特征。在这里，人们长着中国人的面孔，心里装着西方的观念，迷信与赛马共生共荣，中国的方块字和西方的字母文字相安无事。在这里，文化之间的冲突更多地体现出文化之间的互补。两种文化的结合诞下了一个营养丰富、白白胖胖的混血儿。

有人把香港比做文化沙漠，这实际上仅就高雅文化而言的，而香港文化的主流则是一种通俗文化。根本没有必要用大陆的标准去衡量香港。香港人把本来非常高雅的东西弄得人们爱看，把大陆人看作教育人的小说写成了轻松、消闲的武打、言情故事，把刻板的历史剧拍得比现代戏还要现代。

香港文化是一种消闲文化，在香港，人们在意识形态上没有太明显的政治倾向，人们没有必要在休息的时候，去受什么教育；香港人的生活节奏快，业余生活总要求娱乐性强一些，没必要板着脸孔。在香港多数人只能在上班前饮早茶的时候，才有时间看报纸；工厂的工人，只能利用上厕所的时候读杂志。快节奏当然需要快餐文化，这就是香港娱乐文化得以繁衍的土壤。

香港文化“个头不大”，但本事不小。

香港文化是一种充满活力的文化，从某种意义上来说，它不是狭隘的地域文化，它是一种世界文化。其影响力，可以与京津文化、岭南文化齐名。

从某种程度上来说，香港文化激活了广东文化，并通过广东文化直接影响了当代中国的流行文化。

随着香港的回归和广州、深圳等地与香港差距的缩小，广东与香港的双向交流更为密切，一种广东与香港的相互影响格局正在缓慢地逐步显现。

香港文化通过对广东文化的渗透，也向中国新时期的文化输入流行文化和新的观念。从流行歌曲的“四大天王”到人们日常生活的许多禁忌，人们以极大的热情接受香港文化。当代大陆流行用语的更新变化，与香港文化密切相关。比如当代中国的很多流行译名，激光、T恤、的士、迷你等都是从香港经广东传入的。有很多译名本来在汉语中有了更规范的译名，但香港的译名还是随着广东文化的强劲势头，全力“北伐”，取而代之。

这为岭南文化审视自己以及审视自己与香港文化之间的关系提供了良好的思维空间。

不可否认的是，在相当长的历史时期内，依然主要是香港影响着岭南文化。正因为如此，更深入、更全面、更理性地认识和评价香港文化已成为历史对岭南的新的要求。

与中国的其他地域文化相比，香港文化的形式和特点非常明朗，它是在西方文化的大背景下融合中国的岭南文化而形成的一种区域文化。随着香港的回归，香港的文化背景出现了根本性的转换，即在文化氛围上从西方转向了中国内地文化。如何保持香港文化的独立性和特色，继续让其发挥在中西方文化交往中的纽带作用，已不仅仅是研究者们关心的问题，而成为一个政策性很强的政治问题。

从中国政治的态度来看，香港的“一国两制”和“五十年不变”，将保持“整体性香港文化”在一个较长时间内不会出现大的变化。也就是说，香港人现有生活方式不会随着主权的回归而“大陆化”。也就是说，香港人“马照跑，舞照跳”，这样香港文化将会继续保持活力。

粤港经济文化的一体化是一种趋势，也是一种现实可能。在这种趋势和可能之中，以现代性的眼光去审视岭南文化，寻找并最终形成一种具有现代性的新的兼容立场和视野，是岭南文化的一个新的历史任务，将使岭南文化进入一个新的境界，跨上一个新的台阶。

三、开埠造就澳门文化

港澳文化是中国地域文化中地理区域最小的一种亚文化，它包括现在的香港和澳门地区。港澳文化是以自由资本主义文化为主体，具有岭南文化和殖民地文化烙印的多元的、混合的文化。

澳门的地域人格和文化精神与香港极为相似。同香港一样，澳门过去也是岭南文化的一部分，后来被西方殖民主义者占领，逐渐成为一个国际性的都市，所以就现存的文化形态来说，澳门文化也是一种东西合璧、多元并存的文化。

就文化寻根来说，在历史上澳门也是中国岭南文化的一部分，在它被葡萄牙人占领以前，它隶属于广东香山，其文化与香港一样，与珠江三角洲本同属一脉。

远古时代的澳门是一个孤悬海上的小岛，后来由于西江泥沙的冲积，日积月累，在大陆与小岛间形成一道沙堤，澳门于是成为与大陆一径相连的半岛。四百多年的开埠沧桑，把这个状似莲花的半岛打磨成“东方钻石”，然而它的光芒一直因屈辱而黯淡。

明朝中期，澳门已是来中国贸易的外国商船湾泊的港口，嘉靖十四年（1535年）广州市舶司迁到澳门，自此澳门“开埠”。

16世纪葡萄牙人第一次登上澳门半岛时，半岛上人口已达400人左右。海湾入口处，两座建筑物格外引人注目，一座是当地渔民奉祀海神天妃的天妃庙，即妈阁庙，据说葡萄牙人在此泊岸后就是误以为妈阁是当地的名字，而把澳门称作Macau；另一座则是当地政府向渔民征税的河舶所。

为黄金而来的葡萄牙人用“铳声如雷”改写了这里的历史。1553年，葡人声称“舟触风涛，水湿贡物，借濠镜晾晒”，并贿赂海道副使汪柏才得以在澳门暂时居住。据说最初葡萄牙人住在澳门并不缴纳租金，1571年（明隆庆五年）葡萄牙人来澳门贸易时，广东海关官员在衙门外接受税金及贿银。因有其他官员在场，翻译就对海道副使说葡萄牙人带来500两银子缴纳澳门的“租金”。大庭广众之下，海道副使只好让把这笔钱锁进铁柜，上缴朝廷。每年地租白银500两的成例一直延至鸦片战争后的1849年（清道光二十八年），此后极贫极弱的清政府终于无力挽救澳门一步步落入由葡人“永居管理”的命运。

随着葡萄牙人入居、租居澳门，基督教的天主教派、新教派等先后传入澳门，加上早已传入中国的佛教、伊斯兰教，世界三大宗教及教派在总面积23.5平方公里的澳门“华洋杂处”，1576年澳门升为管辖几乎整个亚洲东部天主教活动的主教区，赢得“东方梵蒂冈”之称。

澳门的中国居民绝大多数信仰佛教。从16世纪50年代开始，澳门居民先后修建了妈祖阁、观音堂、莲峰庙等三大禅院。

现在叫妈阁庙的妈祖阁供奉的是护航海神天妃。相传天妃是福建莆田县林氏的女儿，自幼聪明伶俐，能预言未来之事，生前不嫁，每当兄长外出航海经商遇风暴，她测知后立即前往搭救。林氏女死后一直显灵，救助海上遇难者。

澳门的天主教是基督教的三大教派之一。1534年8月，天主教徒西班牙人依那爵·罗耀拉、方济各·沙勿略等7人成立了一个叫耶稣会的传教团体，准备沿着新航线建立新教区，到东方各国传播天主教。1552年4月，沙勿略代表耶稣会到中国传教病死途中，成为“远东开教之元勋”。

澳门地区风景

真正在中国内地打开局面的是耶稣会教士利玛窦，经过不屈不挠的努力他终于使明神宗收下了他的贡物，礼部安排他在外国使节居住区，并帮助他在宣武门买下一个大宅院，称作“北京会院”，作为传教活动的场所。利玛窦除了在北京传教外，还要管理南京、南昌、韶州等教区的天主教传播事务，这期间国内教徒发展达2500人。

大批西方国家的传教士随着贸易商船而来，是想使中国人和他们一道信奉上帝，事实上，他们的目的没有完全实现，却产生了一个与耶稣会士传教本意相去甚远的客观社会效果作为传教士落脚点的澳门，在16世纪至18世纪成为中西文化、科学技术交流的门户。

万历三十四年（1606年），利玛窦、徐光启合作翻译《几何原本》一书六卷。此为阿基米得之专著，介绍了近代数学全部的、最基本的知识：几何学、三角学、对数表、代数学、割圆学等，后来修《四库全书》时，不仅将该书收入，而且作了具体介绍。

1583年利玛窦将从澳门带来的世界地图改绘成《万国舆图》，送肇庆知府王泮，并用中文在地图上做了重新标记，还加上了新的注释。利玛窦在绘制地图时，为了迎合中国人的心理，抹去福岛附近的一条子午线，在地图两边各留下一道边，使中国的位置移至中央，而欧洲、非洲与南北美洲分列两旁，第一次向中国人介绍了南北回归线的纬线、子午线和赤道的位置。这份地图于1584年由王泮在广东出版，这是近代传入中国的第一份世界地图。

澳门是我国最先接纳西方医药、医术之地方。早在1569年居澳葡人在澳门主教卡内罗的主持下，设立圣加扎医院，后又设立圣辣非医院（即白马行医院）及麻风院，这是西医传入中国之始。

种牛痘先是经澳门葡萄牙医生戈梅斯和地方长官阿利加的介绍，于1805年至1806年间有600多名中外居民在澳门接种。十三行商郑崇谦还翻译出版了《种痘奇书》。1810年行商伍敦元、潘有度、卢观恒集数千金于洋行商馆，请邱喜、谭国等人传种，开中国种牛痘之先声。

据记载，明末清初在澳门、广州常见的西方各种“奇器”有悬挂于三巴寺前定时台二十二辰盘、自鸣钟、日晷、月影、刀剑、玻璃制品及各种放大镜、显微镜。现北京故宫保存大大小小自鸣钟数百件，除一些是外国人作为礼品赠送外，其余大部分是由广州工匠所制。

由耶稣会士邓玉函与中国人王征合译、汇编的《远西奇器图说》三卷，对力学基本原理、基本应用方法做了全面介绍，这是西方工程物理传入中国的开端之作。汤若望用中文著述的《望远镜》，详细介绍了望远镜的制作原理和工艺流程，是光学物理传入中国的第一部著作。熊三拔所著《泰西水法》六卷，阐述了西方水利科学的取水、蓄水等力学机械原理，是机械工程物理学中水利学方面传入中国的开端之作。利玛窦的《几何原本》中有关军事学原理、西方武器之介绍，是机械物理学传入中国的开始。

耶稣会士在澳门建筑的圣保禄堂、圣母望德堂、圣老楞佐堂等十大教堂，开了西方建筑学、建筑术传入中国之先河。澳门西洋建筑风貌传入内地，广东、北京等内地多有仿造。尤以北京圆明园中长春园最为典型。圆明园长春园是意大利会士郎世宁设计，法国人巴德尼等协助建成，因此具有意大利和法国巴洛克建筑浑然弥合之美。

与香港一样，澳门也在地理上与广东相邻，并且主要居民的祖籍也在广东，因而与岭南文化之间的联系更多一些。历史上广东的居民多次把香港和澳门作为避难场所，比如，在抗战时期，澳门的人口就从14万迅速增加到40万，增加的主要来源就是广东人。改革开放以后，两地的联系就更多，很多澳门人到珠江三角洲投资办厂，澳门和广东的经济几乎是同时起飞的，这就是两地经济和文化联系最有说服力的证据。在血缘上，大多数澳门人就是广东人，至今还有很多的澳门居民分居两地。夫妻双方一方在澳门，一方在内地，只是周末才回家团聚。

由于澳门地小人少，而居民成分又特别复杂，各个文化之间界限分明，澳门人长期也难以形成认同，所以澳门文化显得十分的杂乱。但从本质上来说，是一种中西文化融合的产物。它长期在葡萄牙人的殖民统治之下，作为一个国际性的都市，与西方人联系更方便一些。相对来说，它的

“西化”程度比香港稍逊色。

1999年12月20日已经过去了几年。随着邓小平“一个国家两种制度”构想的实现，阔别了三百年以后的澳门已经重新回到了中国的大家庭中，澳门文化出现若干新的特点。随着主权回归后政治和经济的整合，澳门在文化上也将出现整合。

澳门实行的是一种文化多元化的政策，这种包容、宽松的文化政策客观上促进了澳门多元化之间的融合，势必会出现香港文化和内地文化对澳门文化影响力的加深。岭南文化在澳门会出现新的复苏，广东文化和粤语习俗会成为整合华人文化的一种不可忽视的力量，就是土生葡萄牙人为了适应环境也不得不接受粤语和粤语文化。

澳门的回归，唤起了人们的澳门意识，形成真正的澳门族群，使澳门文化更加完善和体系化，澳门文化的特点将会更加明显。

四、岭南的饮食文化

听人这样开玩笑：北京人什么都敢说，上海人什么都敢穿，而广州人则什么都敢吃。尽管只是个玩笑话，但是可见岭南的饮食文化的名不虚传。食在广州，这绝没有标榜的意思，确实如此。老广足不出户，也可以吃到各地不同风味的菜，品尝各式小吃。老广不仅爱吃，而且敢吃。天上飞的，地上跑的，水里游的，都可以端上餐桌当成佳肴。

1. 广州菜

广州的可爱之处很多，但首先要说的肯定是美食啦。粤菜贵为中国八大菜系之一，并非浪得虚名。广州人对美食的追求与赞赏可用两个字概括“和味”。广州饮食重“鲜”，“鲜”是南方的“鱼”与北方的“羊”之和；广州饮食重汤，汤源于“羹”，“羹”是大羊（美）与小羊（羔）

之和；“食在广州”在味，味靠调和；广州饮食的显著特点“博采众长，中西融贯”是“广”之“和”。五味调和百味香，“和”是味“全”、味“广”、味“美”的基础。

调味是一门科学，调味品少了不行，多了也不好，存在一个“度”的问题。任何一种调味料，过量的使用都达不到“有味者使之出”和“五味调和”的美味效果。饮食调味要求咸淡适中，讲的就是度要达到“和谐”的效果。我国古代的调味理论很有哲理，在古代的味的观念中，酸、辛、咸、苦都有浓淡程度之别，过浓时即形成刺激，所以称“别味”；甘味无此差别，是感觉不到刺激的味，是正味。刺激的“别味”经过正味谐调，达到中和后不再感觉刺激。我国古代对浓味的食品“调以滑甘”，就是以甘味去冲淡“别味”，这就是“和味”。我国中医抓药有甘草和百味之说，可见甘味的“和味”作用。

鲜味能起到和谐各种味的效果，从理论研究和实践中都可以总结出“饮食味要美，调好咸和鲜”、“食无定味，有鲜更美”和“选好鲜味调味料，制作美食很重要”等调味之理（在《“鲜”为人知》一书中可见到）。

鲜味具有出味、入味、和味、矫味、改善口感等方面美食调味功效，其中和味功能是其他基本味不具备的。现代风味化学研究表明，鲜味是美味之魂。鲜味的调味之道：出味是成人之美，入味是可口鲜美，和味是调和之美（也是各见其美），矫味是去不足存美。粤菜特点之鲜是“食在广州”的基础。

“五羊衔谷”使广州有了“羊城”和“穗城”的美名。广州气候温和，广州人处事随和，广州是共和的发祥地。

羊秉性温和，大吉羊祥与“和”相连就是“祥和”。十二生肖中羊为“未”，“来”离开“本”（根）而未到“末”（梢），是本末之“和”。

“谷”、“穗”都是“禾”，“禾”与“和”相通。“禾，嘉谷也。二月始生，八月而熟，得时之中，故谓之禾”（《说文解字》），“以其和调人之生命。”因此“五羊衔谷”之“谷”是“禾”也是“和”。“和味”与“禾穗”同源。

广州文化姓“广”。“海纳百川，有容为大”、“严博大宽容”是岭南海洋文化底蕴之“广”；“集东西南北，融古今中外”是岭南文化内涵之“广”；“食在广州，食全食美”、“和味”是岭南饮食文化之“广”，太阳、海洋、养生之羊大写的“羊”是岭南文化生命活力之“广”。

广州得天时、地理之优势，食物资源丰富。中华的大一统，将中原饮食、文化的精华羊和嘉谷带来了广州，扩大了饮食领域。广州是我国古代海上丝绸之路的发祥地，秦汉时期就开始与海外进行商品和文化的交流，使广州的饮食发展空间得到无限延伸，使粤菜用料“广”博奇异而胜人一筹，这也是粤菜脱颖而出、名扬海内外的原因。广东菜用料广而精，配料多而巧。粤菜精工细作注重调味、加工技法多样善变，可谓“食全食美”，而尤以广州为著名。

传说古时南海有五位仙人，身穿五色彩衣，骑着五色羊把每茎六穗的稻谷带到了广州，他们把稻谷和羊送给百姓后，便驾着彩色的祥云飘飘升天而去。这则美好的神话预示着广东会成为民阜物丰的地方，所以它是广东人津津乐道的话题。广州文化是五仙人带来的游牧文化（羊）和农业文化（谷）与岭南海洋文化（鱼），西方（洋）文化之“和”，即广州文化是以蓝色文明海洋文化为底蕴的越文化与中原文化、西方（洋）文化之“和”。岭南文化之“广”就是包容，就是“和”。

2. 广州的早茶文化

广州人喜欢饮茶。广州人清晨见面打招呼时常说：“饮佐茶未？”但若你把广州人所说的“饮茶”理解为仅仅是清茶一杯，那就大错特错了。他们往往是以一壶好茶与三两碟点心来开始一天潇洒的生活。与北方人站在马路边上一个大饼一碗豆浆的早餐方式相比，广州人“叹”起茶来优哉游哉。

广州茶楼通常在清晨4时开市，5点左右就能迎来第一拨晨练归来的客人。早到的客人一般以老人为主。这些老人大都退休在家，早上晨练后就三五一群地结伴到某酒家喝早茶。

一杯清茶，一碗白果粥，二只奶黄鱼或者一碟肠粉，就能在茶楼里坐上半天。三姑八婆的是非其实很琐碎，但一聊起来就可以扯上半天。

大概9点左右，茶楼又迎来了一批新客人——睡眼惺忪的年轻人，他们极其“实惠”地将早餐和午餐融在了一起。而体坛上的一些新动向、工作中的不如意，则成了茶桌上的谈资。

广州人饮茶很是自由。饮茶没有时间限定，从晨曦降临之际的早茶、烈日炎炎下的午茶到夜幕笼罩中的夜茶，任君选择。饮茶没有什么理由，或兴致来了，或心情抑郁，或无所事事，都可以洒脱的一声高呼“饮茶去”。饮茶方式各异，既可以二人世界，边吃边聊；也可以亲戚朋友，逢节相聚；几十人聚在一起，包房包厅狂欢也可。

广东茶点

广州人饮茶并无什么礼仪上的讲究。唯独在主人给客人斟茶时，客人要用食指和中指轻叩桌面，以致谢意。据说这一习俗，来源于乾隆下江南的典故。相传乾隆皇帝到江南视察时曾微服私访，有一次来到一家茶馆，兴之所至，竟给随行的仆从斟起茶来。按皇宫规矩，仆从是要跪受的。但为了不暴露乾隆的身份，仆从灵机一动，将食指和中指弯曲，做成屈膝的姿势，轻叩桌面，以代替下跪。后来，这个消息传开，便逐渐演化成了饮茶时的一种礼仪。这种风俗至今在岭南及东南亚依然十分流行。

广州人饮茶，与其说是“品”，不如说是“叹”。饮早茶对于广州人来说，不仅仅是物质消费，还是一种精神享受。广州茶楼文化具有丰富的精神内涵，广州人饮茶之意不在茶，饮茶的过程同时也是身心的自我调节过程。老年人三三两两地闲话家常，年轻人则一边“医肚”（即填饱肚子之意）一边谈工作、生活上的是是非非非。到茶楼“叹返一杯”成了广州人歇口气、伸伸腰、提提神、聊聊天、会会朋友的好机会。菊普、菊花、水仙、茉莉花也好，乌龙龙井、普洱、铁观音、碧螺春也罢，茶的选择虽然很多，但这不是重点。他们既不必像潮州人那样讲究茶道，也没有日本茶艺的繁文缛节，服务员斟茶时茶客以指轻扣桌面就代表了所有的礼节。

广州人饮茶不重茶，但对“食”倒很考究。“食在广州”之称绝对名副其实。茶楼的各式点心数不胜数：白粥、皮蛋瘦肉粥、鱼片粥、白果粥、猪红（猪血）粥、及第粥等粥类；虾仁肠、猪肉肠、牛肉肠、叉烧肠等肠粉类；叉烧包、莲蓉包、酥皮包、奶黄包、豆沙包、小笼包等包类，烧卖、粉果、干蒸、虾饺、牛百叶、凤爪、糯米糍、糯米鸡、叉烧酥、牛肉丸萝卜糕、芋头糕、千层糕、马蹄糕、蛋挞等小吃类，各式名堂多得让人眼晕！这些虽然没能吸引茶楼里老年人的目光，他们依旧在一碗粥一个包的“例牌”中，闲话家常、消磨时光但是对于追求时尚的年轻人来说，则无疑使之“食指大动”（胃口大开的意思）。

广州人很追求物质享受，他们更懂得“辛苦揾来自在食”的道理。所以，老人们不敢轻取地高级美点都被他们一一“拿来”。赚了钱不消费等于没赚。想吃什么就吃什么吃得不好太对不起自己。“搏到尽，玩到够”的人生价值取向得到了彰显。

除了饮食和娱乐消遣的功能外，广州茶楼的兴旺还有着商业交往的需要，茶楼渐渐成了“信息茶座”。各种各样的人们在茶楼里谈论着股票、楼市，谈论着日本的电器、美国的汽车，在这里，人们交流着各种经济、商品信息。没有“泡”茶楼的本事，发财的机会也少很多在生意场上，不进茶楼，是不会融入广东的商业社会的。清闲、舒适的茶楼，变成了商业谈判的地点。可以说，广州人在茶楼饮茶，既填饱了肚子、联络了感情，又交流了信息。

不过，广州人在闲暇时也以在家里饮“功夫茶”为乐事。“功夫茶”对茶具、茶叶、水质、沏茶、斟茶、饮茶都十分讲究。功夫茶壶很小，只有拳头那么大，薄胎瓷，半透明，隐约能见壶内茶叶。杯子则只有半个乒乓球大小。茶叶选用色香味俱全的乌龙茶，以半发酵的为最佳。放茶叶要把壶里塞满，并用手指压实，据说压得越实茶越醇。水最好是要经过沉淀的，沏茶时将刚烧沸的水马上灌进壶里，开头一两次要倒掉，这主要是出于卫生的考虑。斟茶时不能满了上杯斟下杯，而要不停地来回斟，以免出现前浓后淡的情况。饮时是用舌头舔着慢慢地品，一边品着茶一边谈天说地，这叫功夫。功夫茶茶汁浓，碱性大，刚饮几杯时，会微感苦涩，但饮到后来，会愈饮愈觉苦香甜润，使人神清气爽，特别是大宴后下油最好。

此外，饮凉茶也是广州人的一个生活习惯。所谓饮凉茶就是把药性寒凉、能清解内热的中草药煎水作饮料喝，以清除夏季人体内的暑气。广州的凉茶历史悠久，如王老吉凉茶就形成于清嘉庆年间（1796—1820年），由于它清热解毒、消炎去暑的药用功效明显，历来为广州人所推崇。另外，还有如石岐凉茶、健康凉茶、金银花茶、龟苓膏、生鱼葛菜汤等也都是广州人喜爱的传统老牌凉茶。

20世纪80年代以来，为方便饮用，各种凉茶冲剂及软包装凉茶应运而生，如神农凉茶、夏桑菊等，已成为许多家庭夏季的必备饮品。

广州人重吃、爱吃、敢吃在全国是众人皆知的事。但大多数是只知其一而不知其二，重吃和讲吃之所以成为此地文化的特征之一，也是有着地理气候等方面的原因，是粤人适应自然过程中慢慢形成的。南岭横亘东西，阻断了北方来的严寒。岭南气候近于热带，长夏无冬，春湿夏热秋燥，地火旺积，空气湿闷，易令人虚火上升，暑气郁结，殊难调理。古称南方瘴疠之地，望而生畏。韩愈、苏东坡被贬岭南，多有与亲人诀别之辞。比较起来，北方地理白山黑水，虽寒至滴水成冰，但一个热炕头，便可以解决问题，反而易于适应。而岭南则是御寒易散热难。为了适应复杂多变的气候，粤人发现和完善了饮食调理的方式，四季四时，汤米的讲究，各种中药变成食膳，就是粤人应对大自然挑战的经验结晶。在这种应对的过程中，粤人培育了自己对于自然变化的适应能力，也培养了他们的审美观和生活能力。饮食业的发达，只是由此升华为一种文化现象而已。

第十章

青藏文化——神秘的高原，神秘的脸

青藏文化，是居住在青藏高原地区的藏、羌、回、门巴、珞巴、蒙古、土、撒拉、汉等民族，以及夏尔巴人共同创造的，具有高原风格的区域文化。

西藏地处中国西南边疆。从远古时起，西藏人民就开始在被称为“世界屋脊”的青藏高原上劳动生活，繁衍生息。在漫长的历史长河中，西藏人民以自己的勤劳智慧，创造了独特的文化。

一、离太阳最近的地方

青藏高原，一个地球上最高的地方。天倾西北，地陷东南，老天堆起了皑皑的白雪。在这莽莽苍苍的冰山雪域中，在这湛蓝得让人难以置信的天空下面，天地间的一切都显得如此渺小，如此静谧，如此简单，但那眼前的一切却又如此地变化多姿，亭亭净植，带着让人无法言表的魅力和震撼。这就是号称世界屋脊的青藏高原。

世界屋脊之称的青藏高原

青藏高原是地球上海拔最高、面积最大的雪域高原。它的面积有近200万平方公里，占祖国国土面积的1/5；它的海拔平均有4000米左右，似乎人类的一切活动都在它的鸟瞰之下，所以素称世界屋脊。因此之故，它又被视为除南极、北极之外的地球第三极。如果说大江大河是人类文明生长发育的母亲的话，那么青藏高原就是母亲的母亲。不仅中国的黄河、长江发源于此，就连恒河、印度河，当然还有雅鲁藏布江等也发源于此，于是，它理应享有万河之源的神圣。

在莽苍浩瀚的青藏高原上，既有巨大的高原盆地，又有坦荡开阔的高原谷地；既有星罗棋布的湖泊、温泉，又有高瀑飞泻的峡谷深渊。在那神秘高原的腹地，却平展袒露出一望无际的萋萋芳香；在绿草如茵的草原上，万里晴空，一碧如洗，偶尔白云飘过，与地上的漫漫羊群相映生辉，相映成趣。置身于这样的情景之中，你会感到，自己的心胸一下子扩大了，大得离奇，大得渺茫，大得连自己也忘了……

地高天寒，是青藏高原的第一特点。许多峻峭的山峰，远远地高于雪线，那里长年积雪，是一片冰清玉洁的冰雪世界，一个较大的冰雪中心，在这里，有形态各异，造型丰富多彩的雪影冰塑，有的像是冰雕的动物王国，有的像是晶莹的高原龙宫，而有些地方，你又可以发现大片的高原土林。虽说20世纪的人类已经征服过一些高峰，甚至包括最高的珠穆朗玛峰，但许多山峰至今仍然沉睡在千万年的大梦之中，人迹不至鸟兽绝，亘古旷今惟冰雪。高原冰雪山峰似乎以它那磅礴的气势，静静地挺立着，以无言的微笑，在向坚忍不拔的人类发出它永恒的挑战和召唤。

可是，就在这“千山鸟飞绝，万径人踪灭”的冰雪大梦之中，却繁衍生息着我们的藏族同胞。它们一代代地摇着转经轮，吃着糌粑，把青稞酒一饮而尽，然后便钻进风雪中忙自己的事情去了。一代又一代，循环往复，以至无穷。

据藏文史籍《青史》记载，远古，青藏高原是一片汪洋大海，随着岁月的变迁，海水渐缩，大地隆起，遂有人类生息繁衍。

藏人远古传说“鬼神”横行雪域，进而十二邦国、四十二小邦国并立，互相征伐不已。公元7世纪初，活跃在雅隆地区的悉博野（今山南境内）王松赞干布一统青藏高原，建立强大的吐蕃统一政权。这也是我们了解较多的西藏历史，不过这也是唐代以后松赞干布与文成公主喜结良缘以后的事。没有文字记载的传说就像谜语一样，它在岁月的风雨中被遗忘，在时间长河中被剥蚀，它斑驳迷离，让人像在斯芬克斯面前一样，除了永恒的猜测，否定，再猜测，再否定，没有人能得出最后的结论。但就是这样一种仅仅是传说下来的文化，我们下面将会看到，它仍然深刻地影响着西藏历史的发展轨迹。这就是神话的力量，传说的力量。

相传普陀山的观世音菩萨，给一只由神变来的猕猴授戒律后，命它从南海赴西藏雪域高原修行。这只猕猴来到雅隆河谷的山洞中潜修慈悲菩提心，一个女魔施尽淫欲之计，引诱它说："我们两个结合吧！"猕猴回答："我是观音菩萨的徒弟，受命来此修行。如若与你结合，就会破了我的戒行。"女魔说："你如果不同我结合，我就只好自尽。因为我前生注定要降为妖魔，你我成不了恩爱夫妻，日后我必定成为妖魔的妻子，并生下无数魔子魔孙。那时，雪域高原将成为魔鬼的世界，万千生灵将遭残害。所以，希望你答应我的要求。"与女魔结成夫妻会破戒，若不与女魔结合又会造成大的罪恶。内心矛盾的猕猴返回普陀山，请示观世音菩萨。观世音菩萨说道："这是上天之意，是吉祥之兆。你能与她结合，在雪域高原繁衍后代，是莫大的善事。作为菩萨，理当见善而勇为，速与女魔结成夫妻。"猕猴与魔女结成伴侣后，生下了6只小猴，它们性情与爱好各不相同，在果林中各自寻食生活。三年后，当猕猴前去探视子女们时发现，它们已繁衍为500只，林中果实即将枯竭，生活凄惨。老猕猴便再度返回普陀山求助于观世音菩萨，并遵圣者之命从须弥山取出天生五谷种子，撒向大地，大地不经耕作便长满各种谷物。猴子们因为得到充足的食物，尾巴慢慢地变短了，也能说话了，逐渐地变成了人，这就是雪域高原上的先民。

让人不得不顿生敬重之心的是，这件事不仅被言之凿凿地记之于经书，而且被堂而皇之地雕刻在布达拉宫等神圣宫殿的墙壁上，作为浮雕壁画以供人们瞻仰。直到现在，藏民仍然相信自己是这神猴的后代，每到播种季节，他们都要到据说是神猴居住过的岩洞附近抓一把土回去，以便祖先保佑自己；再把神土撒到自己的田地上，以便祖先保佑庄稼获得当年的丰收。

西藏的历史起源与神话，而那些至今为人们频频使用的一些地域名称可追溯到一千三百年前。历史上从纯地域角度把西藏分为四个部分：阿里、藏、卫、康。西藏一直自称“博”（Bod）或“博康”（Bodkams），藏族自称博巴（Bodpa），千年不变，但不同地区之人有不同称呼。

英文译西藏为Tibet，乃原自吐蕃土伯特或吐蕃图伯特一词。蒙古、阿拉伯等人向来把藏族称作土伯特或图伯特，后西方人把土伯特或图伯特一词在英文中转写成Tibet。

藏族与汉族及其他各兄弟民族世世代代保持着紧密联系，并具有相同或相似的特征；同时，受自然条件、地理环境、宗教信仰、历史变迁等诸多因素的影响，西藏的文化又有着自己鲜明的地域色彩和浓郁的民族特色。她的文化是中华民族文化宝库中的一朵奇葩。在历史的长河中流下了很多宝贵的文物，它们真实地记录了西藏的历史变迁，充分地体现了西藏和内地之间的血肉关系，展现了西藏人民的勤劳智慧和艰苦奋斗的精神。

真的，如果你闭上眼睛，静静地想一想，你可能立即就能感受到：这世界如此存在是一个奇迹；人类的存在是奇迹中的奇迹。如果你由于太幸福而变得不觉得幸福，那么，到高原雪域走一遭吧！它能够刺激你在现代机器的涡轮中被甩得麻木了的神经，体验一种由威严而变得让人恐惧的生活；它让你惊讶，让你震撼，让你皈依。或许，它会给你的生活以意义，让你从此戴上一副别样的眼镜来看这个世界，觉得一切都变得新奇，每天早上的太阳都是真的新鲜起来。一颗圣洁的灵魂会有一种庄严的感受，那双看到过苦难的眼睛会看到事情背后的实质。当世界在你面前袒露时，我想，你会感激青藏高原，感激在青藏高原上生老病死，一代又一代顽强生存的人们。是它让你升华，是他们让你触摸到了生命的真谛。而且你有了这种认识，你也就能够理解藏民那痴迷的宗教热情给你造成的奇妙而模糊的印象了。这就是地球第三极所可能馈赠给我们的最好的精神礼物：信仰宗教其实是人类天性的重要组成部分。

二、藏文化中的“佛”光

中国西藏的文化源远流长，具有浓郁的民族和地域特色。藏传佛教文化艺术是西藏文化艺术的主体。青藏高原的冰雪王国其实离印度很近，可是，印度人并没有把他的西天佛音通过他背后的珠穆朗玛峰传到这里。像西学的东来一样，佛教的进藏也是西学东来，或者说从尼泊尔来。作为青藏文化主体的藏族传统文化，包括两个方面的内容：即以原始自然崇拜和复杂献祭仪轨为主要内容的本教文化和以密教为特色的藏传佛教文化。

青藏文化的经济基础是高原游牧经济，但是，孕育青藏文化的温床，以及作为汇集、积累和传播这种文化核心的，却是农业文明，而且一直在雅鲁藏布江及其支流地区，均以拉萨为首邑。这些城邑，都分布在以农业为主的雅鲁藏布江中下游及其支流地区。说明，即使在以牧为主的青藏高原地区，农业文明在人类文明的积累方面，仍占据着优势地位。

布达拉宫

在青藏文化中，宗教文化占据最为突出的位置。这一特征，在藏民族和藏族传统文化的形成，以及青藏文化的对外传播方面，起到巨大的促进作用。尤其到七世达赖喇嘛时，清朝中央政府授命其建立噶厦政府，最后形成政教合一的局面，格鲁派几乎一统蒙藏地区，同时也细致地影响了青藏文化的方方面面。

佛教藏族化以后就是藏传佛教，俗称喇嘛教。藏传佛教作为佛教的一个分支，它在基本教义上仍然是佛教的核心教义。佛教的核心教义是“轮回”，很可能是最广泛的认知内容。因为，中华民族喜欢从积极的方面看问题，而西方科学却又具有最为积极的禀赋。而地、水、火、风作为传统印度文化中属于科学的因素，在五四运动后当然也就有了广泛的传播，不管事实上“空”的深度解释有多么的消极，相反，带有唯心主义色彩的“轮回”观念，却同诱导人向善的积极观念沦落为“消极”的了。在西藏文化这朵艳丽的奇葩中，最引人注目的花蕊当数喇嘛教的达赖和班禅制度。

这种制度也叫做“活佛转世制度”。

达赖的全称叫“达赖喇嘛”，达赖的意思是大海，喇嘛的意思是上人或上师。

班禅的全称叫“班禅额尔德尼”，班禅的意思是学者，也可以理解为专家教授吧！额尔德尼的意思是宝师，即神圣珍贵的佛学大师之意。

可见，达赖和班禅的意思很相近，都是指导人学佛修行的大教授。既然二人的职责那么相近，为什么还要设两位大师而不是一位呢？难道是因为一个人忙不过来吗？

不是，追溯一段历史，这种二元的喇嘛教活佛转世制度，其实还是由象雄本教文化和松赞干布开始自中国、尼泊尔、印度引进的佛教文化之间各有着自己社会基础的结果。本教文化和佛教文化的文化基因不同，就难免引发西藏社会历史运动的矛盾和平衡互补，这种冲突和互补的长期发展，就形成了一个达赖、一个班禅的双头“活佛转世制度”。

达赖和班禅都被尊为“活佛”，活佛制度是从都松钦巴开始的。1187年，都松钦巴创建了楚布寺，他在圆寂前嘱咐弟子们说：自己“将乘愿再来”，也就是说他还要转世到人间，重新开始履行自己的职责。后来，他的弟子们就到处寻访，终于找到了一个灵异的儿童，认定他是先师的化身。于是就请进寺庙，尊为主持。以后，这个制度保留下来，就一步步逐渐确立为活佛转世制度。以后，别的教派互相模仿，是为达赖和班禅双头制度的源头。

在藏民文化中，有一种习惯的说法，天上有太阳月亮，地上有达赖班禅。达赖喇嘛被认为是观世音菩萨的化身，班禅额尔德尼被认为是无量光佛的转世。

西藏喇嘛寺

藏传佛教，对信仰该教的青藏地区各族人民的精神世界，产生了深刻的影响。经论即知识，喇嘛即学者，“万般皆下品，唯有学经高”，足以可见佛教在青藏文化中的影响。

在知、行关系上，佛教重知轻行，而且把“知”主要限定在佛学方面，把“行”等同于自我修炼（内修心、外修身）和扩大佛教影响、提高佛教社会地位的实践活动。重视人的自我内省，但内省却完全陷入对自我对人生的否定之中，其目的不是鼓足勇气，迈步向前，而是顶礼释氏，皈依佛门，让人们在对佛的信仰与崇拜中，认识和实现自身的价值。藏传佛教在缓解人们精神重负，抚慰人们痛苦心灵的同时，也有加强高原人优良品德修养的作用，如重知识、尊学者，吃苦耐劳的精神，坚忍不拔的毅力，豁达善良的性情，正直利他的品格等，均属此类。

在西藏传统中，最有价值最有意义的东西是慈悲，慈悲是佛教对人类精神最崇高的贡献。按佛教的解释，慈悲是一种理性的爱。因此它就似乎比别的宗教爱得更加有价值，这里的理性，当然是价值理性，而不是科学的工具理性。这种理性并不在逻辑中，也不在语言符号的表达之中，而是必须在行为中。也就是说，它存在于对佛陀和菩萨理想的了解和反复实践当中，就像王阳明说的“不离日用常行内，直造先天未画前”。所谓菩萨，就是承担一切众生苦难的人，他踏上解脱之旅，不只是为了自己，还为了帮助其他众生。人在自己的了解和行为中证得自身的价值之后，他就解脱了。这种解脱并不就是说融入绝对的境界之后就了事，也不仅仅是为了自己在极乐世界中安享宁静和欢乐，逃避“空”寂的世俗世界的痛苦。相反，佛教也鼓励人选择一再地回到世间，奉献他的智慧和慈悲，来服务世界，包括变牛变马的服务和奉献。就上一世纪的人类大战互相残杀历史来看，就目前世界上仍然存在的局部战争连绵不断的情况来看，全世界最需要的，其实也可能正是这样的精神。试想，这些活跃的和平使者，难道不是全人类最珍贵的道义精神吗?还有比圣雄甘地的努力更无可挑剔的吗?诚如龙清巴尊者所说的，他们“披戴坚忍的盔甲”，致力于宣扬他们的菩萨理念，并把智慧传布到我们经验中的每一个层面；同时，如果人类还需要价值理性的话，这样的努力也将日益传递到这个“小小寰球”上的每一个有人的角落。

是的，我们承认，在当前占文化优势的西方世界，在他们那些人的心目中，东方的道教、佛教，则都是一些似乎不可理喻的神秘主义。但是即使是在西方，在真正前沿的科学大师和神学大师那里，他们也是承认这个世界的永恒神秘性的。比如，爱因斯坦、罗素以及上世纪红极一时的存在主义哲学大师们。他们承认，科学不可能使这个神秘的世界变得彻底清晰明朗，所有的人类科学知识加在一起，也不能改变世界在本质意义上的神秘特性。这是关于这个世界的永不可能易改的结论。人类能做的事情只是相对的清晰和明朗，但这些清晰和明朗也只有放在世界宇宙的神秘大背景上，才能显示出它对人类来说的意义。

如果死后确实有来生，你也许会问：为什么这么难以记得或者说它根本不记得呢？在《伊尔的神话》中，柏拉图讨论过人为什么没有对前生的记忆。在柏拉图的书里，伊尔是一位士兵，他被认为已经战死沙场，他似乎经历了死而复生。当他“死去”时，他看到许多景象，同时被训令复苏过来，以便把死后的情况告诉别人。就在他要回来之前，他看到那些正准备出生的生命，在恐怖、烟雾弥漫的热气中移动，通过“遗忘的平原”就是寸草不生的荒凉沙漠。当夜幕低垂时，柏拉图告诉我们：他们就扎营在“失念河”边，失念河的河水无法用任何器皿来装。他们每个人都被要求喝这种水，有些人还糊里糊涂地喝了很多。每一个人在喝水的时候，就忘掉了一切。伊尔本人被禁止喝水。醒过来时发现自己就在火葬场的柴堆上，所以还记得他所听所见到的一切。在道教的论证中，这种故事更是多得惊人，我们这里不必引述。

既然各大文明都有宗教的根底作为文化的基础，中华文明也不例外，西藏人更不是例外。

然而更为重要的是，作为人类精神文化宝库中的重要遗产之一，藏传佛教文化蕴藏着无穷的智慧，还有待我们认真甄别，充分汲取，它是青藏文化的一份独特的奉献。

青藏文化中确实弥漫着宗教的和神秘的烟云，但也不乏科学的精神和理性的光芒。我们相信，一个能在宗教领域显示卓越才华，充满无限智慧的民族，也一定能以崭新的姿态，再创辉煌，与我国各族人民一起，步入迷人的21世纪。

三、松赞干布与文成公主

汉代派王昭君到荒蛮的大漠与匈奴和亲的佳话，到了唐代，在青藏高原的冰雪王国来了一次重演，文成公主嫁给了藏王松赞干布，这是关于中国版图合法性的一次巨大的宏观叙事。

西藏有史记载的历史是从松赞干布开始的。

正像宗教是神话的续第一样，政治是历史的延伸。历史的量变积累到一定程度的时候，政治就会在质变中粉墨登场。在象雄文化的末期，它的割据性“十八王”政治就只能让位给真正的藏王松赞干布了。就像成吉思汗之于蒙古族一样，松赞干布也可以说是藏民族的“一代天骄”；他是一位有雄才大略的人，是一个半人半神式的政教合一型的领袖，是一个韦伯式的“克瑞斯玛”人物。政治上的雄才大略和宗教上的善爱慈悲不同，后者代表人类天使的一面，而前者代表人类世俗的一面。我们得学会区分这一点，学会这一点，以便使政治成为政治，宗教成为宗教。政治和宗教的分离也许是我们这个民族未来最深刻的心灵变革之一。因为让上帝管恺撒的事，正像让恺撒管上帝的事一样荒唐。我们一方面说“人非圣贤，孰能无过”；另一方面又说“人人可以成圣贤”。当真的“人人可以成尧舜”时，我们实际上在犯一个逻辑错误。

藏族的历史非常悠久，早在商、周的金铜铭文中，就有青藏高原上藏民活动的记载。羌族如果确系藏族的一支甚或唯一祖先，那么藏族史也就大体上是清楚的。但无论如何，到了唐代以后，藏地民族的历史脉络是清楚的。正像全人类最早的日食是靠汉文记载下来的一样，西藏的许多历史史实也是靠汉文记载下来的。

所发生的一切，我们只能通过口耳相传的故事来补充了。可正是这口耳相传的故事，最能见出一个民族的性格底蕴和文化秘密。正像通过阿凡提我们可以了解维吾尔族人的性格重要方面一样，关于格萨尔的传说也能帮我们了解西藏人的性格特征。但当真实的历史老人登场时，它似乎也喜欢编造出一系列的故事以壮声威。当然，时间老人的淘洗已经使口耳相传的故事变成了各民族文化的金子。关于松赞干布的传说，也仍然值得一叙。

据说在很久以前，雅碧河谷居住着一群牧人。一天，人们发现了一个雄姿英发的年轻人，由于这小伙子与当地人的言谈举止很不相同，放牧的人们不知该如何善待这位英俊少年。于是就派人去向领导人汇报。作为领导人的长老听了汇报，很严肃地派了12个聪明的巫师，去探问那英俊少年的来历。这青年用手指向天上一戳，他们立即明白了，原来他是从天而降的“天神之子”，这让他们分外高兴。于是，这12位中为首的一位立即用最高的礼遇——趴在地上伸长脖子，让这位尊贵的青年骑在自己的脖子上，其余则簇拥着抬到了长老面前。

此后，这喜讯便立即在青藏高原传了开去，人们纷纷前来，以一睹“天神之子”的风采为快。大家看他果然英俊潇洒，就民主公推他为领导。这就是后来被叫做“吐蕃”部落的首任当家人。人们把他尊称为“聂赤赞普”，意思是“用人脖子当宝座的英杰领袖”。从那时候开始，历史上就把藏王称为“赞普”。从他开始到吐蕃王朝的建立，共传了32代，第33代传人就是松赞干布。

松赞干布吐蕃赞普（公元617—650年），吐蕃王朝缔造者。汉文史籍称作弃宗弄赞、弃苏农或器宗弄赞。公元7世纪初叶，继其父囊日论赞为赞普。即位后首先平定内部贵族叛乱，既而兼并青藏高原诸部族，一举完成其祖、父所开创的统一大业，建立奴隶制政权，定都逻娑，建宫殿于布达拉山。松赞干布的功业迅速改变了冰雪王国的面貌。他在位期间，励精

松赞干布

图治，制定一系列法律、职官、军事等制度；努力发展经济，统一度量衡制；积极开创文化事业，创造文字，引进佛教，开始翻译佛经。除致力于王朝内部建设外，还积极寻求建立和发展与周边部族的睦邻友好关系，以巩固和发展新生的吐蕃政权。先迎娶尼婆罗墀尊公主入蕃，继而又与唐文成公主和亲，先后修建大昭寺、小昭寺。松赞干布还十分注重吸收汉族文化和内地先进的生产技术，多次遣贵族子弟至长安学习汉学，又从汉地引进医药、数术、工艺等知识。他在位期间对吐蕃政治、经济、文化发展及加强与周边民族之间的联系，均有重大贡献。

唐贞观二十三年（公元649年）唐太宗卒，唐高宗即位，封其为“驸马都尉”西海郡王等，并镌刻其像于石，列于太宗昭陵。唐永徽元年（公元650年）松赞干布卒于彭域（今西藏彭波），唐朝遣使臣鲜于匡济责资书入吐蕃吊祭。因松赞干布最早引入佛教，后世藏文史书将其与墀松德赞、墀祖德赞并称为吐蕃时期“三大法王”。

从松赞干布的人生经历来看，他确实是西藏历史潮流上非同小可的人物。松赞干布父子很像罗马帝国的恺撒和他的外甥屋大维，前赴后继，终于成就了一番辉煌的事业。

文成公主（?—680年）唐太宗之女。唐贞观年间（公元627—649年），吐蕃赞普松赞干布派遣大相噶尔东赞为请婚使者，赴长安请婚，唐太宗以之女文成公主许嫁松赞干布。并诏令礼部尚书江夏王李道宗为主婚使，持节护送文成公主入蕃。文成公主途经吐谷浑境时，受到吐谷浑河源郡王诺曷钵和弘化公主的热情款待。松赞干布率群臣亲自到河源附近柏海（今青海玛多县境）迎接文成公主一行，他以子婿之礼谒见江复王李道宗，然后与公主一道同返逻娑，并于玛布日山（今拉萨布达拉山）专建宫室安置公主，至今布达拉宫尚保存有他们成婚洞房遗址。文成公主到拉萨后主持建造小昭寺，安放自长安带去的释迦佛像（后移至大昭寺）。公主知书识礼，博学多才，笃信佛教，兼通卜之学。入蕃时，除携带一尊释迦牟尼12岁等身像外，还携带了大量的其他物品。同时，中原地区的医药、历算、纺织、造纸、酿酒、制陶、碾磨等也都传入吐蕃；传说她还随带工匠5500人及谷物、牲畜多种。对吐蕃经济、文化的发展和唐蕃关系的加强，起了很大的促进作用。永徽元年（公元650年）松赞干布卒后，她继续在吐蕃生活了30年，教吐蕃妇女纺织、刺绣，深受吐蕃人民的敬爱。去世以后，其事迹在藏族地区以戏剧、壁画、民歌、传说等形式广为流传，影响深远。

文成公主虔信佛教，她在喇嘛教被认作为绿度母的化身。度母，藏语叫“卓玛”，在藏传佛教中，它的意思是观音化身。在藏区受到极大的崇敬，是度众生的伟大母亲。现在布达拉宫仍存有文成公主的塑像。文成公主带去的释迦牟尼像至今可仍保存在拉萨的大昭寺。

文成公主的名字不仅载入史册，而且一直活在藏族人民的心中。藏族人民在怀念文成公主，用两个节日来纪念她：一个藏历四月十五日“沙噶达瓦节”，即公主到达拉萨的日子；另一个是藏历十月十五日，相传是公主的诞辰。在拉萨的布达拉宫和大昭寺内，至今还完好地保存着相传是唐代传下来的松赞干布和文成公主的塑像。

文成公主

在今大昭寺前，有一传说为文成公主亲手栽植的柳树，人称“公主柳”。清代杨揆《咏柳》诗曰：“一株灵和树，婆娑倍可怜。根种依佛土，栽植记唐年。”小昭寺与众不同地坐西向东，以便她随时可以摇望一下那远在天边的大唐故土。小昭寺在大昭寺的北面不远，清代在此为官的孙士毅赋《小昭寺》诗曰：“大昭北去小昭迎，金瓦流辉玉砌平。不信西来归净土，却因东向往神京。”在这小诗的后面，孙士毅特意加注曰：“小昭寺门向东，因唐公主思故乡也。”于是自从公主和亲后，一半胡风似汉家。

公元649年，唐王朝遣宗室江夏王李道成持节送公主入藏，松赞干布专为公主营造城邑，立屋宇，以为居处。

四、藏式建筑

藏式建筑

民居被认为是历史文化的物质载体，宗教则是文化的基本质量，民居也就被视为宗教的物质载体。聚落的形成与分布一般与宗教、贸易、生产等因素相关，而藏族民居聚落的形成、分布与宗教的关系更密切。凡有寺院的地方，其周围必形成民居聚落；寺院历史越悠久，规模越大，其周围的聚落也越庞大。

如果说“文化是一种通过符号在历史上代代相传的意义模式”，那么作为符号载体的宗教就可以说是文化的基本质量。而住宅建筑——民居，则被人们认为是历史文化的物质载体，是民族精神的物化体现，更因为其相对稳定性和对民族文化的保留，而被誉为社会历史的“活化石”。宗教作为“文化的基本质量”，在藏族民居上有强烈的表现。没有任何一个民族的民居能比藏族民居更具有宗教色彩。聚落的形成与分布一般与宗教、贸易、生产等因素相关，而藏族民居聚落的形成、分布与宗教的关系更密切。凡有寺院的地方，其周围必形成民居聚落；寺院历史越悠久，规模越大，其周围的聚落也越庞大。

人类学家马林诺夫斯基认为：“家庭的物资设备包括居处、屋内的布置、烹饪的器具、日常的用具，以及房屋在地域上的分布情形，这一切初看起来，似乎是无关轻重的，它们只是日常生活的细节罢了。但事实上，这些物质设备却极精巧的交织在家庭的法律、经济、道德等各方面。”藏族民居丰富多彩，藏南谷地的碉房、藏北牧区的账房、雅鲁藏布江流域林区的木构建筑各有特色，就连窑洞也能在阿里高原上觅见。西藏民居的历史十分久远，四千年前的卡若新石器时代遗址已有了丰富的建筑遗存。

藏族最具代表性的民居是碉房。

碉房又称锅庄，一般是藏族农区的居住建筑，牧民在冬季牧场修建定居点时直接借鉴了碉房的形式。这在拉萨等大城市较为常见，其外形端庄稳固，风格古朴粗犷；外墙向上收缩，依山而建者，内坡仍为垂直。碉房一般分两层，以柱计算房间数。底层为牧畜圈和贮藏室，层高较低；二层为居住层，大间作堂屋、卧室、厨房、小间为储藏室或楼梯间。若有第三层，则多作经堂和晒台之用。碉房具有坚实稳固、结构严密、楼角整齐的特点，既利于防风避寒，又便于御敌防盗。墙壁粉刷成白色，阳台、窗前种植花草，在高原晴空万里的衬托下显现出一种迷人的油画般的绚丽色彩。

藏族另一种具有代表性的民居就是帐篷。已经定居的牧民也还是离不开帐篷，帐篷有碉房无法替代的易拆易迁的效果，夏天到高山放牧、参加看花节赛马会等都需要帐篷。帐篷又称账房，或牛厂，藏语称为“咱”，是根据牧民“逐水草而居”，的生产生活特点而形成的，可随时拆卸，轻便，为组合式建筑。账房与碉房迥然不同，它是牧区藏民为适应逐水草而居的流动性生活方式而采用的一种特殊性建筑形式。普通的账房一般较为矮小，平面呈正方形或长方形，用木棍支撑高约2米的框架；上覆黑色牦牛毡毯，又称“黑帐篷”，中留一宽15厘米左右、长1.5米的缝隙，作通风采光之用，遇雨雪，可随时关上。但天窗平时是不关的，否则表示对天神不敬，会有祸事；四周用牦牛绳牵引，固定在地上；账房内部周围用草泥块、土坯或卵石垒成高约50厘米的矮墙，上面堆放青稞、酥油袋和干牛粪（作燃料用），账房内陈设简单，正中稍外设火灶，灶后供佛，四周地上铺以羊皮，供坐卧休憩之用。账房具有结构简单、支架容易、拆装灵活、易于搬迁等特点。

藏族是一个爱美也善于表现美的民族，因而对于居所的装饰也十分讲究，常见的有在室内墙壁上方绘以吉祥图案，客厅的内壁则画蓝、绿、红三条色带，以寓意蓝天、土地和大海。日喀则的民居在门上或绘制日月祥云图，或悬挂风马旗，而昌都芒康的民居则竭力渲染外墙和门窗，富于彩绘装饰，气势不凡。

富有浓厚的宗教色彩是西藏民居区别于其他民族民居的最明显的标志。民居室内外的陈设显示着神佛的崇高地位。不论是农牧民住宅，还是贵族上层府邸，都有供佛的设施。最简单的也设置供案，敬奉菩萨。富有宗教意义的装饰更是西藏民居最醒目的标志，外墙门窗上挑出的小檐下悬红蓝白三色条形布幔，周围窗套为黑色，屋顶女儿墙的脚线及其转角部位则是红、白、蓝、黄、绿五色布条形的成“幢”。在藏族的宗教色彩观中，此五色分别预示火、云、天、土、水，以此来表达吉祥的愿望。还有以墙体装饰表达藏传佛教派别的。如萨迦民居的墙上涂有白色条带，在条带上再涂以相同宽度的土红色和深蓝灰色色带，中空为白色，在建筑主体或院墙直角转弯处及较宽的墙面上，还自上而下地用土红色和白色画出色带，以标志该地区信仰的是萨迦派。

西藏最具代表性的聚落方式是宗教聚落。宗教聚落的形成与发展增添了西藏民居的魅力，如拉萨的八廓街民居群即是围绕大昭寺发展起来的，是城镇宗教聚落的典型代表。农牧区的民居聚落的形成以寺院为中心，自由布置、彼此错落，形成不相连属的格局。西藏民居在注意防寒、防风、防震的同时，也用开辟风门，设置天井、天窗等方法，较好地解决了气候、地理等自然环境不利因素对生产、生活的影响，达到通风，采暖的效果。

五、青藏食俗

1. 酥油茶和青稞酒

说到西藏不得不提青稞酒和酥油茶。到了西藏，如果你喝不惯青稞酒酥油茶，你等于没有到西藏，等于不了解我们的藏族同胞。

如果说青稞酒多了一分精神的分享，酥油茶就多了一分物质的实惠。

青稞酒

酥油茶是西藏僧俗民众、男女老幼日常饮、待客、礼仪、祭祀等活动中不可缺少的饮料，富有民族特色和文化内涵。喝过酥油茶的人，既久久难以忘怀，又寻根究底地渴望进一步认识它。所以，我们现在就来讲述一下酥油茶的故事。

在悠久的历史长河中，西藏牧民创造了酥油茶。酥油茶是一种极富营养和充满热量的茶。酥油茶是藏族最普通的饮料。顾名思义，酥油茶当然离不开酥油，也离不开茶。酥油是从牛、羊或马等牲畜的能里提炼出来的奶油。夏季牦牛奶里提炼的则为纯白色，当然也不错。酥油是百草的精华，是最滋养、纯净、美好的食物。敬神供佛时，点灯，涂抹作为神佛标志的石头、树、转经筒等，都要用酥油。酥油还可以用来软化皮革、保护皮肤席作特种工艺的酥油花等等。茶的来源是在13世纪，藏族历史学家班觉桑布在《藏汉史集》中，专门记载了茶从中原汉地输入西藏的经过和故事。他在介绍茶的知识时，把茶和酥油联系在一起，这已经是充满着文化韵味和汉、藏民族智慧的光华。制作方法是，先将茶砖熬煮成浓稠的茶汁，然后与酥油、佐料一起倒入酥油茶桶中，搅至水乳交融后煮开饮用。一旦操作起来，熬煮的茶叶产生了效力，茶叶就像红花，更加香味扑鼻，让人容光焕发。加之牦牛奶提取的酥油，饮酌之后，就更能调养身体，使人容光焕发。此外还有一种“呼鲁呼嘎”茶，这种茶叶，黑色而又有油亮，因为这种茶树叶片本身光滑而柔软，经过炮制后，也就自然色泽金亮而有油脂性。这种茶适合多放一些水进行煎煮，否则就不能完全发挥茶性。

为什么要发明这种有营养有热量的茶呢？青藏高原气候干燥，缺少蔬菜，而藏民多以肉食为主，所以清热败火的酥油茶是他们日常必不可少的饮料。酥油茶芳香甘美，强身健体，御寒保暖，其味无穷；而且，如果舍得费工加料，酥油茶确实可以打成色香味俱佳的高级饮料，一时这种饮料进一步成为批量生产的商品，

喝了这样的茶能祛风解毒，就像汉人用茶的中草药治病一样。你也可能在冬天里取饮一杯，和藏族同胞同享一下生活的乐趣吧！

关于酥油茶，在当今的年代，西藏在评价文学艺术的民族特色时，还创造了独特的用语，即“酥油茶”标准，在评价或讨论时，最热门的话题往往是“有没有酥油茶味，酥油茶味浓不浓？”有味的即是好的，民族的，无味的即是不好的，非民族的。无论是比喻或实际含义来说，这一术

语都是既贴切而又意味深长的。就好像我们说，冯友兰的哲学只有在《新原人》中才是原汁原味的，这也就是在夸奖《新原人》是有民族味的、是好的。

我们一开始就强调酥油茶有着极强烈鲜明的民族个性，刚进藏的汉人或汉族干部，要适应高原，先要过生活关，其中有一条就是能不能喝酥油茶。

“酒是语言的源泉，灯是黑夜的眼睛。”这种隐语是藏族对酒的一种独特的理解和认识，为西藏酒文化的发展指出了一种思维的走向。直到如今，在藏族人中，酒歌仍然是一束鲜丽的鲜花，这大概就是喝了酒找到了语言，于是就手舞足蹈地唱起了歌、跳起了舞的真实写照吧！至于灯，它在所有的文明中都是和光相连的。基督教的上帝创造我们了这个宇宙或世界，正是从光开始的。西藏人离太阳最近，他们当然不缺光；当他们找到灯时，光明就从佛陀的智慧中找到了藏民的现实生活世界，找到藏民的性格特征。

在西藏，最为普遍的饮料就是青稞酒。青稞酒以青稞酿成，酒精成分在10度左右，味道酸甜，似内地的米酒，更像是四川一带的醪糟。

六世达赖喇嘛曰：“头酒，不曾醉，二酒不曾醉，情人敬一杯，马上醉酥醺醺。”这是藏族人对酒和人的情感相互关系的生动理解和美妙体悟。

但是，大多数藏族姑娘并不喝酒，因为在藏民看来，“女人喝酒不如狗”。

有趣的是，在西藏地区，大凡开酒店和摆酒摊的，却又大多数是女子。当男子到店中豪饮之时，女子们就在一旁唱歌劝饮，这可能既是习惯又是分工。在某些地区，妇女怀孕到一定时候，竟然要经常喝点青酥酒，生育后，酒中加入红薯、酥油等加热饮用，则是为了补养。怀孕喝酒，这和当代科学的观点相左，孰是孰非，当请专家继续研究。也可能因为，在西藏这一高寒地区，他们需要更多的热量，所以，在别的地方不合适的生活习惯，在青藏地区可能就是有益的。

青稞酒是藏民喜庆宴会不可缺少的饮料，节假日里，聚会活动更是无酒不足以成礼，无酒不足以成宴。结婚庆典之时，参加庆贺的人们更是要喝他个昏天黑地，一塌糊涂；出门进门，迎宾送客，上马下马，对歌跳舞，在这儿所有的人际交往场合，藏民们都是要不断地敬酒和接受别人的敬酒的。在有的社交场合，酒还可以充当和事老，理亏的一方，如果能送对方一坛酒以表赔礼道歉之意，一般情况下，是没有和解不了的事的。内地入藏的游人，即使不会喝酒的，也能痛快地喝上几大碗。

2. 酸奶

酸奶是草原上独特的奶制冷饮。从盛夏到深秋，当牧业区产奶旺季到来时，也是制作清凉鲜嫩的酸奶季节。在农业区和半农半牧地区，也有吃酸奶的习惯。特别是回族同胞，他们用小碗装熟牛奶制作酸奶，并特意在碗口滴上几滴菜油，表层奶皮金黄，油渍点点，洁白如脂，芳香扑鼻，鲜嫩质细，清凉微酸，加一勺白糖，酸中带甜，更是凉爽可口。在旅途劳顿时吃上一碗酸奶，能解渴、消热、开胃，一身的疲劳便会荡然消失。酸奶是一种理想的保健饮料，营养胜于牛奶。它能助消化、增食欲，还有抑菌、收敛、镇静和催眠的功能，对轻微腹泻的慢性病人有治疗作用。医学家还发现它能降低胆固醇浓度、预防动脉硬化和肿瘤，避免过早衰老。因此酸奶是饮食、保健二美兼具的风味食品。

3. 糌粑

“糌粑”是炒面的藏语译音，它是藏族人民天天必吃的主食。在藏族同胞家作客，主人就一定会给你双手端来喷香的奶茶和青稞炒面，金黄的酥油和奶黄的“曲拉”（干酪素）、食粮，叠叠层层摆满桌。先倒奶茶小半碗，再放入酥油、炒面、曲拉和糖，在碗中用手指拌匀，然后捏成油和面混合的长形小团食用。这就是吃法别致的“酥油糌粑”，简称“糌粑”。它加工简单，携带方便，长期储存又不易变质，很适宜牧业区经常移动的放牧生活。糌粑吃起来酥软喷香，奶油的芬芳，曲拉的酸脆、糖的甜润，十分可口。由于它是高脂肪、高蛋白和糖的混合食物，营养丰富，热量大，既可充饥又能御寒。

4. 奶皮

奶皮也叫干奶酪，和西餐中称作“忌司”的相似，是青海农牧交错地区农民用牛奶制成的著名土特产品之一，为牛奶制品中最可口的营养食品。其制作历史已近百年。奶皮的制法是将鲜牛奶入锅煮熟后，控制火力，微火烘煮，并不断搅动，使水分慢慢蒸发，奶汁浓缩，在锅底凝结成一个圆形的黄色奶饼，放凉处阴干，即成。奶皮纯黄夹白，油渍点点，蜂窝沙孔满布，色彩清新迷人，入口奶油溢香，酥柔味美，不油不腻，营养丰富，不但可供日常食用，而且更是逢年过节、迎亲嫁女待客的上品，也是探亲访友、慰问老年病人的礼品。老年人最喜把奶皮切成小块泡在奶茶中食用。若切盘上席，作为干果软糖，则是很好的奶油小吃。

5. 奶茶

在牧业区奶茶是牧民群众日常生活中朝夕为伴的饮料，一年四季从不间断。他们用铜锅、铜壶熬煮茯茶，当茶叶在锅中煮沸翻滚，茶水变成赤红色时，用特制的漏勺捞去茶叶末，加入盐和牛奶，再煮开后，奶茶即成。饮用奶茶可使人醒脑提神，消困解乏，生津止渴。在高原寒冷干燥的环境下，更有滋润咽喉，消食化腻的效力。吃完糌粑或手抓羊肉，再喝几碗奶茶，一天之内，很少再有饥渴之感。因肉食而引起的维生素C缺乏之弊，也可靠奶茶来弥补。

6. 账房小吃

牧民群众一年四季逐水草而迁移，与这种生产、生活方式相适应，他们在饮食方面也有一些风味特异的小吃。这些小吃不见于摊贩，不登餐厅的大雅之堂，只有亲临其境，才能享受到那奇异的口味。它的品种繁多，制作方法别致新奇，吃法粗犷豪放，尤饶情趣。由于多食羊肉，在羊肠的吃法上就有不少花样。如佘灌肠就有五种：灌注羊血的叫血肠；填装碎肉丁的叫肉肠；装以面糊和油混合品的叫面肠；以羊油为主料加拌肉丁的叫油肠；填装切碎肝脏丁的叫肝肠等。灌注血肠时，拌入食盐，有的加点葱末，在开水锅中翻滚十余分钟，即可捞出切段而食。装肉肠的肉丁切得比较粗，并加盐、花椒粉、生姜末等佐料，煮熟切段，食时肉嫩味鲜，不腻不塞牙，味道绝美。面肠以豆面为主（也有用白面的），加一些羊油、葱末，调以盐、姜粉，煮熟后切段放在火上反复烘烤，等到皮黄脆硬时吃，馅香皮脆，十分可口。油肠以肥腻见长，肝肠以嫩软取胜；五肠五味各有千秋，令人食后难忘。再说烧羊肝：取鲜羊肝，洗净血水，撒上一点食盐，用润湿的纸包裹两三层，丢进通红的牛粪火中，约近半小时，纸由湿变干，由于变成焦灰，扒出剥尽表层沾染的杂屑，热香阵阵。此时，用刀割块、削片，蘸以姜末、盐、胡椒粉等佐料食用，稚嫩味鲜，余味无穷。

7. 手抓羊肉

另外手抓羊肉也是青藏高原人民款待宾客的肴馔，也是日常生活中不可或缺的主食之一。初次吃手抓羊肉，会有近乎原始之感，经多次品味，则越吃越馋，使人经久难忘。手抓羊肉和藏族同胞依水草而居的游牧生活是紧密相关的。因吃时一手抓肉，一手拿刀，割、挖、剔、片，把羊骨头上的肉吃得净光而得名。仲夏到初冬是草茂羊肥的黄金季节，也是吃最鲜嫩可口的手抓羊肉的好时机。此时，倘有贵客来到，喝过奶茶之后，热情好客的牧人便到羊群里挑选出膘肥肉嫩的大羯羊；就地宰杀，扒皮入锅，只需喝三碗奶茶的寒暄功夫，一大盘层层叠叠、热气腾腾的手抓羊肉就端在你面前了。羊肉上还插着几把锋利的藏刀。这一盘羊肉，肉赤膘白，肥而不膻，色泽诱人，用刀割吃，虽然吃得嘴油手滑，但仔细品味，爽而不腻，油润肉酥，稚嫩滑软，滋味不凡。草原牧民煮手抓羊肉有独到之处。烹调操作简单明快，只加一小把盐（也有的不加盐，吃时蘸盐），火候恰如其分，血水消失不久，肉熟而不硬，吃起来又鲜又嫩，十分可口。草原上的手抓羊肉，色、香、味俱全，形象地代表了草原牧人的粗犷、豪放、热情、虔诚和好客的性格。

六、青藏礼仪

中华民族是礼仪之邦，这种礼仪文化在西藏地区得到传承，再融入本地的文化习俗而形成具有青藏特色的礼仪文化。

献哈达

献哈达是藏族最普遍的一种礼节。婚丧嫁娶、民俗节庆、拜会尊长、觐见佛像、迎送宾客等场合，通常都要献哈达。哈达是一种生丝制品，长短不一，献哈达是对人表示纯洁、诚心、忠诚的意思。自古以来，藏族人认为白色象征纯洁、吉利，所以哈达一般是白色的。

敬酒茶也是藏族的一种礼仪。敬酒敬茶：常见为敬青稞酒、敬酥油茶。

敬酒以满杯为敬。主人先做，客人喝酒时，先用食指沾洒向天空弹三次，祝“扎西德勒”后再喝，若客人酒量不大，经主人同意，也可不喝，以表示礼节。一般敬酒，主人先请客人喝三口添三次再一满杯饮干。如此主人家会很高兴。

敬酥油茶也是藏家的日常礼节。敬茶时讲究长幼有序、主客有序和尊卑有序。先长辈、父母、客人和尊者，再晚辈和主人。若有客来，主人要用清水将碗洗净，揩干，用火烘干，然后再斟茶用双手捧献于客人前，客人饮用后，主人会很快添上，除非客人以手盖碗表示不能再饮为止。起先斟茶时不能将碗倒满。客人喝过一口后，主人可斟满，以表示主人大方、不吝啬。客人告辞时，茶碗里的茶不能全喝完，表示对主人的尊敬和有礼貌。

称呼藏族人名和汉族人名不同，他们一般没有姓，有的以房名、籍贯等为类似的姓，如昆、噶尔、雪康、德格等，但和姓有所不同。一般藏族群众多以四字为一名，如扎西多吉、丹增平措、罗布桑布等，为了便于呼唤，往往称呼两字，如扎西、丹平、罗布等。藏族的名字一般都有很深的含义，有的名字含宗教意义，如多吉是金刚、丹增是主宰圣教、卓玛为救度母、达瓦是月亮、白玛是莲花、扎西是吉祥、罗布是宝贝、拉巴是星期三……

由于没有姓，所以藏族同名较多，为此，多在名前加大、中、小区别。一般称呼比自己大的女性为“阿佳”（姐姐），称比自己小未婚的女性为“婆姆”、未婚的男孩为“璞”，祖辈上的男性称“波”（老爷爷或爷爷），称祖辈上的女性为“嫫啦”（老奶奶或奶奶），称父亲为“爸啦”，称母亲为“阿妈啦”，凡属于父系父辈的男性亲属均称为“阿古啦”（叔叔）；女性均称为“阿尼啦”（姑姑）；属于母系父辈的男性亲属均称为“夏乡啦”（舅舅），女性均称为“索姆啦”（姨妈），这里“啦”是敬语词，无特定意义，在称呼别人的名子时，总要在前后加点什么以示尊敬和亲切，在拉萨地区喜欢在名后加“啦”，如“扎西啦”“拉巴啦”“罗布啦”等；后藏地区则在男性名前加“阿吉”或“阿觉”；贡布地区名前是“阿达”，昌都地区名前一般为“夏布”等等。在一般家庭中，除对长辈是用敬语称呼外，长辈对晚辈或同辈间，是直截称呼的。

与藏族人招呼时，一般在其名字后面加一个“啦”字，以示尊称。行路时，不抢在他人前面，相遇必先礼让。

其次，在饮食方面，还有食不满口、嚼不出声、喝不作响等规矩。

避观丧是西藏的一种礼仪禁忌。在西藏民间，天葬是一种较为常见的丧葬形式。对于天葬，民间有许多禁忌，包括禁止陌生人观看。旅游者应该充分意识到尊重少数民族风俗习惯的重要性，不要到天葬场观看天葬。

磕头信教群众到寺院朝神拜佛和拜见大活佛时都要磕头，以表示忠心和虔诚。磕头时，不论男女都要将绕在头上的发辫解开，脱下帽子（男人须将处巴套袖），双手着地磕三次，鞠躬过去遇见长官、头人和受尊敬的人，要脱帽，弯腰四十五度，帽子拿在手上低放进地。对于一般人或平辈，鞠躬只表示礼貌，帽子放在胸前，头略低。也有合掌与鞠躬并用的，对尊敬者合掌得过头，弯腰点头；回礼动作也相同。

第十一章

闽南文化——牵动两岸心

闽南文化是五千年中华文明的一朵奇葩。它起源于中原，发展于福建、台湾以及潮汕、海南部分地区。闽南先民们在海峡两岸筚路蓝缕，拓殖不息，使蛮荒之地渐成富庶之郡。

闽南地区与台湾一水相隔，在悠远的岁月里，海峡的存在纵然是一种无奈的阻碍，但是沧海波痕割不断传统文化遗产的传承。在这个共同的文化区域中，闽南文化的传播呈现出斑斓的色调。

一、边缘形态的闽南文化

闽南地狭人稠，远离中国的交通和经济中心。然而，在15—19世纪初，闽南海商却主导中国海外贸易达400年之久。今天的海内外闽南人虽然没有其祖先独步东亚、东南亚水域的气势，但仍在经济上取得举世瞩目的成就。

相对于中原文化或福建主体文化，闽南文化表现出明显的边缘形态。这种边缘状态既是由于闽南在中华大地的边缘，也在于中原文化在其传播扩展过程中，由近及远而产生的明显差异，甚至表现为某种程度的对立。

毋庸置疑，闽南文化的主体仍是中原文化。和中国其他汉族地区一样，以儒法学说为基础的中原文化长期支配闽南人民的意识。闽南的语言、文学、宗教、伦理及重要的民俗，仍基本体现中原文化的要素。现在遍布闽南的门匾，如“延陵衍派”、“温陵衍派”、“锦绣传芳”等，均证明中原传统在闽南的延伸。它们不但说明现今闽南主体居民是来自中原地区的移民，而且强调祖先渊源的形式，本身就说明对中原文化的尊崇。

从另一方面看，闽南文化实质是一种移民文化。如同世界各地的移民文化一样，进入闽南地区的中原文化在其颠沛流离的环境中经长途跋涉后，其完整程度已与本土文化产生一定差异，原有的观念、伦理、习俗亦因新环境的挑战需要加以调整与扬弃。另外，闽南原为百越之地，虽然其原有的基本文化形态被中原移民带来的更先进的文化所征服和同化，但当中原居民迁徙到一个陌生、好斗、敬祀鬼神的蛮荒之地后，也会产生一定程度的入乡随俗心理。百越人的部分习俗也为中原移民所接受，成为闽南文化的组成部分。闽南人祭祀鬼神、妈祖、图腾之风特别盛行，相信是受百越族人的影响。玉皇、关帝、观音、佛祖等中原人民敬祀的神佛仍为闽南人民广为奉祀，而山石、大树、蛇、虎、虫、蝎，也成为祭祀的对象，这显然受百越人对自然物崇拜的影响。

基于闽南文化的这种边缘形态，闽南人的人文精神也显出与中原和闽南沿海之外的其他地区民众相当不同的特色。

1. 冒险与进取精神

百越族的抗争精神、移民行为本身所激发的好斗与进取精神，迁离祖居地所需的叛逆意识使闽南人民养成离经叛道、铤而走险的民俗。这种习俗与“山高皇帝远”的地理环境结合，形成闽南文化的重要特征之一：冒险与进取精神。对中心与权威的游离，敢为天下先的勇气，是这种边缘文化形态外化的最有价值的民性。今天，“爱拼才会赢”成为闽南人家喻户晓的格言，在某种程度上即反映闽南人的勇于冒险进取的心态。甚至官方也以此为区域精神，用以凝聚、鼓舞当地民众。如晋江市政府，就以“拼搏”作为晋江人文精神的核心。

2. 重商与务实逐利精神

相对于“万般皆下品，唯有读书高”的儒家信条，闽南人更重事功实利，具有强烈的务实逐利心态。由于移民传统的影响和生存环境的恶劣，闽南人的价值体系更重物质利益和改善生存条件。而闽南人崇尚工商的习俗应始于宋元时期，形成于明清封建王朝推行“重农抑商”的国策之际，与西方重商主义的兴起几乎同步，这不能不说是一个奇迹。西方重商主义受到新贵族与皇室的支持，成为资本主义发展的动力之一。而闽南人民的重商主义，却屡受中国政府海禁和抑商政策的摧残。直到改革开放年代，闽南地区的重商主义才得到淋漓尽致的发挥。这也是边缘文化形态派生的特色之一。

闽南人的重商意识，还表现于“老板意识”，即都想当“头家”，不想当“伙计”，所谓“泉州人个个猛”，“宁做鸡头，不当凤尾”等流行古今民谚，都是民风的绝妙反映。

3. 兼容性与开放性

相对于民风较为保守的中国北方和内地，闽南人更具开放和向外开拓意识。

传统文化注重的安土重迁，“父母在不远游”，在闽南几乎没什么影响力。他们惟利是趋，至少在宋元时期，闽南男儿就视出洋为正途。尤其是近代以来，闽南大规模向东南亚地区移民。这些移民绝大多数居住在西方国家的殖民地，直接参与现代资本主义生产经营，有的人还进入当地主流社会。闽南的乡土文化习俗，有着浓郁的西洋特色。其生意活动，更贯穿了“经济关系高于一切关系（包括亲属关系）”的西方市场经济原则。这种文化的多元性与开放性，是闽南人务实精神与蔑视正统的体现。

闽南文化的人文精神，以重商趋利为核心，为逐利而勇于冒险进取，因重商而兼容开放，藐视权威定式。这些特点的发挥同时也带来局限性。

由于全民重商又常历风波之险，闽南这块土地上很少滋生出领一代风骚之大思想家，有破旧之勇气而无立新之韧性。即使是明末大思想家李贽，其学说也是对传统现实抨击有余而建构不足。

但就多数中小商人而言，其行为多短期功利，缺乏远见卓识，尤其缺乏最终走向政治理念的长远商务战略，这在企业乃至社会的现代化进程中成为致命弱点。

另外，中国历史上影响力较大的体现区域文化特色的政治、经济、军事力量，无不具有明显的团队精神。如晚清以来的湘军、淮军、山西票号、粤军、江浙帮、桂系、川系军阀等，无不具有以区域势力逐鹿中原之势，能在一面旗帜下聚合区域资源，呈现一种大团队精神。

郑氏以来，闽南人从未有效地进行区域资源整合，这也可能与商人习性有关。海商行贾，“皆四方萍聚雾散之客”，聚散无定所。闽南人观点上重商贾轻大义，提不出“虽千万人吾往之”的有号召力的政治理念，又缺乏为信仰赴汤蹈火的献身精神。闽南人虽生性敢于冒险，但多为个人逐利动机所驱使，也就缺少共赴公难的精神与气势。有个人血气之勇和义气当先，少了民族大义和大社会整合理念。个人的强悍表现在民风上，是所谓的“勇于私斗，怯于公战”。至多是聚众械斗，同族、同乡、同郡聚众斗殴（其性质有如同乡、同族聚合下海做生意），有小集体凝聚力，可以大姓为王，凭借血缘、地缘形成一定的集团势力，从而互相帮助又互相监督，共谋发展。

厦门环岛路

二、闽南文化中的城市格调

一个城市的衣食住行，反映一个城市的性格；一个城市的教育、休闲、健康状况，提升一个城市的气质。一方水土造就一方人，什么样的人造就什么样的城市，还有属于这座城市的精神。真切地体会一座城市的精神，你的收获无论如何都会是宝贵的。

1. 厦门，你是个幸运儿

厦门是幸运的，它作为闽南边上的一个小岛，成为了我们国家的第一批经济特区；但它又是不幸的，和同为经济特区的深圳相比，厦门看起来发展的比较缓慢。

1979年春天，小平同志首先注意到南海边的一个小渔村，就在那里划了一个圈，这就是深圳。在深圳、珠海和汕头相继被辟为“经济特区”之后，小平同志又注意到了闽南的一个小岛，这就是厦门。打开了广东，相邻的福建怎么说也不能再关闭了。

于是，“经济特区”诞生了。在这块试验田的示范下，中国开始从“计划经济”艰难地向“市场经济”转轨，这一过程尽管充满了反对和阻力，但按着“摸着石头过河”的步子，一步一个脚印走了过来，取得了令世人瞩目的成就。回顾这二十多年的开放历程，不可否认，“经济特区”为中国的渐进式改革做出了巨大贡献，为中国的经济发展起到了难以替代的示范效应。“经济特区”功不可没，其历史价值不容置疑。

在我国，先后设立了五个“经济特区”：深圳、珠海、汕头、厦门、海南。二十年过去了，严格来说，五大“经济特区”只有深圳算得上成功。然而，最成功的深圳，当地人民却在不断反思、反省。“特区的未来究竟会怎样，政府和人民大家都在想”，同样是特区，不成功的厦门人该有危机意识，该深入思考自己的前途了吧。

厦门所处的闽南三角洲是著名的侨乡，改革开放以后，中央号召广大华人华侨回来参加祖国建设。在20世纪80年代的初期，中国对外开放的地方极其有限。港资大量涌入了深圳，而台资也进入了厦门。于是特区的经济开始腾飞了。但国家在厦门的投资还是相对较少，尤其是与同为特区的深圳相比。

进入20世纪90年代，当中国对外开放的力度不断加强，当沿海一个个城市相继对外开放后，中国城市之间的竞争也开始加剧，其中尤以争夺外资最为激烈。长江三角洲和珠江三角洲，因为其广袤的腹地、庞大的市场、扎实的经济基础以及国家的大力扶持，成为中国的两块热土，外资争相杀入，以求占领中国市场的制高点。

这里没有介绍清楚。厦门有鼓浪屿、有郑成功的点将台、有集美侨乡、有华侨领袖人物陈嘉庚，这些应在文中得到介绍，并突出这个城市的文化格调。

2. 塑造泉州城市品牌

泉州是著名侨乡，是古代“海上丝绸之路”的起点，是国务院批准的闽南三角地区经济开放区的重要组成部分，也是一座独具魅力的古城。

古巷老屋在泉州随处可见，每一处所在都有一段久远的历史。

登临东西塔望去，在钟楼一带，东西街两侧，有无数的老屋旧宅矗立在晚烟暮霭之中——习见的红墙黛瓦，岁月的印痕在剥落的墙体挂上班驳的苔痕，倾斜的屋顶让人看到房子的内部，只是古扑庄重的檐脊，精雕细镂的门廊窗棂迄今保持着一种悠闲镇静的风度，默默叙说着煊赫的过去。

意大利旅行家马可·波罗在他的游记里描述泉州“梯航十国”，所记述的年代正是泉州历史上的鼎盛时期，外来文化的冲撞和融合孕育出独具个性的闽南地域建筑文化，如今的许多老屋旧宅正是泉州人在如日中天时期精雕细琢而成，经历了百余年的历史变迁，应着那“千年屋，百家主”的俗语，大多数老屋都是数易其主。昔日的簪缨望族，缙绅富贾，都成了明日黄花过了烟云，唐代诗人刘禹锡“旧时王谢堂前燕，飞入寻常百姓家”的名句成了泉州古民居的真实写照。

生于斯、长于斯的泉州人，对于老屋旧宅，人们总是交集着种种复杂的情感，许多老屋旧宅之所以保留到现在，往往不是因房屋的主人真的能从审美的愉悦中得到心灵的满足，而是出于一种怀旧，一种守缺抱残的心态情结。一旦事过境迁，她愈来愈显现出她的弱点，将倾的梁柱，斑驳的粉壁，以及楼梯口潮腐的空气，没有一样不使人感到深深的失落：辉煌与没落总是相依相缠。

有不少人都曾赞美、并陶醉于老屋旧宅——深厚的文化积淀，确实展示了过往的矜持和自尊，但其间却又夹杂着多少的落寞和无奈！数百年来，一以贯之的泉州乡土建筑与节奏徐缓的躬耕商贾的生活方式相为适应，但如今这种节奏同现代生活拉开了长长的距离，那么该如何实现历史和现实的兼容？

如今，随着时光的流逝，城市发展日新月异，乡土建筑文化日渐逸散，散落在巷陌深深的老屋旧宅，或是年久失修，或是拆迁了……作为古城渊源深远的文明的见证，果真成了世纪末的最后一线风景么？于是在东街，在涂门街，在新门街……在老屋旧宅消失的地方，重又矗起街贯巷连，风格典雅的建筑群落，很好的借鉴了现代建筑简洁流畅的结构技法，流露出闽南建筑雍容华贵的艺术魅力，这是一种历史脉络的延续。

泉州，这绝对是一个培养企业家的城市，小孩子从生下来就接触各种各样的生意人。这里有全国最早的夜市：石狮夜市；这里有著名的服装之都：晋江。

历史上泉州和泉州港曾经鼎盛了很长的一段时间，只是在明清时代，“不许片帆下海”的“海禁”政策，加上外国资本主义势力的入侵，辉煌的泉州港彻底让位于厦门这样的半殖民主义的通商口岸，衰落成了必然。然而，多年来泉州始终没有忘记自己曾经“光明”过，并总是不屈地，敢拼敢争地走向光明。

也许是自豪于经历三朝一千多年的“老子何等神勇”，泉州在刚刚强盛没几年的厦门面前，没有胆怯，而且总是试图赶超厦门。事实上，泉州的努力也有了回报。虽然在人均收入上，目前还是排在厦门之后，但在经济总量上，自己早在几年前就坐上了福建省的头把交椅。

从1993年起，泉州市就开始实施以提高产品质量为中心的名牌战略。

经过十多年的精心培育，泉州市一批企业脱颖而出。特别是国家实施中国名牌发展战略五年来，泉州的“中国名牌”产品从无到有。目前，拥有“中国名牌”产品共34个，“中国名牌”产品数量占福建全省的54%。

泉州的发展也被它本身的个体经济所限制。夜郎自大是许多泉州人的共同特点，深厚的文化底蕴没有得到很好的继承，华侨虽然多但是却没能带回中外文化的碰撞。泉州人假如能虚心地接纳更多外来的东西，必然会让这座古城更加具有魅力。

3. 格调中庸的福州人

许多城市都有自己的独特气质。北京就是个王者，处处显出大气，皇城根底下的老百姓都能指点江山，笑谈国事；成都像个漂亮妹妹，无忧无虑，喝茶搓麻逛街吃火锅；西安像个老者，有着深厚的文化和悠长的历史，吼一嗓子秦腔让人肃然起敬。那么，福州的特质是什么呢？福州就像个中年人，面白微胖，温吞和气，对谁都是笑眯眯的，不上进、不娱乐、不幽默，接受时尚和潮流总比别人慢半拍。

福州郊区美丽滴水

福州，作为福建省的省会，既没有厦门的现代大气，也不似泉州的小巧精致。在全国的666个城市中，福州是99个国家历史文化名城之一，但如果在全国做个调查，知道福州的人一定比知道厦门的人少。福州是适合生活的城市，但却比不上杭州舒适、比不上成都悠闲；福州人经济头脑发达，却不如温州人会做生意……在这里，因为九百多年前就遍植榕树，“绿荫满城，暑不张盖”，故又有“榕城”的美称。

两千多年前，福州名为“冶城”，有“高科技城市”之意。晋代之后，众多中原人移民到此，福州人主要由中原人和土著闽人的后代组成。作为迁徙人群，必然带给后代一定的性格特征：文化的包容多元性和浓厚的乡土情结。福州人对外来文化和外来人口表现出极大的包容性，很少排斥和抵触。古代人怀恋中原，今天走出去的福州人怀恋福州。

福州这个地方真的是有福之地，气候温和，土地肥沃，依山傍海，山珍海鲜什么都有，以至于福州人不用费太大力气，就能享受到大自然的惠赐。“小富即安”是福州人最大的特点，“小富即安”也造就了福州人狭隘视野。

“七遛八遛，不离福州”，从这句福州俗语可以看出，福州人对于自己的家还是相当满意的，所以我们也不难理解福州人为什么总想让孩子在本地或本省上大学，上了外省大学的，毕业后也千方百计要回来。而另一方面，福州人又是以勇于善于闯世界著称的，世界每个犄角旮旯里都有福州人，中央台新闻联播的国际新闻里每有大事，福州人总要凑一分子。要么就去国外，要么就留家中，这似乎是福州人圆融性格中比较少见的刚烈的体现。

因为福州地处沿海，沿海的地缘特征和通商口岸的历史也在福州人心中植下了深深的烙印：胸怀开阔，适应环境能力强。作为中原移民的后代，福州人在秉承中原文化的基础上与当地文化融合，形成内敛不张扬的文化习惯。自古以来，福州人不重视外在包装，追求内在的充实和丰富。福州人很少说大话，表达方式朴实不张扬，很少自夸。

福州人崇尚内敛中庸，却不窝囊平庸，表面上对外部世界漠不关心，实际上内心充满激情。在国家和民族遭遇危难时，总是冲在抗争的第一线，保卫着扎根的土地。福州民间一直以来就有对陈文龙尚书的崇拜和信仰，林则徐更是认为陈文龙的事迹“与文天祥齐名”。福州从古至今仁人志士层出不穷，崇尚民族英雄的精神一直延续不断。

福州的城市精神很难用一句话概括。也许，遍布福州的榕树是福州精神的最好代表。榕树的种子随风而落，很容易在异地落地生根，这代表福州人对环境的适应力和包容力非常强。榕树开花一般选在叶下，花朵非常小，很快结成果实，所以又可称作“无花果”，这代表福州内敛不张扬的个性。榕树长大以后，枝繁叶茂，为扎根的土地提供一片绿阴。福州人也总是庇护着生己养己的土地，在国家、民族遭遇危难时，抵死抗争。

三、闽南文化中的闽商精神

闽商是华人商族中最为优秀、最具代表性的群落之一，尚商善贾的历史悠久而绵长，无论是在海外还是在国内，其商品意识的自觉和切于实行的追求，打造了百年商务传统和遐迩闻名的辉煌业绩。享誉上海的闽商是闽南人的骄傲，闽商精神也是闽南文化的体现，研究闽南文化，也有必要了解闽商精神。

20世纪60年代以来，以闽南人为主民的台湾同胞和海外华侨华人、港澳同胞在经济上取得成功，其经商的气魄和成就令人叹为观止。改革开放以来，福建从中国东部经济最落后的省份发展成为中国经济最发达的省份这一。厦漳泉组成的闽南金三角，改革开放以来一直是福建经济发展和国际化的龙头，是福建民营企业和外资企业最集中的区域。

受地理环境和人文因素的影响和制约，福建各地人的性格很难一言以蔽之。闽北人安贫乐道，闽东人求稳怕乱，闽西人重宗内聚，而闽南人则讲究“过番”、“出洋”到外面闯世界。从商人素质和商业精神的角度看，闽南人是最优秀的一群。闽南本来就不适宜农耕，商人出海归来，常常带回大把大把的钞票，于是，“出海从商”就成了闽南人的最佳职业选择。自古以来，闽南做生意的就特别多，经商成为他们的一个主要职业。在这里应该指出下面我们所说的闽南就不再带有福建的地域意识，而是福建全境闽南文化的代称。

翻开地图册不难发现，闽南的地理环境封闭，三面环山，一面临海，交通不便，土地贫瘠。为了求生存，闽南人只能向大海发展，早在明代就形成了强大的海商集团。海商为闽南留下了优秀的商业文化，深厚的商业传统和丰富的商务经验，这使闽南人几乎一出世就在浓厚的商业氛围中耳濡目染，所受到的教育就是“经商好”，“商中自有黄金屋，商中自有颜如玉”，所以，闽南人十三四岁的就走了经商之路。这在闽南不仅已是见怪不怪，而且天经地义。闽南人更善于从经商实践中汲取智慧。

闽南人具有强烈的商品经济意识和市场观念。

闽南人有强烈的创业欲望和敢闯敢冒险的精神。“不能当老板不算好猛男”这句话是泉州人的流行语。经商办企业当老板是年轻一代泉州人孜孜以求的目标，这种价值取向在石狮、晋江、南安的年轻人中表现尤为明显。在这一带经常可以看到，不到20岁或20岁出头的青年人管理一个几十人甚至上百人的企业。闽南人搞清了市场就办厂，他们不作守财奴，不喜欢存款而喜欢创业。赚钱是一种满足，创业过程是一种最大的满足。他们在本地办了厂，然后向内地延伸，他们不会陶醉在已有的世界里，外边世界更精彩。闽南人爱拼，如果他有10万元，那么他会再贷10万元用于投资，而不会小农经济式地到很行存上5万，只拿5万出来投资。石狮建市后第三代企业家大都才30岁出头，大多10岁以前就已经辍学经商，连小学都没有读完，那时候他们就踩着比他们自己还高的自行车到海边贩鱼来卖，从小就谙熟生意之道，长大后又正好遇到改革开放的好时机，便如鱼得水，凭着一股子劲，很快发达起来。

闽南商人与其他地区商人最大的不同是，他们虽然同样害怕失败，但他们不会被失败压倒，失败以后仍要拼下去。很多闽南商人都曾三起三落，屡战屡败，但失败总是无法打倒他们，挫折总是难以吓退他们，他们败而愈奋，挫而弥坚，始终保持着个人对生命的最高要求，用自己的生命铸造商业辉煌。福建人有一种狠劲，他们可以用全部的生命来追求自己的最高境界，正如夸父追日，生命不息，逐而不止。

有一首名为《爱拼才会赢》的闽南歌曲，可谓唱出了闽南人的心声，

这首歌在闽南可以说是家喻户晓，妇孺尽知。许多闽南人自豪地称之为闽南的“商歌”；在商界，这首歌更被视为闽南商人的“商魂”之歌，这首歌的地位之所以这么高，就是因为它用亲切的俚语道出了闽南人的精

神——一个“拼”字。在闽南人看来，人生在世，做什么事都离不开拼搏精神，否则就不可能有“成功”二字。做事要拼到底，许多事你拼了或许也拼不赢，但不拼则更不会赢。闽南人做事不太承认运气，尽管在福建至今流传着很多迷信思想，闽南人也很喜欢算命，但要他们认命却不太可能。所以歌中有云：三分天注定，七分靠打拼。从某种意义上说，其实正是这么一个“拼”字，支撑起了闽南人的精神世界。

四、台湾文化寻根问祖

尽管台湾族群众多，又曾受到日本、西方殖民文化的影响，但台湾文化的主体仍是中华文化。

台湾文化植根于中国文化，尤其是与闽南文化一脉相连。因此，作为对于中国文化性格的一个整体的巡礼，也就有必要对台湾文化进行研究。

1. 台湾与大陆血脉相连

台湾省由台湾本岛、澎湖列岛、钓鱼群岛及其他附属岛屿共大小80余岛屿组成。台湾岛南北长394公里，东西最大宽度144公里，环岛周长1139公里，面积共35 873平方公里，地处中国内地的东南边缘，是中国第一大岛。目前所称的台湾地区还包括台湾当局控制的福建省的金门、马祖等岛屿，总面积为36 006平方公里。

台湾自古即属于中国，是中国不可分割的一部分。台湾古称夷洲、流求，大量的史书和文献记载了中国人民早期开发台湾的情景。两千多年前的春秋战国时代，中国大地霸权迭起，群雄逐鹿。越王勾践在灭吴之后，经历了一时的鼎盛，但他的子孙们却在秦国压迫楚国、楚国挤兑越国时没有了退路。

越国终于顶不住楚国的军事政治压力，步步撤退，来到了大海边上。

越王向他抵抗到最后的战士们宣誓说：我们曾经灭亡过不可一世的吴国！现在，我们失败了。可我们还有最后一线希望，那就是冲锋向前，打垮楚军。万一我们失败，弟兄们！越王转身一指对面那隐约可见的台湾岛说，我们乘船漂渡到那儿，可以继续休养生息，再来一轮十年生息……这是有史记载的大陆向台湾的第一批移民。

距今一千七百多年以前，三国时吴人沈莹的《临海水土志》是世界上记述台湾最早的文字。三国时东吴的孙权曾经派将军诸葛直、卫温带一万部队到过台湾。不知道他们是不是想把台湾预作退身之所，但似乎是众将士对海洋性气候不大适应，结果是“但得夷洲数千人还”。

落下千古骂名的隋炀帝，也派朱宽待人进行过台湾的“经略”。据《隋书·流求传》的记载，这个因荒淫无度而失去了江山社稷当然也因而失去了后宫佳丽的隋炀帝，很有些好奇心。他“经略”台湾，似乎不是拓土开疆，不是炫耀威仪，而是“求访异俗。”

“台湾”二字的出现，是在明代万历年间（1573-1619年）。清季麒光著《蓉洲文稿》说：“万历年间，海寇颜思齐踞有其他，使称台湾”。在这以前，台湾名为“台员”。“台湾”与“台员”在闽南话中的读音相同，由“台员”转音为“台湾”是很可信的。台湾与中国不可分，更与福建不可分，早期开发台湾的主要是福建人，“台湾”二字由福建话演变而来即可印证。进入17世纪之后，中国人民在台湾的开拓规模越来越大。17世纪末，大陆赴台开拓者超过10万人。至公元1893年（清光绪十九年）时，总数达50.7万余户，254万余人。200年间增长25倍。他们带去大陆先进的生产方式，由南到北，由西到东，披荆斩棘，大大加速了台湾整体开发的过程。这一史实说明，台湾和中国其他省区一样，同为中国各族人民所开拓所定居。台湾社会的发展终延续着中华文化的传统。台湾的开拓发展史，凝聚了中国人民的血汗和智慧。

2. 台湾文化飨宴

丰富多元的历史背景，造就了多彩多姿的台湾文化。台湾文化与闽南文化一脉相承，从社会的语言、民俗至人的相貌、性格，均无二样。这就说明台湾文化是闽南文化的一个分支。

（1）寺庙与建筑

台湾的传统建筑，是民间艺术的总汇，装饰特别精美，举凡彩画、书法、木雕、石雕、泥塑、陶瓷、剪黏等都是构成建筑的要素，从中能深刻的洞悉富丰富内涵的台湾文化。此外，除了可以在台湾看到由早期中国大陆闽南、客家移民所承袭的中国传统建筑外（如：板桥林家花园），中国的庙宇建筑也是随处可见，其中鹿港的龙山寺、天后宫以及北港朝天宫等，都是台湾最知名且历史悠久的寺庙，具有崇高的艺术价值。

（2）民俗文化与艺术

台湾重要的岁时节令包括春节、元宵节、端午节、七夕、中元节等；而松柏岭玄天上帝祭典、大甲妈祖进香、北港妈祖出巡、台北迎城隍、东港王船祭、二结王公过火及原住民祭典等也是台湾本土重要的民俗活动。另外，“台湾”除了传承中国传统的戏曲艺术之外，也发展出属于台湾本土特有的歌仔戏与布袋戏，歌仔戏是结合台湾各种地方戏曲小调、音乐为一体的表演艺术；布袋戏近来更结合声光特效，广受年轻人喜爱。

台湾的电影与表演团体，近年来也逐渐在国际舞台上崭露头角，再次展现出中国传统与台湾本土文化的传承与创新。

这就是台湾，一场文化飨宴。浪漫、传奇、庄严、趣味……你都可以在这里找到。

五、闽南文化特色

文化积淀非一日之功，而是历史、风俗、思维方式、行为习惯、建筑特色等方面的综合体现。如果一个地域文化的特点能让人印象清晰，就说明这个文化的传承是较成功的，反之亦然。

1. 闲话闽南茶道之功夫茶

功夫茶

茶道讲究品著佳境。明代文震彦曾说："构一斗室，相傍山斋，内设茶道，教一童专主茶役，以供长日清淡，寒窗兀坐，幽人首务，不可少废者。"这叙述的是古代文人骚士追求的清寂生活。

功夫茶若从茶品饮艺术来说，它则始于宋代的"斗茶"，斗茶又称茗战，是古代茶人对茶叶品质比美的简称。宋代范仲淹在《和章眠斗茶歌》作了细致描绘，从武夷的景色、茶树的茂盛，茶农细心采摘，进贡前如何品评，诗云：年年春自东南来，建溪先暖冰先开。溪边奇茗冠天下，武夷仙人从古栽。新雷昨夜发何处，家家嬉笑何处去；露芽（沾水茶叶）错落一番荣，缀玉含珠散嘉树（指茶树）。终朝采掇未盈（围在腰上的裙子），唯求精粹不敢贪。研膏焙乳有雅制，方中圭（古代玉器）今园中蟾（月亮代称）。北苑将期献天子，林下雄豪先斗美。鼎磨云外有山铜，瓶携江上中冷水。黄金碾（铜制茶具）畔绿尘飞，紫玉瓯（茶杯）心雪涛起。斗余味中轻醍醐（奶酪），斗余香今薄兰芷。其间品弟胡能欺，十目视而十手指。胜若登仙不可攀，输同降将无穷耻。

1762年《龙溪县志》载："灵山寺茶，俗贵之，近则远购武夷茶。以五月至。至则斗茶。必以‘大彬’之罐，必以‘若深'之杯，必以‘大壮'之炉，凡烹茗以水为本。火候佐之。”烹著之水，强调“源、甘、轻”。陆羽在《茶经》中提出：“其水，用山水上，江水中，井水下。”“其山水，拣乳泉。石池漫流者上。”蔡襄《茶录》则说，“水泉不甘，能损茶味。”“轻”水，是指雪水、软水，传说清乾隆皇帝曾命人用银斗量出各种泉水，然后按水的轻重，排按优次，轻者为上。

上述引述，古人饮茶，很重视茶叶和水，同时还注重茶具，苏东坡有诗云：“潞公煎茶学西蜀，定州花瓷琢红玉。”历史的茶具除陶瓷为主外，还有用金、银、玉器、玛瑙等制作的珍贵茶具；当今又兴玻璃茶具等。而饮用福建乌龙茶的茶具，却别具一格：一曰“玉书”（烧开水茶壶，扁形），二称“汕头风炉”（烧开水用，可调节通风量大小），三为“孟臣罐”（茶壶，宜兴紫砂制），四叫“若琛瓯”（白色瓷杯）。品茗之时，四宝配齐，饶有情趣。

清代袁枚在《隋园食单》中，对乌龙茶的品饮有段生动的记述：杯小如胡桃，壶小如香橼，每斟无一两，上口不忍咽，先嗅其香，再试其味，徐徐咀嚼而体贴之，果然清香扑鼻，舌有余甘。怡情悦性，一杯之后，再试二杯，令人释燥平矜，始觉龙井（茶）虽清而味薄矣，阳羡（茶）虽佳而韵逊矣，颇有玉与水晶品格不同之感。故武夷烹天下盛名，真乃不黍，且可瀹（煮也）至三次，而其味犹未尽。

2. 闽菜

闽菜能在中国八大菜系中独占一角，也必定有其独到之处。在介绍了川菜、滇菜、粤菜后，闽菜当然也不能缺席。

闽菜历史悠久，源远流长，是中国著名菜系之一，在中华民族烹饪文化宝库中，占有重要的一席。它不仅继承了中国烹饪的优良传统，而且独具浓厚的南国地方风味。闽菜历来以擅制山珍海味著称，尤以巧烹琳琅满目的海鲜佳肴见长；并且在色、香、味、形、质兼顾的前提下，以“味”为纲，具有淡雅、鲜嫩、和醇、隽永的风味特色，在烹饪派系中独树一帜。

最早起源于福建闽侯县，在后来发展中形成福州、闽南、闽西三种流派。

福建省简称“闽”，它的来由，最早出现于周朝，《周礼·职方》有“四夷、八蛮、七闽、九貉、五戎、六狄”的记载，七闽系指居住在福建各地的七支闽族。“闽”的意思，据汉代许慎《说文解字》说：“闽，为东南越蛇种”。福建地处亚热带，自古多蛇，居住福建的古代氏族是以蛇作为图腾崇拜的。秦始皇设郡时不泛称“东越”，而改称为“闽”。福建位于我国东南部，东临大海，西北负山，气候温和，山珍野味，水产资源十分丰富。《福建通志》早有“茶、笋、山木之饶遍天下，鱼盐蜃哈匹富青齐”的记载。

沿袭至今，故有“闽菜”之称。福州菜包括泉州、厦门菜，菜肴淡爽清鲜，重酸甜，讲究汤提鲜，闽南菜包括漳州一带，讲究作料调味，重酸辣；闽西菜包括长汀及西南一带地方，偏重咸辣，烹制多为山珍，带有山区风味。故此，闽菜形成三大特色，一长于红糟调味，二长于制汤，三长于使用糖醋。

福州菜清鲜，淡爽，偏于甜酸。尤其讲究调汤，汤鲜、味美，汤菜品种多，具有传统特色。还有善用红糟作配料制作的各式风味特色菜。闽南菜以讲究作料，善用甜辣著称。闽西菜则偏咸辣，有咸辣，有浓厚的山区风味特色。

从总体上说，闽菜以烹制山珍海味而著称，其风味特点是清鲜、和醇、荤香、不腻，注重色美味鲜。烹调擅长于炒、溜、煎、煨、蒸炸等。口味则偏得于甜、酸、淡，特别讲究汤的制作，其汤路之广、种类之多，味道之妙，可谓一大特色，素有“一汤十变”之称。其主要名菜有“醉糟鸡”、“糟汁川海蚌”、“桔味加力鱼”、“佛跳墙”、“炒西施舌”、“东壁龙珠”、“爆炒地猴”等数十种。

宋代泉州人林洪的《山家清供》，对闽菜的烹调技法已有精辟的阐释。其后，典籍史乘，颇有载述，笔记杂著，更为繁富。如《海错百一录》记述的“鲨鱼宜为烩，或切丝和肉丝拌姜醋，再取其汤，切芥蓝菜为羹亦美品。”和《闽产录异》的“雪鱼佐酒，鲜者、炸者、腌者、冻者俱可”、“梅鱼以姜、蒜、冬菜、火腿炖之，或红糟、酸菜、雪里蕻煮之皆美品”，以及《福建通志》的“用油熟物曰煎，加粉曰炸，加豉油曰炒”、“已熟之物再蒸之曰馏，再煮曰荡”等烹调方法的记载，都不同程度地反映了福建烹饪的历史面目。相传至今，如“酸菜灶梅鱼”、“葱烧雪鱼”等肴馔，仍为人们所采用。早在两晋、南北朝时期，由于北方的动乱不安，大量向福建逃亡的汉人，由上层到下层，形成三次入闽高潮，这就是历史上所谓的“衣冠南渡”。它对于福建文化的进一步开发，繁荣经济，无不产生促进作用。特别是唐、宋以来，随着泉州、福州、厦门先后对外通商，四方商贾云集，经济贸易及文化交往日益繁荣，京、广、苏、杭等地烹饪技术也相随传入。闽菜在继承传统技艺的基础上，博采各路菜肴之精华，对粗糙、油腻的习俗，加以调整变易，逐渐朝着精细、清淡、典雅的品格演变，以至发展成为格调甚高的闽菜体系。到了清末、民初，福州、厦门等地饮食风尚，日益讲求精美，先后涌现出一大批富有地方特色的名店和真才实艺的名厨。

闽菜技艺之高，声誉之隆，行业之盛，都发展到前所未有的阶段。当时福州名菜馆有“聚春园”、“惠如鲈”，“广裕楼”、“嘉宾”、“别有天”；厦门“南轩”、“乐琼林”、“全福楼”、“双全”等三十几家，或以满汉席著称，或以官场菜见长，或以地方风味享有盛誉，有的则以精制汤菜而闻名，各有擅长。由于福、厦两地厨艺的广泛影响，闽菜的格调、风味日益集中和统一。

3. 闽南信俗

闽南民间信俗最大特点就是泛信仰和多信奉的复合。具体说来是不管儒、道、释，或是村头树王，墙脚石头，都可以顶礼膜拜。厅堂上既有神龛，也可以并列祖宗神位，甚至散鬼游魂，也奉为“门口公”、“大众爷”。闽南民间信俗，有人早上拜妈祖婆，下午祭大道公，晚上敬观音妈，虔诚致敬，多拜多福。

闽南人到域外谋生，背井离乡，风涛千里，祈求一帆风顺、平安到达是人之常情。在航海技术还不发达的年代，奉祀神祇自有精神和心理的安定作用，特别是小船主、小船户、船工或渔民，都把妈祖婆当做职业保护神来拜祀。到域外谋生的人随身都带有妈祖神像、香火、到达旅居地之后，饱受惊涛骇浪的心情，使他们把妈祖神像供奉起来是通情达理的。同乡会为了满足移民信俗的要求，就在聚居地建庙敬祀，既可联络情谊，又可凝聚乡心。由此，闽南文化风情才得于展示天下。

闽菜

然而闽南民间信俗的神祇能够立足域外的，不是信俗照搬敬祀，而是依据需要有所选择。传播较远、影响较大的有天妃圣母，保生大帝，观世音菩萨，关圣大帝，福德正神等。以上神祇能在域外立庙，有其历史背景和因素，例如：天妃圣母是海上航行的保护神；保生大帝是治病救人的神医；观世音菩萨是送子传宗的大士；关圣大帝能祛邪伏魔，安民保境；福德正神保佑财源滚滚。这些闽南信俗的神祇，对域外谋生的闽南人有着充满希望的力量。其他神祇的供奉，随人们信俗的需要而奉祀。

闽南信俗对神祇称呼有其地方习惯和人格化的特色。例如：民间通称的“妈祖”，由于她的家乡在莆田，人们就亲昵地称呼为“娘妈”、“老妈”，因之有“娘妈宫”的建立。闽南通称“妈祖”，厦门民间尊称为“妈祖婆”。因为“公”、“婆”为厦门辈分的敬称。又如：保生大帝，又称吴真人。厦门人还尊称为“大道公”。观世音菩萨称“观音佛祖”，民间尊称为“观音妈”；“关圣大帝”能祛邪消灾，安定一方。小说里写关公忠义千秋的品德，在民间颇有影响。厦门民间尊称为“关帝爷”，敬拜香火颇旺。福德正神，慈眉善目，虽然神位不高，但颇受膜拜，厦门民间尊称为“土地公”。这些“公、婆、爷、娘”有着明显的闽南方言特色。

闽南民间神祇是闽南文化在域外的风情展示，其传播和影响是具有世界意义的，令人不胜赞叹！例如东南亚各地，膜拜妈祖的香火特别旺盛，在马六甲有青云亭，宝山亭，供奉妈祖、关帝爷、观音佛祖。新加坡有天福宫，祀慈航圣母、大道公、观音佛祖。槟榔屿建广福宫；丁加奴建和安宫；吉兰丹有亲安宫；均拜奉妈祖、保生大帝诸神。总之，凡闽南人已到的所在地及国家，如设立同乡会馆，馆中必奉妈祖诸神。在日本、巴西、加拿大、墨西哥、法国、美国、澳大利亚，北欧的挪威、丹麦等地，均称妈祖为世界和平女海神，曾发现来中国的外轮上也敬奉妈祖，真是灵应四海。

由于闽南人膜拜的妈祖、保生大帝、观世音佛祖诸神等在域外形成的闽南文化风情，又同所在国人民有近似佛权的信仰仪式，所以来往自然，关系密切，促进了侨民与所在国人民之间的友谊。

妈祖庙